사주, 아는 만큼
내가 보인다

제2의
인생
공부

# 사주,
## 아는 만큼
## 내가 보인다

김세원 지음

 풀잎

## 정말 인간의 운명은 정해져 있을까?

사회가 불안할수록 인간은 미래를 알고 싶어한다. 과거의 문명에서도 예언가나 선지자들은 권력자들에게 환영받았다. 자신의 삶에 대한 간절함이 깊을수록 그러한 욕망은 더욱 커져만 갔다. 불운이라는 발부리에 차여 넘어지고, 고통이 밴 다리에 묻은 먼지를 털어내며 우리는 스스로에게 끝없이 질문한다.

"인간은 운명의 지배를 받으며 살아야 하는 것일까?" 그 질문의 답을 찾다보니 어느 순간 우리는 명리학이라는 존재와 만나게 되었다.

## 우리 삶의 모습을 나타내는 인생의 바코드

우리가 사주팔자라고 부르는 그 속에는 인생의 안내판이 숨어 있다. 이 안내판에는 년, 월, 일, 시라는 네 개의 기둥(四柱)이 서 있고, 그 기둥은 다시 천간과 지지 여덟 개의 글자(八字)로 구성되어 있다. 우리는 이 사주팔자를 기준으로, 환경에 영향을 받으며 스스로 어려움을 극복하기도 하고 때로는 '나'를 성취하기도 한다. 이러한 모습이 바로 사주팔자에 들어 있다. 즉, 사주팔자는 우리 삶의 모습을 나타내는 인생의 바코드인 셈이다.

인간은 누구나 이렇게 구조적으로 규정된 자신만의 밑그림을 가지고 태어난다. 그리고 우리 인생은 큰 틀에서 이 밑그림에 따라 살아간다. 그런데 만약 이렇게 정해진 밑그림대로 삶을 살아야 한다면, 얼마나 스스로를 무력하다고 느낄까? 과연 우리는 그 흐르는 방향을 거역할 수 없는 걸까?

## 명리란, 너와 나를 알아가는 과정

과학 문명이 눈부신 발전을 거듭하고 있음에도 불구하고, 미래에 대한 불안감은 높아만 가고 있다. 특히나 MZ세대들이 느끼는 정신적 안정감은 더욱 낮아지고 있다. 인생의 방향을 정해야 하는 순간에도 선택을 쉽게 하지 못하고 망설일 뿐만 아니라, 선택을 하고 나서도 후회와 자책으로 힘들어하곤 한다. 인간관계 또한 작은 일에도 상대방에 대한 분노가 치솟고, 사랑과 집착, 미움과 원망 등 감정의 소용돌이에 빠져 고통을 느끼게 된다.

살아가면서 겪는 대부분의 이런 아픔과 고통은 나 자신에게서 비롯됨에도 불구하고 우리는 그 사실을 인정하지 않는다. 내가 누구인지, 대체 왜 이러는지, 수없이 품어왔던 퍼즐과 같은 의문과 번뇌에서 벗어나지 못한 채 운명을 원망한다. 그리고 남을 탓하면서 자신은 정당화하려 한다.

그럼, 남을 미워하고 원망하는 마음을 극복하고 상대를 이해하고 포용하여, 나를 더 단단하게 만드는 방법은 없을까? 즉, 내가 내 운명의 주체가 되는 방법은 없을까?

미처 몰랐던 또 다른 '나'를 마주하고, 소중한 '나'를 발견함으로써 이런 오랜 숙제를 조금씩 풀어내는 방법이 여기 명리학에 있다. 불확실한 미래를 예측하여 부족한 것은 준비해서 대비하고, 나아갈 때와 물러설 때를 판단하는 현명한 지혜를 갖추는 방법이 명리학에 있다. 명리학을 통해 지금껏 알지 못했던 '나'와 '내 운명'에 대한 안내서를 받아볼 수 있다.

사람들은 명리학이 점을 치는 것으로 생각하여 족집게처럼 맞는다 안 맞는다, 또는 좋다 나쁘다에 초점을 맞추는 경향이 있다. 또, 일부 사람들 중에는 명리학을 접한 후 자신의 현실이나 삶과 괴리가 있다고 느끼며 깊은 회의감에 빠지기도 한다.

명리학의 기본줄기가 과학은 아니다. 다만, 생년월일시라는 기본값인 정보를 논리에 기반하여 풀어가는 학문이다. 명리학에서 알려주는 '나'라는 존재에 대한 정보에 좀 더 가까이 다가간다면, 우리는 고통과 번뇌에서 벗어나 희망을 갖는 힘도 내게 있다는 것을 알 수 있다. 운명이란 정해진 미래가 아니고 지금 이 순간 내가 하는 노력에 의해 만들어지고 바뀔 수 있다고 생각해야 한다.

어느덧 강의를 시작한 지 20년이 되어간다. 그동안 배우고 가르치며 필자 나름대로 명리학에 대해 작게나마 깨달은 바가 있다. 명리학을 좀 더 이해하기 쉽게 전달하고, 또한 명리 공부가 어렵다는 편견을 다소나마 해소했으면 하는 소망이 그것이다. 이런 소망을 담아 이 책을 쓰게 되었다. 만약 이 책 속에 명리학 공부를 하는 후학들이 원하는 답이 없고 부족하더라도 너그럽게 이해해 주기 바란다.

이 책이 나오기까지 많은 분의 도움이 있었다. 그중에서도 제자 김창식, 한재방 님에게 지면을 빌어 특별히 감사의 말씀을 전한다. 바쁜 시간을 쪼개 원고수정에서부터 편집에 이르기까지 큰 도움을 주었다. 또 책이 독자들에게 친근하게 다가갈 수 있게 예쁜 삽화를 그려준 이선희 미술작가님께도 고마움을 전한다. 김희진 언니는 필자가 명리학에 입문할 수 있게 이끌었고 중간에 포기하지 않도록 지원을 아끼지 않았다. 누구보다 고맙다는 말을 전하고싶다. 덕분에 책이 세상에 나올 수 있게 됐다. 또 졸저가 세상에 빛을 볼 수 있게 흔쾌히 출간을 허락해 주신 풀빛 출판사 홍석 대표님께도 감사의 말씀을 전한다.

경기과학기술대학교 평생교육대학원

명리학 교수 김 세 원

# 차 례

제1부  ❖  명리학의 기본원리

## 제1장 ∞ 사주팔자의 구성

## 제2장 ∞ 음양오행론(陰陽五行論)

## 제3장 ∞ 오행의 상생(相生)과 상극(相剋)

# 제2부 ❖ 명리의 응용과 사주 해석

# 제4장 ∞ 격국(格局)

## 부록1 ❖ 신살(神殺)론과 십이운성

## 부록2 ❖ 생활 명리

## 시작하는 글

---

**명리학은 운명을 맞히는 '점성술'이 아니다.**

명리학은 고대 중국에서 발생되었으며, 동양 사상의 근본 바탕을 이루는 주역을 배경으로 삼아 인간의 삶을 조명하고자 연구하여 체계화시킨 인문 사회학이다.

과학 문명의 암흑기였던 고대 사람들에게 질병이나 지진, 홍수, 산사태 등 자연재해는 가장 두려운 공포의 대상이었다. 인간의 힘으로는 막을 수 없었던 이런 재앙을 하늘의 도움으로 막아보고자 재물을 바치고 제사를 지냈다. 제사의식을 주관하던 제사장(祭司長)은 부족 중의 우두머리였으며, 하늘의 뜻을 이해하고 재해를 예측하는 예지능력이 있어야 했다. 이런 영적인 예지능력을 갖춘 자는 우두머리로 추앙되었으며 이들은 점술로써 사람들을 지배하였다. 그러나 시간이 지나면서, 인간은 모든 재해나 변화가 신의 조화가 아닌 일정하게 반복되는 자연현상임을 알게 되었다.

처음에는 이런 자연의 변화를 국가의 흥망성쇠와 전쟁 등의 점술에 이용하였으나, 계절의 변화를 24절기로 구분하여 농사에도 적용하게 되었다. 또 인간 역시 변화하는 자연 속에서 태어나고 소멸하는 생로병사의 과정을 거치는 자연의 일부로 규정하였다. 그리고 이런 인간의 근본 바탕과 정신, 행동을 판단해보고 삶의 방향을 예측하는 데까지 발전하기에 이르렀다. 이것이 명리학의 기본 토대가 되었다.

최근 들어 명리학은 단순히 길흉화복을 예측하는 관점에서 벗어나 인문학과의 결합을 통해 서양의 정신분석보다도 더 구체적이고 논리적인 체계를 구축해가고 있다. 사주팔자에서 제공하는 '나'의 정보를 분석함으로써 '너와 나'의 관계성을 이해할 뿐 아니라 급변하는 현대인들의 불안한 내면세계를 위로하고 극복할 수 있도록 도와주고 있다.

필자는 최근 들어 관심이 높아지고 있는 명리학을 일반인들이 보다 쉽게 접하고 이해하는 데 도움을 주기 위해 이 책을 집필하였다. 이 책은 필자가 오랫동안 강의를 하면서 교재로 활용했던 원고를 다듬고 보강해서 초보자부터 중급자까지 편하게 볼 수 있게 구성되었다.

제1부 명리학의 기본원리에는 사주팔자의 의미와 구성을 비롯해서 가장 중요한 원리 중 하나인 음양오행을 담았다. 또 천간론과 지지론, 한난조습과 조후, 합과 충 등 명리학을 이해하는 데 가장 기초가 되는 내용이 담겨 있다.

제2부 명리의 응용과 통변에서는 사주의 신왕과 신약의 조

건과 육신(육친)의 정의와 특성, 그리고 격국에 관한 내용을 담았다.

마지막으로 부록에서는 신살론과 십이운성, 그리고 명리학과 관련되어 우리 생활 주변에서 흔히 이야기되는 내용들을 포함하였다.

이 책은 어렵다고 생각하는 한자를 되도록 배제하였다. 많은 사람들이 한자 때문에 명리학을 공부하기 어렵다고 생각하지만, 명리학을 공부할 때 필요한 한자는 목(木), 화(火), 토(土), 금(金), 수(水)라는 오행(五行) 5글자와, 천간을 구성하는 갑(甲), 을(乙), 병(丙), 정(丁), 무(戊), 기(己), 경(庚), 신(辛), 임(壬), 계(癸) 10글자, 그리고 지지를 구성하는 자(子), 축(丑), 인(寅), 묘(卯), 진(辰), 사(巳), 오(午), 미(未), 신(申), 유(酉), 술(戌), 해(亥) 12글자가 전부다.

본격적으로 공부에 들어가기에 앞서 명리학을 처음 접하는 사람들이 궁금해하는 질문에 대해 잠깐 이야기하고 시작하고자 한다. 강의를 하다보면 명리학에 대해 학생들이 많이 하는 질문 중 하나는 "외국에서 태어났으면 사주팔자를 어떻게 정하고 해석하는가" 하는 것이다. 여기에 대한 필자의 생각은 다음과 같다. 명리학은 사계절이 뚜렷한 고대 중국에서 농사에 적용하기 위해 365 태양력을 기준으로 한 절기로 계절을 구분하면서 시작된 것으로 알려져 있다. 그리고 송나라 때 이를 사람에게 적용하여 현재의 체계를 세우게 되었다. 당시 송나라에서 이론적 체계를 세울 때는 4계절의 변화에 따라 한난조습이 생겨났음을 이해하게 되었다. 그리고 날씨가 변화하면서 만물이 탄생한다는 사실을 알게 되었고, 이에 근거하여 명리학의 이론적 틀을 세웠다. 따라서 4계절이 뚜렷하지 않은 - 아프리카나 중동, 중남미, 알래스카 등 - 나라에서 태어났다면 사주팔자를 적용하지 않는 게 맞다고 본다. 다만 좀더 시간을 두고 사례를 접해봐야겠지만 육신과 육친에 따른 사회성, 인간관계 등은 적용할 수 있다고 본다.

다음 많이 하는 질문 중 하나는 "제왕절개로 태어난 경우도 자연스럽게 사주팔자에 적용이 되는가" 하는 것이다. 필자는 이에 대해 만약 의사의 권유로 제왕절개 날짜를 정하여 분만하였다면 이 또한 운명이 아닐까 생각한다. 사주팔자를 어느 정도 정해서 좋은 날에 태어난다는 것은 당사자인 아기에게는 행운일 수도 있고 날짜를 정해주는 사람에 따라 각자 다르기 때문이다.

이 외에도 사주명리를 둘러싼 많은 궁금증들이 있겠지만, 이에 대해서는 이 책을 읽으면서 하나하나 답을 찾아나가기로 하자.

제1부

# 명리학의 기본원리

제1장

# 사주팔자의
# 구성

# 1. 육십갑자

오랜 학습을 통해서 문명화된 숫자와 문자를 습득하게 된 인류는 년·월·일·시를 기록하게 되었다. 서양에서는 1년을 12개월로 나누어 년·월·일·시를 정하고 숫자로 기록(캘린더)하기 시작하였다. 동양에서는 규칙적인 우주의 운동 방향을 측정하여 날짜와 시간의 일정한 순서를 정했다. 문자를 일정한 순서에 맞춰 기록하였는데 그 방법을 육십갑자라고 한다.

육십갑자표는 중국 은나라 때부터 전해 내려왔다. 년·월·일·시를 알기 위한 것으로 역법을 대입하여 달력처럼 사용한 방법이다. 역법이란 규칙적인 천체(天體)의 운동 방향을 측정하여 날짜와 시간의 순서를 일정한 규칙을 세워 정하는 원리이다.

육십갑자는 하늘(천간)을 여는 첫 오행인 갑(甲)과 땅(지지)을 펼치는 첫 오행인 자(子)가 만나 간·지(干·支) 결합을 하면서 시작된다. 그 다음으로는 천간 을(乙)과 지지 축(丑)이 결합한다. 이런 순서로 간지가 결합하여 육십갑자를 구성하며, 또 60년 주기로 규칙적으로 반복하며 순행한다. 순환의 원리에 따라 갑자(甲子)년생이 나이가 60이 되면 다시 갑자(甲子)년을 만나게 된다. 이것을 환갑이라고 한다. 환갑은 인생을 다시 시작한다는 뜻으로 '인생은 60부터'라는 말이 여기서 생겨났다.

| 干支 간지 | 干支 간지 | 干支 간지 |
|---|---|---|
| 甲子 갑자 | 甲申 갑신 | 甲辰 갑진 |
| 乙丑 을축 | 乙酉 을유 | 乙巳 을사 |
| 丙寅 병인 | 丙戌 병술 | 丙午 병오 |
| 丁卯 정묘 | 丁亥 정해 | 丁未 정미 |
| 戊辰 무진 | 戊子 무자 | 戊申 무신 |
| 己巳 기사 | 己丑 기축 | 己酉 기유 |
| 庚午 경오 | 庚寅 경인 | 庚戌 경술 |
| 辛未 신미 | 辛卯 신묘 | 辛亥 신해 |
| 壬申 임신 | 壬辰 임진 | 壬子 임자 |
| 癸酉 계유 | 癸巳 계사 | 癸丑 계축 |
| 甲戌 갑술 | 甲午 갑오 | 甲寅 갑인 |
| 乙亥 을해 | 乙未 을미 | 乙卯 을묘 |
| 丙子 병자 | 丙申 병신 | 丙辰 병진 |
| 丁丑 정축 | 丁酉 정유 | 丁巳 정사 |
| 戊寅 무인 | 戊戌 무술 | 戊午 무오 |
| 己卯 기묘 | 己亥 기해 | 己未 기미 |
| 庚辰 경진 | 庚子 경자 | 庚申 경신 |
| 辛巳 신사 | 辛丑 신축 | 辛酉 신유 |
| 壬午 임오 | 壬寅 임인 | 壬戌 임술 |
| 癸未 계미 | 癸卯 계묘 | 癸亥 계해 |

| 天干 | 五行 | 地支 | 절기/특성 | 계절·환절기 | 시간 |
|---|---|---|---|---|---|
| 甲 갑(양) 乙 을(음) | 木 | 寅(木) 2월 / 卯(木) 3월 / 辰(土) 4월 | 역마 입춘 생지 / 도화 경칩 왕지 / 화개 청명 고지 | 봄 / 환절기 | 寅 03:30 - 05:30 / 卯 05:30 - 07:30 / 辰 07:30 - 09:30 |
| 丙 병(양) 丁 정(음) | 火 | 巳(火) 5월 / 午(火) 6월 / 未(土) 7월 | 역마 입하 생지 / 도화 망종 왕지 / 화개 소서 고지 | 여름 / 환절기 | 巳 09:30 - 11:30 / 午 11:30 - 13:30 / 未 13:30 - 15:30 |
| 戊 무(양) 己 기(음) | 土 | 辰戌丑未 | 辰 4월 봄 / 戌 10월 가을 / 丑 1월 겨울 / 未 7월 여름 | | |
| 庚 경(양) 辛 신(음) | 金 | 申(金) 8월 / 酉(金) 9월 / 戌(土) 10월 | 역마 입추 생지 / 도화 백로 왕지 / 화개 한로 고지 | 가을 / 환절기 | 申 15:30 - 17:30 / 酉 17:30 - 19:30 / 戌 19:30 - 21:30 |
| 壬 임(양) 癸 계(음) | 水 | 亥(水) 11월 / 子(水) 12월 / 丑(土) 1월 | 역마 입동 생지 / 도화 대설 왕지 / 화개 소한 고지 | 겨울 / 환절기 | 亥 21:30 - 23:30 / 子 23:30 - 01:30 / 丑 01:30 - 03:30 |

# 2. 사주팔자의 구성

사주(四柱)란 4개의 기둥이란 뜻으로, 태어난 년·월·일·시를 천간과 지지로 짝을 이룬 년주, 월주, 일주, 시주로 구성되어 있다. 각각 4개의 기둥에는 2글자씩 8글자로 이루어져서 사주(四柱) 팔자(八字)라고도 한다. 따라서 좋은 사주, 나쁜 사주는 없다. 사주를 기록할 때는 년·월·일·시를 오른쪽에서 왼쪽으로 기재한다. (중국의 영향을 받은 문자 체계)

| 사주팔자의 구성 | | | |
|---|---|---|---|
| 시간 | 일간 | 월간 | 년간 |
| 시지 | 일지 | 월지 | 년지 |
| **시주(時柱)** | **일주(日柱)** | **월주(月柱)** | **년주(年柱)** |

사주팔자 4 기둥을 세울 때는 가로쓰기를 하는데 태어난 해의 육십갑자는 년주(年柱), 태어난 달의 육십갑자는 월주(月柱), 태어난 날의 육십갑자는 일주(日柱), 태어난 시의 육십갑자는 시주(時柱)라고 한다.

사주팔자 4 기둥을 세우기 위해서는 육십갑자표를 기준으로 해야 한다.

사주를 분석하기 위해 예전부터 만세력이라는 사주 달력을 이용하였다. 만세력이란, 육십갑자를 기준으로 삼아서 매년 년월일시를 기록한 명리의 달력 책자다. 요즘에는 스마트폰의 앱을 이용해 사주를 뽑지만 조(朝)자시와 야(夜)자시의 기준이 달라서 사주가 다르게 나올 수 있기 때문에 만세력이 더 정확하다고 할 수 있다. 스마트 폰의 사주만세력에는 일간이 본원 (또는 일원)이라고 되어 있는데, 일간으로 해석하기 바란다.

### ◈ 스마트폰 앱(원광만세력) 예시 ◈

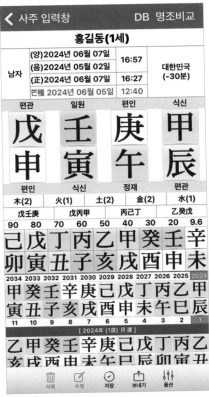

## 년·월·일·시 사주의 기둥자리 해석

예) 2024년 6월 7일 오후 4시 57분 (양력)

| 시주(時柱) | 일주(日柱) | 월주(月柱) | 년주(年柱) |
|---|---|---|---|
| 戊 | 壬 | 庚 | 甲 |
| 申 | 寅 | 午 | 辰 |
| 열매 | 꽃 | 새싹 | 뿌리 |
| 자식 | 부부 | 부모 | 조상 |
| 말년 | 중년 | 청년 | 소년 |
| 개인의 꿈 | 가정 | 사회 | 국가 |
| 겨울 | 가을 | 여름 | 봄 |

태어난 해를 년주라 한다(국가의 혜택이나 조상의 음덕을 나타낸다).

태어난 달을 월주라 한다(태어난 환경이며 사회나 학교, 가정에 속한다).

태어난 일(생일)을 일주라 한다(일간의 개성이나 특성이 담겨 있고 부부 관계 등을 나타낸다).

태어난 시간을 시주라 한다(미래에 이루고 싶은 꿈이나 취향을 나타낸다).

오늘과 내일을 구분할 때 야자시와 조자시의 2가지 방법이 있다. 야자시는 밤 11시 30분 이후부터 오늘이 아닌 내일로 생일을 정한다(일본의 시간을 기준으로 정했다). 조자시는 밤 12시 이후부터 생일을 내일로 정한다. 명리학계에서는 야자시와 조자시가 아직 논란의 대상이 되지만 대부분 야자시를 받아들이고 있다. 타고난 생년월일을 사주팔자 또는 사주 원국(原局)이라고 한다. 일간은 사주의 주인공이며, 월지는 일간이 태어난 계절로서 팔자(八字)에서 가장 힘이 강하고 영향력이 크다. 사주 주인공인 일간의 환경과 적성 등을 분석할 때 기준이 되는 가장 중요한 곳이다.

# 3. 대 운

생년월일시를 기록한 사주팔자는 사람이 태어나서 죽을 때까지 변하지 않지만, 우리는 1년마다 육십갑자에 의해 순서대로 들어오는 세운(1년 운)과 10년 단위로 들어오는 대운에 의해 환경과 삶의 변화를 겪으며 살아간다.

사주가 자동차라면, 대운은 자동차가 10년 동안 지나가는 도로의 상태와 같다. 폭설과 폭우로 도로가 끊기고 유실되어 방황하기도 하고, 편하게 달릴 수 있는 도로처럼 안락한 환경도 펼쳐주게 되는 환경이다. 흔히 대운을 대박 운으로 알고 있는데, 십 년마다 살아가는 환경의 변화가 있는 시기라 할 수 있다. 사주팔자가 타고난 자신의 천성과 환경이라면, 대운은 10년 동안 내 주변 환경의 변화를 이야기한다.

## ◈ 대운 세우는 방법

대운을 기록하는 방법에는 순행대운과 역행대운 두 가지가 있다. 사주를 기록할 때 남자는 건명(乾命; 하늘)이라 하고, 여자는 곤명(坤命; 땅)이라 한다.

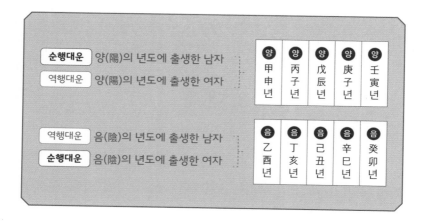

| | | |
|---|---|---|
| **순행대운** | 양(陽)의 년도에 출생한 남자 | 양 甲申년 · 양 丙子년 · 양 戊辰년 · 양 庚子년 · 양 壬寅년 |
| **역행대운** | 양(陽)의 년도에 출생한 여자 | |
| **역행대운** | 음(陰)의 년도에 출생한 남자 | 음 乙酉년 · 음 丁亥년 · 음 己丑년 · 음 辛巳년 · 음 癸卯년 |
| **순행대운** | 음(陰)의 년도에 출생한 여자 | |

순행대운이란 봄에 태어난 사람이 여름, 가을, 겨울이라는 계절의 변화를 겪게 되듯이, 주변의 환경과 운의 흐름이 순서대로 변화하는 과정을 만나는 운이다. 반대로 역행대운이란 봄에 태어난 사람이 겨울, 가을, 여름의 순서로, 즉 자연의 변화와는 반대 방향으로 흐르며 변화하는 과정을 겪게 되는 운이다.

년도에서 순행이나 역행의 대운이 정해지면 출생한 달을 기준으로 대운의 변화(오행)를 기록한다.

대운이 바뀌는 나이의 숫자는 순행과 역행에 따라서 계산방식이 다르다. 순행대운의 경우 출생일로부터 다음 달 절입일(節入日)까지의 일수를 3으로 나누어서 나온 숫자가 대운수가 된다. 나머지 숫자가 2면 대운수에 1을 더하고, 나머지 숫자가 1이면 버린다. 역행대운의 경우 반대로 출생일로부터 지난 절입일까지의 일수를 3으로 나누어 나온 숫자가 대운의 숫자가 된다. 이 역시 순행처럼 나머지 숫자가 2면 대운수에 1을 더하고, 1이면 버린다. 총 날짜를 계산할 때 출생일은 포함시키지 않고 절입일은 포함시킨다. 요즘은 복잡한 계산보다는 스마트폰 만세력 앱으로 자신의 사주 구성과 대운을 편하게 확인해 볼 수 있다.

대운은 10년에서 많게는 30년 동안 환경의 변화나 사회적 위치, 가정의 안정, 부부 화합, 재물의 축적 등에 영향을 준다. 깊은 지식의 습득과 자격을 갖춘 출중함에도 등과되지 못하고 한직에 머물거나, 인물됨이 변변치 못하고 실력을 갖추지 못했어도 의외로 관직에 오르고 직위를 오래 유지하는 것 또한 대운의 영향이라 볼 수 있다. 비록 대운이 힘들 때도 포기하지 않으면 매년 바뀌는 세운(1년 운)의 영향으로 기사회생할 수도 있다.

예) 2016년 05월 13일 오후 1시 (양력) - 乾命 : 8대 운

| 壬 | 乙 | 癸 | 丙 |
|---|---|---|---|
| 午 | 未 | 巳 | 申 |
| 時柱 | 日柱 | 月柱 | 年柱 |

| 88 | 78 | 68 | 58 | 48 | 38 | 28 | 18 | 8 | 癸巳월 |
|---|---|---|---|---|---|---|---|---|---|
| 壬 | 辛 | 庚 | 己 | 戊 | 丁 | 丙 | 乙 | 甲 | |
| 寅 | 丑 | 子 | 亥 | 戌 | 酉 | 申 | 未 | 午 | |
| 봄(동) | | 겨울(북) | | | 가을(서) | | 여름(남) | | |

이 사주는 여름에 태어나서 (8살, 18살, 28살 …… 88살) 10년 단위로 대운의 흐름이 순행으로 흐른다.

## 여자의 역행대운

예) 2016년 05월 13일 오후 1시 (양력) - 坤命 : 3대 운

| 壬 | 乙 | 癸 | 丙 |
|---|---|---|---|
| 午 | 未 | 巳 | 申 |
| 時柱 | 日柱 | 月柱 | 年柱 |

| 83 | 73 | 63 | 53 | 43 | 33 | 23 | 13 | 3 | 癸巳월 |
|---|---|---|---|---|---|---|---|---|---|
| 甲 | 乙 | 丙 | 丁 | 戊 | 己 | 庚 | 辛 | 壬 | |
| 申 | 酉 | 戌 | 亥 | 子 | 丑 | 寅 | 卯 | 辰 | |
| 가을(서) | | 겨울(북) | | | 봄(동) | | | | |

이 사주는 여름에 태어나서 (3살, 13살, 23살 …… 83살) 10년 단위로 대운의 흐름이 역행으로 흐른다.

## ❀ 남자의 역행대운

예) 2015년 12월 16일 오후 6시 (양력) - 乾命 : 3대 운

| 丁 | 丙 | 戊 | 乙 |
|---|---|---|---|
| 酉 | 寅 | 子 | 未 |
| 時柱 | 日柱 | 月柱 | 年柱 |

| 83 | 73 | 63 | 53 | 43 | 33 | 23 | 13 | 3 | |
|---|---|---|---|---|---|---|---|---|---|
| 己 | 庚 | 辛 | 壬 | 癸 | 甲 | 乙 | 丙 | 丁 | 戊子월 |
| 卯 | 辰 | 巳 | 午 | 未 | 申 | 酉 | 戌 | 亥 | |
| 봄(동) | | 여름(남) | | | 가을(서) | | 겨울(북) | | |

이 사주는 추운 겨울에 태어나 (3살, 13살, 23살 …… 83살) 10년 단위로 대운의 흐름이 역행으로 흐른다.

## ❀ 여자의 순행대운

예) 2015년 12월 16일 오후 6시 (양력) - 坤命 : 7대 운

| 丁 | 丙 | 戊 | 乙 |
|---|---|---|---|
| 酉 | 寅 | 子 | 未 |
| 時柱 | 日柱 | 月柱 | 年柱 |

| 87 | 77 | 67 | 57 | 47 | 37 | 27 | 17 | 7 | |
|---|---|---|---|---|---|---|---|---|---|
| 丁 | 丙 | 乙 | 甲 | 癸 | 壬 | 辛 | 庚 | 己 | 戊子월 |
| 酉 | 申 | 未 | 午 | 巳 | 辰 | 卯 | 寅 | 丑 | |
| 가을(서) | | 여름(남) | | | 봄(동) | | 겨울(북) | | |

이 사주는 추운 겨울에 태어나 (7살, 17살, 27살, …… 87살) 대운의 흐름이 순행으로 흐른다.

# 4. 대운의 영향

첫 번째 대운은 부모의 보호 아래에 있기 때문에 자신의 개성이나 사주의 특성이 잘 드러나지 않는다. 부모의 올바른 교육으로 사주의 유전자를 장점으로 잘 발달시킬 수도 있고, 반대로 부모에게 받은 잘못된 영향으로 사주의 유전자를 단점이나 결점으로만 작용하게 만들 수도 있다. 똑같은 씨앗이라도 땅의 상태와 물과 햇빛이 어떻게 공급되었는지에 따라서 쭉정이가 되기도 하고 거목으로 자랄 수도 있음이다.

두 번째 대운부터 사주의 특성이나 개성이 발현되며 학업이나 기술을 통해 미래를 준비하는 시기이다. (10대에서 20대 시기)

세 번째, 네 번째 대운은 사회에서 왕성한 활동을 하고 능력을 최대한 발휘할 수 있는 환경인가를 보는 것이다. (20대에서 40대 시기)

다섯 번째 대운은 자신의 경쟁력이 극대화되고 사회적 변화도 겪게 되는 환경을 보는 것이다. (40대에서 50대 시기)

여섯 번째 이후의 대운은 건강이나 개인적인 가정사에 치중하게 된다. 대외적이고 양적인 기운을 거두고 내적인 음의 기운으로 이동하는 환경을 보는 것이다. (50대에서 60대 시기)

일곱 번째 이후의 대운(70세 이후)은 누구든 양기(陽氣)가 소진

되며 늙어가는 시기이다. 재물을 축적할 좋은 기회가 온다 해도 무리하면 병을 얻기 쉽다. 전혀 해보지 않았던 새로운 일은 어떤 유혹이 와도 되도록 도전보다는 그동안 해왔던 익숙한 일을 하는 게 좋다. 그래야 스트레스도 받지 않고 노후가 편안하며 건강도 잘 유지할 수 있다. 노후에 재물을 지나치게 불리면 건강이 받쳐주지 못할 수 있으니 물욕을 자제할 필요가 있다.

젊은 양(陽)의 기운이 넘칠 때는 병을 얻어도 쉽게 회복되어 다시 시작할 수 있다. 그러나 노후에 음(陰)의 기운이 깊어져 한번 아프면 쉽게 일어나지 못하고 고생하게 된다. 양(陽)이 벌리고 확장하는 젊음과 같은 개념이라면, 음(陰)은 물러나서 자신을 잘 유지하는 노후의 개념과도 같다.

살아가면서 일어나는, 생각하지도 못한 행운이나 대박, 엄청난 사건 등은 일생을 통틀어 흔하게 일어나는 일이 아니다. 또 전혀 예상치 못한 불행한 일들은 운이라는 보이지 않는 작용력도 있겠지만, 대부분은 자신의 준비 부족이나 방심 때문에 발생하는 일이다. 운에 앞서 자기관리를 통해 노력하고 준비하여 대비하면 미래에 대한 막연한 두려움을 떨쳐버릴 수 있다.

'대운'의 흐름을 예측해보고 설계하고 미리 대비하고 준비한다면, 나침반처럼 좋은 길잡이가 되어 줄 것이다.

한편, '세운'은 일 년 동안 일어나는 운의 변화를 말한다. 예컨대 합격이라든지 부동산 구입, 이동, 이사, 취직이나 이직 등의 변화가 그것이다. 세운이 바뀌면 운의 작용으로 발생하는 길흉화복에 대한 느낌을 받게 된다.

'월운'은 그 달에 생길 수 있는 생활의 변화를 나타낸다.

'일운'은 그 날의 컨디션과 감정의 변화를 나타낸다.

대운은 개인마다 천간, 지지로 다른 오행이 와서 십 년 동안 주변 사람과의 관계에 변화를 일으키거나, 가정과 직장, 사회 등에서 여러 변화를 가져온다. 반면에 세운, 월운, 일운은 모든 사람에게 천간, 지지로 똑같은 오행이 오지만 각자의 팔자에 따라서 서로 다른 운의 영향을 받게 된다.

다음 페이지에 있는 사례는 대운의 흐름에 따라 인생이 어떻게 변화하는지를 보여주고 있다.

사례1)은 己土 일간이 火 기운이 전혀 없는 추운 겨울에 태어나 대운이 역행으로 흐르고 있다. 金水 기운이 강한 壬申 대운까지는 아버지의 사업 실패로 집안이 어려워져 학업에 집중하지 못하고 일찍 사회생활에 뛰어들었다. 30세 辛未 대운부터 여름 火 기운의 영향을 받기 시작하는 사주다.

사례2)는 한 여름 火 기운이 강한 사주로 시원하게 적셔줄 水 기운이 없다. 대운이 순행으로 흘러 38세 庚戌 대운까지 많은 고생을 하고 살았다. 辛亥 대운부터 뜨거운 열기를 식혀줄 亥子丑 대운을 살면서 경제적으로 안정되었고 건강 또한 좋아졌다.

이처럼 사주원국이 아무리 춥고 덥더라도 대운이 어떻게 흐르느냐에 따라 전혀 다른 삶을 살아갈 수도 있다. 자신의 사주를 대입하고 대운이 어떻게 흐르는지 살펴보면서 미래를 설계하면 도움이 될 수 있다.

사례1) 1994년 11월 9일 오후 6시 (양력) - 坤明 : 10대 운

| 癸 | 己 | 乙 | 甲 |
|---|---|---|---|
| 酉 | 亥 | 亥 | 戌 |
| 時柱 | 日柱 | 月柱 | 年柱 |

| 80 | 70 | 60 | 50 | 40 | 30 | 20 | 10 | 0.3 | 乙亥월 |
|---|---|---|---|---|---|---|---|---|---|
| 丙 | 丁 | 戊 | 己 | 庚 | 辛 | 壬 | 癸 | 甲 | |
| 寅 | 卯 | 辰 | 巳 | 午 | 未 | 申 | 酉 | 戌 | |

사례2) 1967년 6월 14일 오후 6시 (양력) - 坤明 : 8대 운

| 甲 | 己 | 丙 | 丁 |
|---|---|---|---|
| 戌 | 酉 | 午 | 未 |
| 時柱 | 日柱 | 月柱 | 年柱 |

| 88 | 78 | 68 | 58 | 48 | 38 | 28 | 18 | 8 | 丙午월 |
|---|---|---|---|---|---|---|---|---|---|
| 乙 | 甲 | 癸 | 壬 | 辛 | 庚 | 己 | 戊 | 丁 | |
| 卯 | 寅 | 丑 | 子 | 亥 | 戌 | 酉 | 申 | 未 | |

# 제2장

# 음양오행론
## (陰陽五行論)

명리학은 인류가 알고 있는 배움 중 가장 오래된 학문이라고 표현해도 지나치지 않다. 그리고 명리학의 기본뼈대가 되는 것이 음양오행 이론이다. 음양오행과 관련해서는 너무 많은 이론이 퍼져 있고 논쟁이 끊이지 않아, 이를 한마디로 정의 내리기에는 어려움이 있다. 자칫 여러 이론을 접하다 보면 혼란에 빠질 수가 있다. 본 책자에서는 간결하면서도 쉽게 이해할 수 있도록 필자 나름대로 정리한 내용을 담았다.

# 1. 음양론

우주의 본체인 천지가 아직은 열리지 않은 어둠과 고요함을 간직한 텅 빈 상태를 명리학에서는 '무극'이라고 한다. 무극의 상태가 오랜 시간이 지나면서 빛과 어둠이 섞이기 시작하였다. 또다시 억겁의 시간이 흐르면서 태양과 달, 지구, 그리고 수많은 행성을 품은 우주가 열리게 되었다. 그중 태초의 지구는 얼음으로 뒤덮여 아무것도 살 수 없는 어둠과 고요뿐인 척박한 행성 중 하나였다.

시간이 지나면서 우주의 수축 운동이 본격적으로 활발해지며 지구는 태양을 도는 순환 운동을 하게 된다. 반복하여 태양을 도는 지구의 순환 운동으로 한(겨울)·난(여름)·조(가을)·습(봄)이라는 땅의 모습인 사계절이 탄생하게 되었다. 하늘 역시 사계절의 변화에 따라 공기와 습도, 그리고 춥고 따스한 온도 차가 발생하게 되었다. 무겁고 차가우면서 어두운 물(水)은 아래로 흐르면서 생명을 잉태하는 음(陰)의 기운이 되었다. 가볍고 따스한 밝은 기운인 빛(火)은 위로 오르며 모든 만물을 기르는 양(陽)의 기운이 되었다.

한난조습의 영향으로 음(陰)의 낳는 기운과 양(陽)의 기르는 기운이 활발해지며, 만물(산과 들, 사람과 동물, 식물 등 모든 생명체)이 탄생하였다. 이런 자연의 변화하는 모습을 목화토금수(木火土金水)라는 오행으로 문자화해서 명리학의 논리 체계를 세웠다.

겨울의 차가운 한기(水)를 머금은 땅속은 생명의 씨앗을 품으며 뿌리로 번져나가게 된다. 봄이 되면 하늘에서 따스한 기운이 땅에 스며들며 새싹(木)이 땅을 뚫고 올라와 꽃과 나무로 성장하기 시작한다. 여름이 되면 점점 뜨거워지는 태양(火)의 열기로 꽃은 지고, 열매와 곡식이 익어가기 시작한다(土). 가을이 되면 메마르고 서늘한 바람이 불며 금(金)처럼 단단하게 성장한 열매와 곡식을 수확하게 된다. 추운 겨울이 되면 씨앗과 곡식을 땅속에 저장하고 동식물들은 동면하며 휴식에 들어간다.

사람들은 지구의 규칙적인 자연 운동을 관찰하다가 1년이

365일이고, 4계절이 있으며, 이에 따라 만물이 성장하고 변화함을 알게 되었다. 동양에서는 365일을 12달로 나누고 이를 24절기로 기록해서 농사에 적용하였다. 인간 역시 자연의 일부로서 희로애락을 겪으며 살아가게 되었다.

젊은이가 노인이 되며 여당이 야당이 되기도 하고, 패자가 승자가 되기도 하는 삶이 반복하게 된다. 이는 음·양의 기운인 낮과 밤, 시작과 끝, 행복과 슬픔, 탄생과 죽음 등이 고정되어 있지 않고 끊임없이 변화하는 자연의 이치와도 같다. 그리고 이런 모습을 사주팔자로 기록하였다. 이것이 '사주명리학'이다.

사주명리학은 좋고 나쁨과 선악을 나누고 평가하는 목적이 아닌, 나를 마주 보며 또 다른 나를 알아가고 이해하는 학문이다. 양의 기운인 봄과 여름에는 많은 활동을 하고, 음의 기운인 가을에는 결실을 거두고, 겨울에는 활동을 최소화하고 휴식을 하게 된다. 이처럼 모든 자연과 인간사에도 음양의 기운이 존재한다. 노출되고 활동적이며 적극적인 기운이 양의 기질이며, 준비하며 지키려는 기운이 음의 기질이다.

즉, 음양이란 모든 만물의 근원으로 양은 확장하고 위로 솟아오르려고 하는 기운인 반면, 음은 지키고 아래로 내리려고 하는 기운이다. 음의 기운이 생각하는 정신이라면, 양의 기운은 행동하는 몸과 같다. 양의 기운을 대표하는 목(木)·화(火)는 능동적이며 활동적이고 진취적이며 개척하는 정신으로 나타난다.

| | | | | | | | | | |
|---|---|---|---|---|---|---|---|---|---|
| **음양의 의미와 특성** | | | | | | | | | |
| **음** | 달 | 땅 | 여자 | 밤 | 차가움 | 함몰 | 어두움 | 겨울 | 노인 |
| **양** | 태양 | 하늘 | 남자 | 낮 | 뜨거움 | 돌출 | 밝음 | 여름 | 젊은이 |
| **음** | 조용함 | 내성적 | 고요함 | 참다 | 여성적 | 연구적 | 소극적 | 인내심 | 유지함 |
| **양** | 활발함 | 외향적 | 정열적 | 표현적 | 남성적 | 발표적 | 적극적 | 조급함 | 개척함 |

　　음의 기운을 대표하는 금(金)·수(水)는 수동적이고 조용하며 지혜로운 성향으로 나타난다. 토(土)는 목(木)·화(火)와 금(金)·수(水)의 기운을 조절하고 수용하며 안정을 지향하는 성향으로 나타난다. 토(土)는 뜨거운 양의 기운과 지나치게 차가운 음의 기운을 담아서 조절하는 역할을 한다.

　　음양은 반대의 의미가 아니며 상대에 의해 존재의 가치가 부여된다. 남자와 여자의 역할, 남편과 아내의 역할, 부모와 자식의 관계처럼 음양은 상대적 개념이다. 음이 없이 양만 존재한다면 너무 뜨거워 꽃이 말라버리고, 양이 없이 음만 존재한다면 어둠 속에서 꽃은 싹도 틔우지 못하게 되는 것과 같다.

# 2. 오행론

한난조습의 수축 및 팽창 운동으로 음양이 발생해서 위로 올라간 하늘의 기운을 10천간이라고 하며, 아래로 내려간 땅의 기운을 12지지라고 한다.

10천간은 5가지 만물(에너지)인 목(木; 甲·乙), 화(火; 丙·丁), 토(土; 戊·己), 금(金; 庚·辛), 수(水; 壬·癸)를 탄생시켰으며, 이를 오행(五行)이라 한다.

땅에서는 자(子), 축(丑), 인(寅), 묘(卯), 진(辰), 사(巳), 오(午), 미(未), 신(申), 유(酉), 술(戌), 해(亥)의 12지지(地支)가 탄생되었다.

천간은 갑(甲)의 기운으로 최초의 하늘을 열었으며(만물의 탄생), 지지는 자(子)의 기운으로 최초의 땅을 펼치며 만물의 변화를 주도하게 된다.

음양의 수축 및 팽창 운동으로 봄이 되면 자연은 싹(木)을 틔우게 된다. 여름에는 열매가 익어가게 되며, 가을에는 단단해진 곡식을 거두어들이고, 겨울에는 씨앗을 저장시킨다. 다시 봄이 되면 새로운 싹을 틔우게 하는 자연의 탄생과 변화하는 기운을 목(木), 화(火), 토(土), 금(金), 수(水)라는 오행(五行)으로 표시하였다. 나무(木), 불(火), 흙(土), 쇠(金), 물(水)과 같은 자연의 모습(물상)으로도 표현된다.

먼저 오행의 첫 번째 기운인 **목(木)**은, 봄이 되면 모든 생명이 땅을 뚫고 위로 솟아오르는 모습과 같다. 세상으로 첫 출발을 하는 청년과 같은 기상으로, 순수하고 진취적이며 모든 것에 호기심을 보인다. 처음 시작하며 세상을 경험하는 것과 같아서, 예민하고 주변의 상황에 민감하게 반응한다. 무엇이든 배워서 습득하려는 의지가 강해서 지식을 기반으로 하는 진로를 선택하면 정신적 만족을 얻을 수 있다.

**화(火)**는, 목(木)의 기운을 위로 솟구치게 하고 성장시키며 사방으로 확장시키는 역할을 한다. 화(火)가 가장 왕성한 봄에서 여름으로 가는 시기가 되면, 솟아오르던 목(木)에서 가지가 벌어지고 꽃이 펼쳐진다. 화(火)는 목의 성장을 주도하며 양의 기운을 발산케 하는 모습과도 같다. 활발한 활동을 하며 밝고 긍정적이다.

**토(土)**는, 봄과 여름의 확장하는 양(陽)의 운동에서 가을과 겨울의 음(陰) 운동으로 변화하는 과정을 연결시켜주는 교량 역할을 한다. 목·화(봄·여름)와 금·수(가을·겨울)를 연결하는 역할을 한다. 토(土)의 성향은 속이 깊으며 편안함과 안정된 환경을 제공한다. 흙 속이 보이지 않는 것처럼, 사주에 토(土)가 깊으면 자신의 마음을 잘 드러내지 않는다. 사람 간의 중재 역할을 잘하며 안락함을 준다.

**금(金)**은, 사방으로 퍼지는 화(火)를 안으로 모아서 집중시키고 수렴(收斂)시키는 역할을 한다. 가을이 되면 열매가 풍요롭게 결실을 보며, 겉이 단단하게 굳어지는 모습을 말한다. 성실하며 노력에 대한 성과를 내고 결과를 얻는 것과 같다. 사물을 보는 관점이 실리적이어서 사람을 만남에도 업무처럼 느낄 수 있다. 의도와는 다르게 냉정하게 평가받는다.

**수(水)**는, 그동안의 노고에 대한 결과인 가을을 상징하는 단단한 곡식(金)을 저장하는 기운과 같다. 계절로는 가을에서 겨울로 넘어가는 시기이다. 음기가 가장 왕성한 겨울이 되면 모든 생명의 기운이 땅속으로 내려와 움직임을 멈추고 응축되기 시작한다. 모든 활동을 접고 휴식하는 노후의 모습과도 같다. 생각이 많고 지혜가 깊어 두뇌 활동은 활발하지만 신체적인 활동은 무뎌진다. 타인과의 활발한 교류보다는 자신의 내면을 성찰하며 정신적이고 종교·철학적인 가치를 중요시한다.

이처럼 단순히 오행(木火土金水)의 문자가 내포하는 사전적 의미의 틀에서 벗어나 우리의 삶을 자연의 이치로써 생각한다면, 명리학을 더 쉽게 이해할 수 있을 것이다.

# ◈ 오행의 물상적 의미와 특성 ◈

## 천간오행

| 오행<br>구분 | 木 | | 火 | | 土 | | 金 | | 水 | |
|---|---|---|---|---|---|---|---|---|---|---|
| 10 천간 | +甲 | -乙 | +丙 | -丁 | +戊 | -己 | +庚 | -辛 | +壬 | -癸 |
| 12 지지 | +寅 | -卯 | +午 | -巳 | +辰<br>+戌 | -丑<br>-未 | +申 | -酉 | +子 | -亥 |
| 계 절 | 봄 | | 여름 | | 환절기 | | 가을 | | 겨울 | |
| 시 간 | 아침 | | 정오 | | 시간 사이 | | 저녁 | | 밤 | |
| 방 위 | 동 | | 남 | | 중앙 | | 서 | | 북 | |
| 오 장 | 간장 | | 심장 | | 비장 | | 폐장 | | 신장 | |
| 육 부 | 쓸개(담) | | 소장 | | 위 | | 대장 | | 방광 | |
| 성 정 | 인(仁) | | 예의(禮) | | 신의(信) | | 의리(義) | | 지혜(智) | |
| 직 업 | 교육, 의학 | | 연예, 예능 | | 농공, 생산 | | 군경, 금융 | | 경제, 경영 | |
| 성 격 | 인내, 다정 | | 명랑, 활발 | | 과묵, 중후 | | 결단, 통솔 | | 고요, 내면적 | |

## 12지지 계절의 구분

| 子 | 丑 | 寅 | 卯 | 辰 | 巳 | 午 | 未 | 申 | 酉 | 戌 | 亥 |
|---|---|---|---|---|---|---|---|---|---|---|---|
| 쥐 | 소 | 호랑이 | 토끼 | 용 | 뱀 | 말 | 양 | 원숭이 | 닭 | 개 | 돼지 |
| 12 | 1월 | 2월 | 3월 | 4월 | 5월 | 6월 | 7월 | 8월 | 9월 | 10월 | 11월 |
| 겨울 | | 봄 | | | 여름 | | | 가을 | | | 겨울 |

# 제3장

# 오행의 상생(相生)과 상극(相剋)

오행의 상생상극이란 생명이 탄생하고 성장해서 가치와 결과를 만들어가는 과정을 표현한 것이다.

자연현상으로 보면 봄, 여름, 가을, 겨울이 끊임없이 순환하면서 변화하고 발전하는 과정이다. 이는 인간 역시 자연의 일부분으로 해석하는 동양 사상의 근본이 된다.

봄(木)이 성장해가는 어린 시절이라면, 여름(火)은 활동력이 왕성한 청년 시절과 같다. 가을(金)이 사회 경험을 하면서 실력도 쌓은 후 안정된 가정과 사회적 위치를 갖춰가는 중년의 모습이라면, 겨울(水)은 후손들에게 물려주고 조용히 노후를 보내는 모습과도 같다. 토(土)는 봄과 여름을 연결해서 꽃과 열매가 열리는 환경을 제공하며, 가을과 겨울을 연결해서 곡식을 거두어들이는 풍요로움 역시 제공한다.

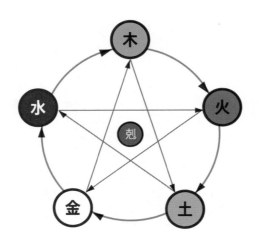

상생이 가정과 사회에서 생활하는 데 필요한 재능과 조건을 준비해가는 과정이라면, 상극은 도전과 극복을 통해 자신을 개발해 가는 과정이다.

# 1. 오행의 상생(相生)

삶을 살아가는 데 필요한 준비를 하는 사람의 모습을 자연의 변화에 비유해 음양오행의 상생으로 풀이하였다. 힘이 약한 오행이 생(生)을 받으면 긍정적인 작용으로 장점이 발휘되나, 강한 오행이 생(生)까지 지나치게 받으면 오히려 부정적(과유불급: 過猶不及)으로 나타난다.

### ✿ 수생목(水生木) - (천간 壬癸水 생 甲乙木)

수생목(水生木)은 겨울(水)에서 봄(木)으로 변해가는 과정이다. 목(木)은 수(水)의 기운을 받아들여 꽃을 피울 준비를 하는 내부적인 성장 과정을 말한다. 그런데 수(水)의 상생을 받지 못한 나무는 뿌리가 일찍 마르게 된다. 즉, 준비가 되지 않은 상태와 같다.

사주의 구성이 수생목(水生木)이 되면, 미래를 준비하는 목적의식을 갖게 된다. 미래 초석을 다지기 위해 스펙을 쌓으며 경쟁을 준비하는 과정이다. 학구적이며 연구심이 깊고 지적이며 신중하다. 반면에 수(水)가 지나치게 많으면 나무가 물에 절어서 꽃을 피우는 데 오랜 시간이 걸려 제때 실력 발휘를 하지 못하게 된다. 만년 수험생과 같아서 평생 책을 끼고 지식을 쌓아가며 이론에는 강하지만, 활용을 제때 하지 못할 수 있다. 지나치게 소극적이며 겸손하여 늘 실력이 부족하다고 느낀다. 스트레스를 발산하지 못해서 우울해지기 쉽다. 중년 이후에는 운동부족과 비만으로 질환에 걸릴 수 있으니 유의해야 한다. 운에서 화(火) 운이 오면, 자신감이 생기면서 그동안 습득한 지식으로 능력을 발휘할 수 있는 좋은 배경을 맞게 된다.

## ✿ 목생화(木生火) - (천간 甲乙木 생 丙丁火)

목생화(木生火)는 봄(木)에서 여름(火)으로 변해가는 과정이다. 목(木)이 화(火)의 도움으로 꽃을 피우고 열매를 맺어가는 과정을 의미한다. 화(火) 역시 목(木)의 도움으로 열기가 사그라지지 않고 더욱 크게 확장되는 것과 같다. 수생목(水生木)으로 성장을 위한 준비를 했다면, 목생화(木生火)는 꽃을 피워 열매를 맺는 과정과도 같다.

화(火)가 약하면 열기가 부족하여, 나무는 꽃과 열매를 맺지 못함과 같아서 결실을 보는 성장이 더디게 된다. 화(火)가 지나치게 많으면 빠른 성장은 할 수 있으나, 잎이 쉽게 마르고 시들게 되는 것과 같다. 충분한 실력을 갖추지 않고 자신감이 넘쳐서 밖으로 나가 활동부터 하니, 준비와 경험 부족으로 중간에 중단하는 상황이 발생할 수 있다.

목생화(木生火)는 꽃을 피우듯 자신의 실력을 마음껏 펼치는 과정이며, 수생목(水生木)으로 준비한 자격과 실력을 몽땅 드러내고 활용하는 과정이다. 사회활동이 가장 왕성한 청년기와 같아 양적으로도 팽창해 가면서 미래를 위한 결실(金)까지 볼 준비를 한다. 친화력이 좋아 분위기를 밝게 띄워 주변 사람들을 즐겁게 한다. 예능적 재능도 뛰어나 인생을 즐기면서 살아간다. 수(水)가 있으면 이런 상황을 유지할 수 있는 원동력이 된다.

반면에 사주의 구성이 수(水)가 없이 목생화(木生火)만 잘되어 있으면, 화사하고 바쁘게 활동한다. 그러나 지나치게 많은 활동으로 체력이 소모되어 쉽게 지칠 수 있다. 사업가는 성급한 투자로 자금난이 발생하며, 학생은 학습에 대한 열의는 대단하나 인내력이 부족해 목표에 도달하기 전에 탈진할 수 있다. 상대의 전력은 파악하지 않고 자신의 의도대로 성급하게 일을 추진하다 보니, 경쟁자의 예상치 못한 반격에 대비하지 못할 수 있다. 시작하기 전에 차분히 준비할 필요가 있다.

### ✤ 화생토(火生土) - (천간 丙丁火 생 戊己土)

화생토(火生土)는 여름에서 가을로 변해가는 과정이다. 토(土)가 화(火)의 따뜻함을 받아들여 만물을 키우는 환경이 마련되는 과정을 뜻한다. 화(火)의 따뜻함을 받아들인 토(土)는 모든 만물을 성장시키는 윤택한 환경을 갖추게 된다.

화(火)처럼 열정을 가지고 활동하며, 때가 되면 정착해서 안정된 삶을 사는 것과 같다. 활짝 핀 꽃과 나무가 땅에 뿌리를 내리면서 열매를 맺기 위해 준비를 하는 것처럼, 청년기의 왕성한 활동이 결과로 이어지면서 자리를 잡아가는 과정이다. 토(土)는 화(火)의 상생을 받아야 단단하게 다져지며 만물을 성장시키는 풍요로운 환경이 된다.

사주의 구성이 화(火)가 3개 이상으로 뜨거운데 토(土)가 없으면, 열심히 일하면서 활동을 하지만 정착을 하지 못하고 자꾸 새로운 일에 도전하려고 한다. 화(火)가 지나치게 많아서 뜨거우면, 땅이 갈라지고 나무가 성장하기에는 척박한 환경이 된다. 새로운 땅을 찾아 여기저기 이동하는 것과 같아서 오랫동안 유지하는 배경을 갖추지 못하게 된다.

토(土)가 지나치게 많아도 화(火)의 열기가 밖으로 분출되지 못하니 무엇이든 하고 싶은 의욕이 생기지 않고 쉽게 지치기도 한다. 자주 휴식하고 사람들과 어울려야 마음도 편하고 건강도 좋아진다. 토(土)는 화생토(火生土)가 잘 되고 수(水) 기운까지 더해지면, 반죽이 잘 된 밀가루로 맛있는 빵을 만드는 것처럼, 만물을 키워내는 옥답 같은 터전이 된다.

## ❖ 토생금(土生金) - (천간 戊己土 생 庚辛金)

토생금(土生金)이란, 가을이 되면 토(土)에서 성장한 만물(목;木)이 속이 꽉 차고 숙성되어 마치 단단한 금(金)처럼 변화하는 과정을 말한다. 그동안의 노고로 풍성해진 생산물을 수확하기 위해 곡괭이를 들고 땅을 고르며 땀 흘려 일하는 과정이다. 힘든 일이 생겨도 참고 이겨내며 자기의 일에 최선을 다하는 모습이다.

수생목(水生木)-배우면서 준비하고, 목생화(木生火)-배움을 활용해서 활동하고, 화생토(火生土)-열심히 일하며 안정되게 정착하는 과정을 거쳐서, 토생금(土生金)-실력을 쌓은 경험을 살려서 탁월한 전문성을 갖추어 가는 모습이기도 하다. 인생의 입지를 단단하게 굳히는 단계이다. 수(水)가 있으면 그동안의 노력의 결실인 열매(金)를 저장시키며 노후를 준비하는 과정과 같다.

사주의 구성이 토(土)가 지나치게 많으면, 열매가 된 금(金)이 흙에 의해서 다시 땅속에 파묻혀 매몰되는 것과 같다. 실력보다 저평가를 받을 수 있다. 토(土)가 없는 금(金)은 노력이나 인내가 부족해, 일 처리 능력이 미숙하여 만족스러운 결과(金)를 얻기 어려울 수 있다.

## ❖ 금생수(金生水) - (천간 庚辛金 생 壬癸水)

금생수(金生水)는 가을(금;金)에서 겨울(수;水)로 넘어가는 과정이다. 금(金)이 맑은 물속에서 더욱 빛나며 자기의 지적 능력을 마음껏 펼칠 수 있음을 뜻한다. 생각이 많고 지혜가 깊어지는 과정이다. 수(水) 역시 금(金)의 상생으로 맑은 물을 깨끗하게 오래 유지하는 것과 같다. 자신을 잘 다스릴 줄 알고 깊이 생각하며 심성도 차분하다.

자연의 최종 결과물인 곡식과 씨앗(金)은 차가운 수(水)의 냉기가 있어야 봄까지 썩지 않고 잘 유지될 수 있다. 금생수(金生水)는 이런 생산품(金)을 시장에서 유통시키는 과정과도 같다. 또 금생수(金生水)는 목생화(木生火)의 양적 성장과는 달리 철저히 미래를 준비하는 단계로, 내실을 다지는 내면적이고 정신적인 세계가 깊다. 사주 구성이 경신(庚申)의 금생수(金生水)는 깊은 수원(水原)에서 계속해서 맑은 물이 흐르는 것과 같아서 오랫동안 사회활동을 하게 된다.

수(水)가 지나치게 많으면, 보석(金)이 깊은 물 속에 빠진 것과 같아서 진로가 불분명해지고 한 치 앞도 보지 못한다. 생각은 많지만 무엇을 해야 할지 쉽게 결정하지 못한다. 생각이 너무 깊고 현실과 균형이 맞지 않아 번뇌가 깊어질 수 있다.

금생수(金生水)가 잘 되어 있으면 맑은 물이 오래 흐르는 것처럼, 중도에 포기하지 않고 지속해서 사회활동을 한다. 그러나 금(金) 없는 수(水)는 물줄기가 오래가지 못하고 마르게 된다. 일의 진행이 느려지고 중단되는 일이 발생하니 인내와 끈기를 가질 필요가 있다. 개인사업을 해도 중도에 자금이 부족해 어려운 일이 발생할 수도 있다. 여자의 경우 수(水)가 지나치면(과유불급; 過猶不及) 과다한 생리량으로 고생하기도 한다. 남자는 비뇨기과 질환이 잘 생긴다.

# 2. 오행의 상극(相剋)

사회에서 필요한 자질과 능력을 준비하는 과정을 상생으로 풀이하였다면, 이를 위해 어려움을 극복하고 도전하며 경쟁하는 과정은 자연에 비유하여 상극으로 풀이하였다.

상극(相剋)이란, 서로 협조하고 밀어주고 도와주는 상생의 관계와는 반대 개념이다. 상극은 한 오행이 많아서 힘이 한쪽으로 지나치게 편중될 때 이를 조절하며 견제하고 통제하는 모습이다. 상생과 상극을 좋고 나쁨으로 해석하지 말아야 한다. 오행에서 상생만 되면 발전보다는 오히려 현 상황을 편하게 유지하는 데만 치우치게 된다. 상극이 되면 힘든 상황을 이겨내고 경쟁을 통해서 발전과 도약을 할 수 있는 원천이 되기도 한다. 사주 내에 상생만 있다면, 노력과 도전으로 얻어지는 고단한 상극보다는 편안한 상생의 삶을 추구하려고 한다.

## ❖ 목극토(木剋土) - (천간 甲乙木 극 戊己土)

목극토(木剋土)란, 나무가 흙에 정착해서 성장하기 위해 흙을 파헤치며 뿌리를 땅에 내리는 모습을 의미한다. 토(土)는 목(木)이 땅을 뚫고 뿌리를 내려 커나가도록 키우는 전답(田畓)의 역할을 한다. 오랜 시간 노력을 기울여 나무가 흙에 단단하게 뿌리를 내리면서 자리를 잡아가고 성숙해지는 과정이다.

사주의 구성이 목극토(木剋土)가 되어 있으면, 부지런하며 능력을 개발하기 위해서 끊임없이 노력한다. 목(木)이 지나치게 많은데 토(土)가 약하면, 작은 땅에 많은 나무가 무리 지어 뿌리 내리려 하니, 땅이 갈라지며 무너지는 현상이 나타날 수 있다. 능력이나 상황에 비해 과도하게 의욕을 부리며 힘겨운 일을 추진해서 과중·과로에 시달리게 된다. 이 경우 금(金)이 있으면, 목(木)을 솎아주어 토(土)를 보호할 수가 있다. 자신의 힘에 부치지 않게 무리하지 않고 상황에 잘 적응하는 현명함과 같다. 토(土)는 인체에서 중간에 해당하는 허리 부분이 된다. 목(木)이 과다해지면 토(土)가 붕괴하는 것처럼 허리 디스크나 만성 신경통 등으로 고생한다. 토(土)보다 목(木)이 없거나 약하면, 전문능력이 아닌 쉽게 습득할 수 있는 기능을 사용해서 살아가는 방법을 택하게 된다.

## 🔸 토극수(土剋水) - (천간 戊己土 극 壬癸水)

토극수(土剋水)란, 수(水)가 넘치면 범람하니 아무 곳이나 흘러가지 못하도록, 토(土)가 물이 흐를 수 있는 길을 만들어주고 제방을 쌓아서 통제하는 모습이다. 사주에 토극수(土剋水)가 되면, 개인 욕망을 자제하고 절도를 지키는 안정된 사회생활을 한다. 토(土)는 수(水)가 있어야 윤택해질 수 있다.

사주의 구성이 수(水)가 많고 토(土)가 약하면, 제방이 많은 물을 감당하지 못하고 흘러넘치는 것과 같다. 이런 사주는 한곳에 정착하지 않고 여기저기 이동하며 자유스러운 생활을 하려고 한다. 반면, 토(土)보다 수(水)가 약하면, 매몰시켜서 흘러가지 못하게 하는 현상처럼 사람들과 소통하지 않고 고집스러우며 독선적이 된다. 원만하지 않은 대인관계로 스트레스가 많아지고, 어떤 관계든 오래가기가 힘들어진다. 흐르는 물줄기를 막은 것과 같으니 혈관 질환이나 신경성 위장장애가 일어날 수 있다. 금생수(金生水)로 물을 다시 보충해야 맑은 물이 유지되듯이, 꾸준한 운동으로 건강관리를 하고 상대 입장에서 이해해야 관계 스트레스가 해소된다.

## 🔸 수극화(水剋火) - (천간 壬癸水 극 丙丁火)

수극화(水剋火)란, 뜨거운 화(火)가 만물을 말리지 못하게 물로 불길을 통제하고 자제시키는 과정을 의미한다. 화(火)가 너무 뜨거우면, 재만 남는 것처럼 시작은 있고 결과가 없다. 또 물이 지나치게 많으면, 약한 불을 꺼버릴 수 있다. 이때는 목생화(木生火)로 화(火)를 보충해야 하므로 나무(木)의 도움이 필요하다. 수(水)가 약한데 화(火)기가 너무 뜨거우면, 물이 증발해 버리니 금생수(金生水)로 보충하면 수(水)기를 유지할 수 있다.

　사주의 구성이 수(水)가 많아서 화(火)가 꺼지면, 어둠이 오는 것과 같아서 어떤 일을 하든 감정이 일어나지 않고 의욕이 생기지 않는다. 좋다가도 금방 기분이 가라앉고, 신경질적이며 작은 일에도 과민하게 반응하게 된다. 감정의 사이클이 일정하지 않아 변덕이 심한 것처럼 보인다. 이럴 때 사주에 목(木)이 있어 수생목(水生木)으로 수(水) 기운을 빨아들이면 감정이 조절된다. 목생화(木生火)로 화(火) 기운을 키우면, 균형감각을 갖춘 인품의 소유자가 될 수 있다. 화(火)는 많은데 수(水)가 약해서 증발해 버리면 감정 기복이 아침저녁으로 변하고, 발상의 전환은 빠르나 신경질적이고 예측 불가능한 성품으로 나타날 수 있다. 이럴 때 금(金)이 있으면 금생수(金生水)로 지혜가 깊어지는 것과 같으니, 안정된 마음가짐으로 건강도 잘 유지하는 생활을 하게 된다.


### ❀ 화극금(火剋金) - (천간 丙丁火 극 庚辛 金)

화극금(火剋金)이란, 단단하고 경직된 강한 금(金)을 불(火)로 제련시켜 품질 좋은 상품으로 재탄생시키는 과정을 의미한다. 화극금(火剋金)이 되어 있는 사주는 많은 시간과 노력을 통하여 자신만의 기술력을 만들어가며 능력을 발휘하게 된다. 평생 쉬지 않고 일하는 일꾼처럼 노후에도 끊임없이 자신의 가치를 높여나간다.

　사주의 구성이 불(火)이 너무 강하면, 금(金)을 녹여버려 금(金)의 쓰임새가 약해져 부가가치가 낮은 결과를 내게 된다. 이처럼 사안의 본질을 파악하지 못한 채 일을 처리하다 보면, 결과가 부실하고 중도에 하자(瑕疵)가 발생할 수 있다. 이럴 때 수(水)가 있어서 금생수(金生水) 하면, 포기하지 않고 출중한 실력으로 재무장하고 남다른 노력을 기울여 가치 있는 보석으로 재탄생하게 된다. 반면에 화(火)는 힘이 약한데 금(金)의 기운이 강하면, 금(金)을 제대로 제련시키지 못하니 기술 능력이 뒤처지고 실적도 향상되지 못한다. 이럴 때 운에서 목(木)이 오면, 화(火)가 목생화(木生火)하여 다시 능력을 단계별로 발전시켜 나가면서 부족한 면을 채워나갈 수 있다.

### 🧿 금극목(金剋木) – (천간 庚辛 金 극 甲乙木)

금극목(金剋木)이란, 끝없이 위로만 성장하려는 목(木)의 내실을 단단하게 다질 수 있도록 적당히 금(金)을 통해 제재하고 자제시키는 것을 의미한다. 잘 다듬어진 목(木)이 수려한 모습으로 거듭나며, 실력과 직위를 갖추기 위해서 노력하는 과정이다. 성실하고 부지런하며 힘든 일도 마다하지 않는 일꾼의 모습과도 같다.

매사에 잘잘못을 구분하고 따져서 옳고 그름을 분명히 하고 책임소재를 밝히니 공명정대한 성품이다. 과정은 중요하게 생각하지 않고 결과만 보고 평가하니 가까운 사람도 서운함을 느끼고 멀어지게 된다. 성품이 건조해서 감정에 연연해하지 않는다. 맡겨진 일에는 잔꾀를 쓰지 않고 공과 사를 명확히 구분해 자신에게도 엄격하다. 관절이나 디스크가 약하고, 성격이 급해 잘 넘어져서 크고 작은 부상을 자주 당할 수 있다. 사람들과 관계를 맺을 때 좀 더 부드럽게 대하고, 성과나 결과에만 치중하지 말며, 여유를 가지고 삶을 즐기려는 노력이 필요하다. 수(水)가 있으면 금생수생목(金生水生木)으로 유연하며 소통을 중요시한다.

사주의 구성이 금(金)의 기운이 지나치게 강해지면, 약한 나무를 쳐서 부가가치가 낮은 쭉정이로 만들 수 있다. 용기가 부족하고 소심하여 부정적인 마인드가 앞서게 되니 시작도 하지 않고 쉽게 포기하는 것과 같다. 남자는 마음에 두고 있는 여자에게도 거절당할까 두려워 쉽게 다가가지 못한다. 남녀 모두 사람을 대할 때, 먼저 헤어짐을 염두에 두고 만나니 계기만 있으면 참지 않고 쉽게 단절해 버린다. 인연을 오래 이어가기 어렵다.

# 3. 오행의 과다 또는 부족

통상적으로 사주 내에 없는 오행의 역할은 약하게 나타난다. 평소에 준비되지 않은 것이기 때문에 별다른 관심을 두지 않거나, 사주 구조에 따라서 허전함을 채우기 위한 강한 집착으로 발현되기도 한다. 사주 내에 오행의 과다(過猶不及)는 건강의 문제를 일으키거나 개성이 강한 성격으로 나타난다. 젊을 때는 잘 드러나지 않지만, 나이가 들수록 특성이 드러나게 된다. 사주 내에 있는 강한 오행은 늘 함께하는 익숙함으로 준비된 것이고 사회적 경쟁력으로 쓰일 수 있다.

## ❖ 오행의 과다로 인해 일어나는 현상

### 목(木)이 많을 때 (곡직 曲直)

사주 내에 목(木)이 많은 경우(4개 이상), 나무들이 숲속에 빽빽하게 들어서 있어 앞이 답답하게 막힌 것과 같다. 목(木)이 많은 사람은 한번 오르면 굽혀서 다시 내려오지 않는 나무처럼 자존심이 강하고, 자기주장을 굽히지 않는다. 나무(木)가 많으면 토(土)를 파헤치게 되어 생산물이 부실해지듯이 작은 능력으로 큰 일을 하려고 한다. 주어진 일에 만족하지 않고 자신의 한계를 벗어나 여러 가지 일에 도전하게 된다. 사주에 금(金)이 있어 금극목(金剋木)이 되어 있으면, 상황판단을 잘해서 되지 않을 일은 처음부터 시작하지 않는다. 판단력이 빠르고 옳고 그름을 잘 구분한다.

**목다화식(木多火熄)** : 작은 불꽃에 많은 장작을 쌓아 올리면 오히려 불길이 약해지면서 사그라지는 것과 같은 현상이다. 목(木)이 지나치면(3개 이상) 화(火) 기운을 키우는 것이 아니라, 오히려 화(火)를 꺼버리는 현상과도 같다. 준비된 실력이 지나칠 정도로 많지만, 실용적이지 않아 능력을 제대로 발휘하지 못하는 것을 말한다.

목(木)이 많은 경우에는 지혜의 상징인 수(水)의 기운이 마르게 되니 기억력이 약해질 수 있다. 노후에는 건망증과 치매 등에 유의해야 한다. 목(木)이 많은 사주는 금(金)으로 많은 목(木)을 절취(금극목; 金剋木) 해야 시간과 재능을 낭비하지 않고 학생들도 자신의 능력에 맞춰 바른 진로를 찾아갈 수 있다.

**목다금결(木多金缺)** : 목(木)이 지나치게 많아 숲속의 많은 나무를 금(金)으로 솎아내어 정리하기에는 힘에 부치는 현상과도 같다. 톱니가 빠져버리는 것과 같으니 자신의 능력은 생각하지 않고 일을 과도하게 벌이거나 무리하게 추진하면, 좋은 결과를 얻지 못하게 될 수 있다.

이럴 때 금(金)이 있으면, 잔가지를 잘라서 목(木)을 곧고 바르게 자라게 하는 분별력과 같다. 품질 좋은 나무로 키우듯이 자신에게 필요한 자격을 준비하고 능력 밖의 일은 시작하지 않는다. 사주 내에 목이 3개 이상일 때 금이 없으면 뭐든 열심히 하려는 의욕이 없고 노력보다는 편안함만을 추구하게 된다.

### 화(火)가 많을 때 (염상 炎上)

사주 내에 화(火)가 많은 경우(4개 이상), 뜨거운 열기가 사방으로 지나치게 퍼져나가는 것과 같다. 시작은 잘하나 마무리를 짓지 못 하고 열정만 가득하니 주변에 신뢰를 얻지 못하게 된다. 일이 생기면 금방 성공할 것처럼 성급하고 계획 없이 시작하여 낭패를 볼 수 있으니 신중함이 필요하다. 성격은 밝고 쾌활하면서 화려함을 좋아하고 개방적이며 솔직 담백해서 상대방에게 호감을 준다.

화(火)가 많으면, 목(木)을 태워버려 재만 남길 수 있으므로 수(水)와 토(土)의 기운으로 적절하게 조절함이 필요하다. 토(土)가 있으면 화(火)의 뜨거운 열기를 잘 흡수해서 화기(火氣)를 낮추게 한다. 자기조절 능력이 뛰어나고 기회 포착을 잘하며 나설 때와 물러설 때를 안다. 수(水)가 있어도 화(火)의 성급함을 잘 조절하여 이성적으로 신중하게 기다리고 가다듬는 지혜를 갖추게 된다.

**화다토조(火多土燥)** : 화(火)기가 너무 뜨거우면 토(土)를 말려서 아무것도 키우지 못하고 작물도 생산되지 않는 현상과 같다.

결국은 다른 땅으로 이주하게 되는 일이 발생하며, 한곳에 오래 정착하지 못하게 된다. 사업을 할 경우, 장기간의 성과에 매달리지 말고 단타를 하면 좋은 성과를 거둔다. 자제력이 약하고 감정을 쉽게 드러내 흥분을 잘하고 행동이 앞서게 된다. 아토피 등의 피부 질환에 걸리기 쉬우며, 여자는 피부가 거칠어져 화장이 겉도는 경우가 많다. 금생수(金生水)가 되면 전략에 뛰어나며 장기적 계획을 세우고 차분하게 미래를 준비하며 전술에서도 뛰어남과 같다.

**화다수갈(火多水渴)** : 적당한 물은 강한 화(火)기를 조절하지만, 화(火)기가 너무 뜨거우면 수(水)기를 증발시키게 된다. 장기전에 대비하지 못하며, 올바른 판단을 하지 못 하고 감정에 치우쳐서 일을 추진하게 된다. 지나치게 열정과 감정에 치우쳐서 단기간에 결과를 보려 하고 사업자는 자금 부족으로 중도에 어려움에 부닥칠 수 있다. 역부족인 일을 벌여서 감당하기 힘든 상황, 무리한 확장 등으로 힘든 상황이 벌어질 수 있다. 지나치게 성급해 작전 부재 현상이 벌어지기도 한다. 학생은 학습에 대한 집중력이 떨어져 성적을 올리는 데 애를 먹는다. 말하기 전에 생각하고, 시작하기 전에 철저한 준비와 계획을 세워야 실패하지 않고 후회하는 일도 생기지 않는다.

## 토(土)가 많을 때 (가색 稼穡)

사주 내에 토(土)가 많은 경우(3~4개 이상), 움직이지 않고 제자리에 있는 토(土)의 특성상 출발할 때가 되어도 밖으로 나가지를 못하고 주저하게 된다. 무엇이든 오랜 시간을 들여서 준비를 많이 하지만, 매사에 지연, 지체하게 되어 제때 실력 발휘를 하지 못하니 기회를 놓치기 쉽다. 깊은 땅속의 모습과 같아 자기의 생각을 드러내지 않고 교류 또한 원하지 않아 답답함을 주기도 한다. 지나치게 신중하고 폐쇄적이며 원칙을 중요시한다. 토(土)가 많은 경우, 어릴 때는 토(土)속에 묻힌 것과 같아서 부모로부터 철저하게 보호받는다. 보호받는 시간이 길어지면 밖과 소통이 되지 않아 나이가 들면서 혼자 있게 된다. 친구들과의 교류를 통해 협동심을 키우면 사회에도 잘 적응한다.

토(土)가 많고 수(水)가 약하면, 매몰시켜서 수(水)를 흐르지 못하게 하여 지연·지체 현상으로 나타나고 수(水)의 지혜로움이 발휘되지 못한다. 토(土)가 지나치게 많으면, 목(木)의 새싹이 쉽게 밖으로 올라오지 못하는 현상이 발생한다. 자신의 정체성에 깊이 빠지고 자신이 세상의 모든 중심이 되어서 타인에게는 관심을 두지 않게 된다. 자기의 생각을 먼저 드러내지 않고 상대의 반응을 살핀 후 신중하게 대응한다. 매우 고집스러운 면이 있어서 생각이 맞지 않으면 토(土)의 기질처럼 가림막(댐)을 쌓으며 대화를 단절하고 쉽게 인연을 정리하고 돌아서는 냉정함으로도 나타난다.

**토다금매(土多金埋)** : 금(金)이 깊은 흙(土) 속에 묻혀 녹슬고 빛을 보지 못해 기회를 잃는 현상과도 같다. 비밀작업이나 사람들의 관심이 많지 않은 연구실 등에서 근무하는 직업군에 많다. 갑목(甲木)으로 목극토(木剋土)가 되면 두꺼운 토(土)를 파헤치고 나무가 뿌리를 내리는 과정과도 같다. 자기 계발을 하게 되며 많은 노력을 통해 자격증을 취득하며 활발한 활동을 많이 하게 된다.

**토다목절(土多木折)** : 나무의 뿌리가 흙을 흩어지지 않게 잡아두지만, 흙이 너무 많으면(4개 이상) 나무가 곧게 크지 못하고 휘어서 크는 현상과도 같다. 목(木)의 새싹이 쉽게 밖으로 올라오지 못해 어릴 때는 또래보다 출발이 느린 대기만성형이다. 성인이 되어서는 신념은 확고한데 타인과의 교류가 매끄럽지가 않고 자기중심적이다. 결혼도 남들보다 늦게 하는 경우가 많다.


### 금(金)이 많을 때 (종혁 從革)

금(金)이 많은 경우, 거둬들이고 수렴하는 기운이 강해 과정이 길어지는 일은 시작조차 하지 않는다. 자신을 잘 통제할 수 있을 정도로 이성적이며, 불필요한 것은 즉시 끊어내는 냉철한 결단력을 보인다. 금(金) 기운이 강하면, 뼈의 관절이 약하고 몸이 유연하지 않아 자주 넘어지고 다치게 된다. 응축하고 수렴하는 금(金)의 특성상 어린애도 애늙은이처럼 심사숙고하며 철이 일찍 든다. 책임감도 강하며 늘 해야 할 일이 많이 쌓여 있다. 집안의 가장 역할을 하며 책임져야 할 일이 많아 고달프다.

화(火)가 있는 경우, 화(火) 기운으로 화극금(火剋金)하여 금(金)을 제련시키면 기술적 능력이 뛰어나고 재물의 가치도 상승한다. 또 수(水)가 있어 금생수(金生水) 하면 상대와 소통을 원활하게 하고, 대인관계도 원만하며 사회성도 좋다. 목(木)이 있으면 금극목(金剋木) 하여 꾸준히 자신의 능력을 발휘하게 된다.

**금다수탁(金多水濁)** : 금(金)이 지나치면(3~4개) 오히려 물을 탁하게 하여 수(水)가 흐려지니 한 치 앞이 보이지 않는 현상과도 같다. 생각이 명확하지 않고 평범하지 않은 자신만의 독특한 생각을 많이 한다.

**금다화식(金多火熄)** : 불은 금(金)을 제련해서 작품을 만드는 역할을 한다. 금(金)기가 지나치게 강하면 약한 불은 큰 쇠를 감당키 어려운 것과 같다. 호감이 가는 상대에게도 적극적으로 자신의 감정을 표현하지 못하고, 마음과는 달리 차갑고 냉정하게 상대를 대한다. 낯가림이 심하고 익숙한 사람들과 교류를 해나가는 등 대인관계가 넓지 않다.

## 수(水)가 많을 때 (윤하 潤下)

수(水)가 넘쳐흐르게 되면(3개 이상) 출렁거리는 물처럼 마음이 안정적이지 않아 잡다한 생각에서 벗어나지 못하게 되는 현상과 같다. 계획을 많이 세워도 실천에 옮기기가 쉽지 않고, 우유부단함을 보여 쉽게 결정을 내리지 못하게 된다. 우울증 증세를 보일 수도 있다. 그러나 수(水) 기운이 적당하면(1~2개) 생각이 깊고 지혜롭다.

목(木)은 지혜로운 수(水) 기운을 빨아들여 지적이며 교육적 자질을 갖추게 된다. 화(火)가 있으면 마음이 따뜻해져 행복을 느낀다. 토(土)가 있으면 방파제처럼 막아주기도 하고, 물길을 내주어 할 일이 생기면 안정감을 느끼게 되지만, 토(土)가 많아지면 앞을 가로막는 속박감과 답답함을 느끼게 된다.

**수다목부(水多木浮) :** 물(水)이 넘쳐(3~4개 이상) 나무(木)가 물에 절어 썩게 되는 것과 같으니, 보송하지 못하고 눅눅해지는 현상과도 같다. 몸에 영양과다 같은 건강상 문제가 생길 수 있다. 당뇨나 비만이 오기 쉽고, 기분이 늘 축 처지고 우울하며 소극적으로 표정은 그늘이 가득하다. 불안해지기 쉽고, 해결하지 못할 고민에 쌓여 있으며, 어떤 것도 하고 싶은 의욕이 생기지 않는다.

**수다토류(水多土流) :** 토(土)는 물을 가두어 두기도 하고 길도 내어주지만, 물이 너무 많으면 둑이 무너지는 것처럼 예상하지 못한 사건이 일어나는 현상과도 같다. 한곳에 정착하지 않고 이곳저곳으로 흐르고 큰 바다로 뻗쳐 나가는 모양이다. 물류, 택배, 영업, 해외무역 등에 알맞으며, 수많은 사람을 많이 상대할 수 있는 특성상 인간관계의 변화가 많고 새로운 관계도 잘 맺어나간다. 투자 역시 장기전이 아닌 그때그때 상황에 맞추는 단기전에 잘 적응한다.

## ◈ 오행의 부족으로 인해 일어나는 현상

### 목(木)이 없을 때

목(木)은 봄의 기운으로 솟아오르는 활기찬 역할을 하는데, 목(木)이 없는 경우 부드러움과 유연함이 부족할 수 있다. 대인 관계에서 타협과 조화의 부족으로 나타나기도 한다. 직선적이며 과정보다 결과에 치중한다. 가을생의 경우 목(木)이 없으면 저절로 얻어지는 불로소득의 기회가 적으며 많은 노력을 하며 부지런하다. 목이 없으면 경력이나 실력을 쌓는 데 시간이 걸린다.

### 화(火)가 없을 때

화(火)는 따뜻함을 조절하고 만물을 번성하게 하는데, 화(火)가 없으면 소극적이고 활동력이 약해진다. 특히 겨울생인데 화(火)가 없는 경우에는 사회성보다는 개인적인 성향이 강하고, 행복 지수가 낮고 내성적일 수 있다. 타인에게 관심을 보이지 않고 특별하게 흥미를 느끼지 않아 차갑게 보이기도 한다. 자기 일에만 집중하고, 낯선 사람에게 쉽게 마음을 열지 않고 익숙한 사람 위주로 대인관계를 유지하려고 한다.

### 토(土)가 없을 때

사주 내에 있는 토(土)는 목(木)·화(火)(봄·여름)와 금(金)·수(水)(가을·겨울)를 연결하고 중재하여 모든 만물을 안정적으로 커나가게 하고, 한곳에 정착시키는 성향이 있다. 토(土)가 없는 경우, 한곳에 정착이 잘되지 않고 잦은 직업의 변화를 가져올 수 있다. 빠르게 변화하는 환경에는 잘 적응하지만, 안정적이지 않을 수 있다.

### 금(金)이 없을 때

금(金)은 끝맺고 거두어들이는 성향으로, 자신을 다지는 의지와 절제하는 정신적 성향이 있다. 끊고 맺음이 분명하고 행동에도 절제력이 있다. 금(金)이 없는 경우, 시작은 있지만 끝이 불분명하며 결단력이 약할 수 있다. 분별력 또한 분명치 않으며 우유부단하다는 인상을 주기도 한다.

## 수(水)가 없을 때

수(水)는 봄에 틔울 씨앗을 품어서 생명을 유지하는데, 수(水)가 없는 경우에는 밤이 없는 것과 같아서 바쁘고 휴식에 익숙하지 않다. 학문에 대한 깊은 전문성이 떨어질 수 있다. 생각을 깊게 하지 않아서 행동이 빠르지만 성급함으로 나타날 수 있다. 행동하기 전에 좀 더 신중하게 생각하는 생활 습관을 가질 필요가 있다.

제4장

# 천간론

# 1. 천간의 특징

명리학에서는 만물의 생장성멸(生長成滅 ; 태어나서 성장하며 소멸되고 또다시 반복하는 과정)을 주도하는 하늘의 기운을 천간이라고 한다. 만물이 변화하는 과정을 10개의 음양과 오행으로 나누어서 십천간(十天干)이라고도 한다.

사주의 구성이 양의 기운인 갑병무경임(甲丙戊庚壬)이면, 남성적이고 독립적이며, 앞으로 나아가려 하고 외향적인 성품으로 나타난다.

사주의 구성이 음의 기운인 을정기신계(乙丁己辛癸)면, 여성적이고 내향적이며, 모으고 지키려는 성품으로 나타난다.

## 10천간의 음양오행

| 10천간<br>구분 | +갑<br>(甲) | -을<br>(乙) | +병<br>(丙) | -정<br>(丁) | +무<br>(戊) | -기<br>(己) | +경<br>(庚) | -신<br>(辛) | +임<br>(壬) | -계<br>(癸) |
|---|---|---|---|---|---|---|---|---|---|---|
| 오 행 | 목(木) | | 화(火) | | 토(土) | | 금(金) | | 수(水) | |
| 계 절 | 봄 | | 여름 | | 환절기 | | 가을 | | 겨울 | |
| 색 상 | 청색 | | 적색 | | 황색 | | 백색 | | 흑색 | |
| 의 미 | 인(仁) | | 예의(禮) | | 신의(信) | | 의(義) | | 지혜(智) | |

## 천간 오행에 따른 자연과 사람의 모습

| 천간 | 물 상 | 자연의 모습을 사람으로 형상화한 특성 |
|---|---|---|
| 甲 | 큰 나무, 대림목 | 만물의 첫 탄생을 상징한다. 근본과 인성을 중요시하고 자존심이 강하다. |
| 乙 | 화초, 꽃 | 활짝 핀 꽃처럼 다양하다. 타인을 의식하고 경쟁의식이 강하며 인맥을 잘 활용한다. |
| 丙 | 태양, 빛 | 나무와 꽃을 기르고 세상을 밝히는 태양의 기운이다. 부드럽고 끝없이 성장하려는 밝은 모습이다. |
| 丁 | 복사열, 열기 | 열매와 곡식을 익히는 열기처럼 열정적이며, 맡은 일에 최선을 다한다. 예체능에 특기를 보인다. |
| 戊 | 태산, 넓은 땅 | 뜨거운 열기와 차가운 한기, 폭풍을 막아주는 산맥처럼 의연함이 있다. 주변을 연결해주고 자신을 조절하는 능력이 뛰어나다. |
| 己 | 전답, 옥토 | 개간해야 할 택지나 전답과 같다. 자신의 능력을 끊임없이 개발하며 부지런하게 생활한다. |
| 庚 | 원석, 바위 | 초가을의 이제 막 단단하게 익어가는 곡식의 모습이다. 완고하지만 믿음직스러우며 책임감도 강하다. |
| 辛 | 저장용 씨앗, 보석 | 늦가을에 무르익은 과실과 곡식이 땅에 떨어진 씨앗으로 변화한 모습이다. 완벽하고 빈틈이 없다. |
| 壬 | 바닷물, 강물 | 넓은 세상으로 흘러가는 강물처럼 한곳에 머물지 않고, 주변의 여러 장소를 거쳐 또다시 흐르는 것과 같다. 변화에 잘 적응한다. |
| 癸 | 이슬비, 습기 | 땅에 스며들어 뿌리를 적시는 습기와 같다. 고요하게 주변에 융화되는 친밀성이 있지만, 감정적이고 예민하다. |

# 2. 천간 오행별 특징

## ❀ 천간 목(木)의 특성

| +갑(甲) | 큰 나무, 대림목(大林木), 소나무 |
| --- | --- |

甲木의 의미 | 하루가 시작되는 아침의 기운과 같다. 열매와 쉼터를 제공하는 여유로움의 상징이기도 하다.

**자연의 모습으로,** 甲木은 추운 겨울 동안 땅속에서 웅크리고 있던 씨앗이 발아하면서 따스한 입춘이 지나고부터 서서히 땅을 뚫고 솟아올라 오지만, 아직은 새싹처럼 여린 모습이다. 해를 향해서 쭉 뻗어 오르는 미래에 크게 성장할 재목에 비유된다. 이제부터 본격적으로 상승하는 만물의 시작을 알리는 자연의 모습이다. 땅(土)에 물(水)이 적절히 있어야 뿌리를 단단히 내리고 성장을 지속할 수 있다. 또한, 따스한 태양(火)이 일정하게 비치면 일조량이 늘어나 미래 대림목(大林木)으로 자랄 수 있는 최적의 상태가 된다. 반면에 물(水)이 많으면 뿌리가 물에 젖어서 위로 솟구치는 성장이 늦어진다. 화(火)가 지나치게 뜨거우면 처음에는 성장이 빠르지만, 뿌리가 메마르게 되어 일찍 성장을 멈출 수 있다.

**사람의 모습으로는,** 부모님의 품속에서 보호받는 어린아이와 같은 시기이다. 미래에 대림목으로 성장하는 甲木처럼 미래 지향적인 목표를 세우게 된다. 가정에서 부모로부터 예의범절과 인성교육을 받으며, 어른으로 성장하기 위한 준비를 하는 시기와도 같다.

**사주의 구성이,** 수(水)가 있으면 지혜를 갖추어 지식과 교육을 받아들이며, 토(土)가 있으면 안정되게 정착하는 삶을 준비한다. 화(火)가 있으면 사회성을 갖추고 대인관계가 원활하며 활동적이다. 사주에 금(金)이 있으면 가지를 치고 단단하게 열매를 맺는 것과 같아서 노력한 만큼 결실을 얻는다. 다만, 금(金)이 지나치면 과도하게 가지치기를 하는 것과 같아서, 성장을 하지 않고 일찍 포기할 수 있다.

## 甲木 일간의 특성

1) 甲木 일간은 하늘을 향해 올라가는 나무처럼 목표를 세우면 쉬지 않고 전진한다. 강직하며 한 곳에 뿌리를 두고 오르는 甲木과 같아서 꾸준하다.

2) 부(富)적인 요소보다는 명예와 직위(職位), 사회적 성공을 추구한다.

3) 진취적인 기질과 이상이 높고 크며, 의지가 굳건해서 주변의 유혹에 잘 빠지지 않는다.

4) 구속이나 간섭받는 것을 싫어한다. 자존심이 강해서 명분 없이 자신을 낮추지 않는다. 늘 배우는 자세를 취하며 품위를 지키려 한다.

5) 타인과의 관계보다는 자신의 내면을 우선시한다. 새로운 인간관계보다는 익숙하고 오래된 관계를 유지하려 한다. 자존심을 상하게 하면 단절하고 다시는 상대하지 않는다.

6) 노동을 기피하고 주변과 일정한 거리두기를 하며 정신적인 내면을 채워나간다.

7) 기본적으로 갖추어야 할 소양과 내면을 중요시하고, 경쟁에는 참여하지 않으려 한다. 타인에게는 신경 쓰지 않고 자기 일에 충실하다.

8) 지적인 성품으로 교육 관련 분야에 많이 종사한다.

※ 단, 사계절(한난조습)의 변화에 따라 甲木 일간의 특성이 다르게 나타난다.

- 甲木 일간(겨울생, 亥子丑월) : 아직은 땅속에서 조용히 봄을 기다리면서 준비하는 뿌리와 같아서, 내면을 성숙시키고 교육적 자질을 갖춘다. 연구직에 알맞다.

- 甲木 일간(봄생, 寅卯辰월) : 새싹이 땅 위로 올라오는 모습과 같이 호기심이 많으며 낙천적이고 순수함이 있다. 그러나 대수롭지 않은 일에도 과민반응을 보이는 성향이 있다. 새로운 환경에 적응력이 약해서 되도록 익숙한 사람과 교류해

야 편안함을 느낀다.

- **甲木 일간**(여름생, 巳午未월) : 뜨거운 여름에 우거진 수풀이 시원한 그늘을 제공해주듯 마음이 어질고 따스하다. 열정적이고 어디에도 매이지 않으려는 자유주의자의 특성이 있다. 사주에 수(水)가 없을 때는 한번 흥분하게 되면 감정을 쉽게 가라앉히지 못한다.

- **甲木 일간**(가을생, 申酉戌월) : 가을이 되면 단단하게 성장한 甲木은 어른이 된 모습으로 엄격하고 근엄한 모습을 보인다. 자신이 속한 조직에서 중심적인 역할을 수행한다. 구조적이며 틀에 짜여진 생활에서 벗어나지 못한다.

---

## -을(乙) | 화초, 넝쿨식물, 잡초, 곡식, 풀

乙木의 의미 │ 봄에 활짝 피어난 꽃처럼, 한창 성장하는 청년의 기운과 같다. 활발하고 근심 걱정 없이 행복한 청춘을 보내는 모습이다.

**자연의 모습으로,** 乙木은 작은 화초나 화사한 꽃과 같은 모습이다. 甲木이 한곳에 뿌리를 두고 스스로 땅 위를 뚫고 나와 뻗어 오른다면, 乙木은 활짝 핀 꽃으로 자신의 존재를 드러내지만 위로 솟구치는 힘이 미약하여 주변을 의지처(依支處) 삼아 감고 올라간다.

甲木은 날씨가 따스해지는 입춘부터 몸집과 키가 커지며 의젓해지는데, 춘분 이후 날씨가 더욱 따스해지면 줄기에서 가지가 벌어진다. 이때 피어나는 꽃이 乙木의 모습이다. 乙木은 甲木에 의지해서 가지를 뻗치며 무성하게 확장한다. 자신의 아름다움과 가치를 뽐내면서 본격적으로 성장하기 시작한다.

화려하게 피어난 꽃들은 입하가 지나면서 더워지는 날씨에 시들어 땅에 떨어지기 시작한다. 꽃이 진 자리에 이때부터 열매가 맺히기 시작하는데, 수많은 꽃이 지기 직전에 열매를 맺기 위해 치열한 경쟁을 벌인다.

**사람의 모습으로,** 乙木은 어린아이가 부모의 품에서 벗어나 학교에 가서 치열한 경쟁을 하며 사회생활을 배워가는 시기와도 같다. 타인과 비교를 통해서 경쟁력과 경험을 쌓으며 늘 상대를 의식한다.

**사주의 구성이,** 乙木 일간이 수(水)가 있으면, 사색을 즐기고 지적이며 맡겨진 일을 수행하기 위해 철저한 준비 능력을 갖춘다. 화(火)가 있으면, 사회성이 뛰어나고 순간 대처 능력이 남다르며 대인관계가 원활하다. 토(土)가 있으면, 때와 상황에 맞게 행동하며 주변의 변화에 잘 적응한다. 금(金)이 있으면, 절제력이 있고 처신을 잘한다. 무리한 일은 잘 시작하지 않는다.

## 乙木 일간의 특성

1) 스스로 솟구치는 힘이 미약하여 독자적으로 일을 추진하지 않는다.
2) 꽃과 열매가 계절의 변화에 따라 모습을 달리하듯이 상황에 맞게 기민하게 움직인다. 작은 변화에도 예민하게 반응하며 변화무쌍하다.
3) 자신의 색채를 바로 드러내지 않고 은은하게 드러내는 경향이 있으며 끈질긴 집착을 보이기도 한다. 상처받으면 잊지 못하고 마음에 오랫동안 담아둔다.
4) 겉으로는 부드럽고 유약해 보여도 시련을 견뎌내는 내적인 힘과 끈기가 있다.
5) 甲木과는 달리 휘어져 있어서 하늘로 수직상승 하기보다는 땅에서 넓게 퍼져 성장하므로 현실과 타협을 잘하며 유연하게 인간관계를 맺어간다.
6) 직위보다는 실리적이고 물질적인 성향을 보인다.
7) 홀로 있으면 외로움을 느끼고 나약해 보이기도 한다. 항상 누군가에 의지하고 상대의 보호본능을 자극하기도 한다.
8) 甲木 일간이 꾸준한 인간관계를 이어간다면, 乙木 일간은 깊이보다는 폭넓은 관계를 맺으려 한다.
9) 甲木이 내면을 중시한다면, 乙木은 상대를 의식하며 경계와 경쟁심을 갖는다.

※ 단, 사계절(한난조습)의 변화에 따라 乙木 일간의 특성은 다르게 나타난다.

- 乙木 일간(겨울생, 亥子丑월) : 추운 겨울에 움츠러든 꽃과 같이 행동보다는 생각
이 많다. 독자적인 일을 추진하지 않으며 조용하고 조심스러운 행보를 보인다.

- 乙木 일간(봄생, 寅卯辰월) : 이제 막 기지개를 켜는 꽃과 같이 책임감보다는 이상
적이며 경쟁의식이 강하고 승부에 연연해한다.

- 乙木 일간(여름생, 巳午未월) : 꽃이 지고 열매가 맺히는 과정과 같이 현실적이며
경제력을 중요시한다. 화려하고 사치를 즐기며, 예술 감각이 남다르다. 수(水)
가 없으면, 당돌하면서 감당하기 힘든 일을 저지르고 감정 억제력이 약해 상대
에게 상처 주는 언행을 보이기도 한다.

- 乙木 일간(가을생, 申酉戌월) : 열매로 성장한 乙木이 결실을 보고 추수하는 과정처
럼 책임감이 강해서 조직이나 가정에 충실하며 성실하다. 정해진 틀에서 자기
일을 묵묵히 수행하지만, 답답함으로 인한 스트레스도 적지 않다.


## ✧ 천간 화(火)의 특성

| +병(丙) | 태양, 대지를 비추는 밝은 빛, 따스함 |
| --- | --- |

丙火의 의미 ┃ 태양이 중천에 떠오르는 형상으로, 사람이 두 팔을 벌려서
하늘을 향해 뻗어 보이는 늠름하고 씩씩한 기상이다. 나무
를 키우고 만물을 성장시키는 에너지와 같다. 정열적인 청
년과도 같은 힘찬 모습이다.


불(火)은 가벼우면서도 밝고, 강렬하면서도 따스하다. 천간의
丙火는 모든 자연을 아래에서 위로 끌어올리며 성장시킨다. 온
세상에 골고루 빛을 확산시키면서 바르게 이끌어가는 원동력
과 같다.

**자연의 모습으로,** 丙火는 태양과 같이 높이 떠서 온 세상을
밝히는 형상으로 표현하였다. 丙火가 있어야 추운 겨울이 지나
고 봄이 오며, 땅속의 씨앗이 땅을 뚫고 새싹으로 올라와 甲木
으로 자라고 乙木으로 성장해서 열매까지 맺게 된다. 자연의 모
든 만물은 丙火의 절대적 영향 아래 성장하며 변화한다.

**사람의 모습으로는,** 어른이 되는 과정이며 사회활동을 활발
하게 하는 시기와도 같다. 끝없이 위로 오르려는 이상이 높아
서 명예와 지위를 추구한다. 배우자 역시 사회적으로 지위를
갖춘 상대를 원한다. 모든 자연을 성장시키려는 너그러운 심성
으로 객관적이고 평등한 인간관계를 이끌어 간다. 甲木(어린이)
이 乙木(청년)이 되고 열매까지 맺는 과정은 丙火의 주도 아래 이
루어진다. 사회적 성취감이 높고 이상적이며, 대인관계의 원만

함과 리더십이 있다.

　**사주의 구성이,** 목(木)의 상생(木生火)이 있어야 丙火의 따스한 빛과 에너지가 유지되듯이 시작한 일을 중단하는 일이 없다. 토(土)가 있으면, 텃밭에 따스한 햇볕을 비추면 농작물이 잘 자라듯이 자신에게 주어진 일에 책임감을 느끼고 성실하게 살아간다. 금(金)이 있으면, 甲·乙木을 금(金)처럼 단단하고 딱딱하게 단련시켜 열매를 맺게 하는 과정과 같아 금융 분야 및 재테크 등에 능력을 보인다.

　수(水)가 있으면, 뜨거운 화(火)기를 조절하며 절제력을 갖추고 조직에 잘 적응한다. 丙火는 자(子)월 동지부터 따스하게 햇볕을 비추어 땅속을 녹여 뿌리를 자라게 하고 단단하게 한다. 입춘부터 더욱 따뜻해진 丙火는 하지까지 甲·乙木을 성장시킨다. 명리학에서는 진로, 적성을 구분할 때 甲木·乙木·丙火를 문과, 종교, 철학, 행정학으로 분류한다.

---

### 丙火 일간의 특성

1) 작은 일에 연연해하지 않는 커다란 꿈이 있으며 이상이 높다.

2) 열정과 에너지로 주변과의 대인관계가 활발해서 원만하게 생활한다.

3) 너그럽고 상대를 이해하려는 배려심이 있지만, 하기 싫은 일은 거절한다.

4) 오행 중 유일하게 하늘에 떠 있는 丙火의 기상은 자신감과 자존심이

있으며 당당해 보이지만, 거만한 측면도 있다.

5) 만물을 키우고 보호하듯이 어려움에 놓인 상대를 이해하고 포용한다.

6) 고민과 고뇌는 오랫동안 담아두지 않는다.

7) 밝고 환한 태양처럼 얼굴색이 밝고 둥글며, 쾌활한 성격으로 주목을 받는다.

8) 사람을 중요시하며 교육을 바르게 이끌어가는 교육자의 품성이 많다.

9) 위에서 빛을 비추듯이 사물을 관찰하는 능력이 뛰어나다. 십간 중에 하늘에 떠 있는 오행으로 천지를 비추며 꿈과 희망이 높고 숨기는 것이 없다.

10) 사회적 약자를 보호하려 하며 교육을 통해 사람들을 성장시킨다.

※ 단, 사계절(한난조습)의 변화에 따라 丙火 일간의 특성은 다르게 나타난다.

- **丙火 일간**(겨울생, 亥子丑월) : 추운 겨울에 땅속의 얼음이 서서히 녹듯이 미래지향적이며 긍정적이다. 편안한 배경이 잘 뒷받침해주고 긍정적인 성품으로 밝으며 호감을 준다. 화(火)가 없을 때 운에서 오는 화(火)는 귀한 인연과의 만남과 같으며 행복감을 느끼게 된다.

- **丙火 일간**(봄생, 寅卯辰월) : 봄의 丙火는 온 대지를 푸르게 성장시키며 아름다운 꽃들로 뒤덮게 한다. 사람과의 관계가 원활하며 적극적이면서도 낙천적이고 쾌활하다.

- **丙火 일간**(여름생, 巳午未월) : 성격이 급하고, 어떤 상황이 발생해도 빠르게 반응하며 대처한다. 자유로운 직업을 선호하며, 독립적이어서 조직문화에 잘 순응하지 못하는 직업적 특성이 있다.

- **丙火 일간**(가을생, 申酉戌월) : 물질적 가치를 중요하게 여기며 인간관계 역시 실리를 추구하지만, 대인관계가 원활하며 사회성도 좋다.

## -정(丁) | 난롯불, 장작불, 태양의 복사열, 뜨거운 열기

丁火의 의미  작은 불꽃으로 주변의 가까운 곳을 비추고 열을 발생시키는 기운으로, 어둠을 밝히는 등불과 같다. 丙火가 청년의 기상이라면, 丁火는 자기 일에만 몰두하는 성실한 장년과 같다.

**자연의 모습으로,** 丙火가 동지부터 하지까지 만물을 성장시키는 태양이라면, 丁火는 하지 이후 작열하는 하늘의 뜨거운 열기를 땅에 전달하는 복사열을 표현한 것이다. 복사열로 뜨겁게 달궈진 땅은 열매로 변한 庚金을 숙성시키는 역할을 한다.

丙火가 따스함이면, 丁火는 따갑고 뜨거운 열기와 같다. 丙火가 모든 것을 키우는 너그러움을 갖췄다면, 丁火는 열기를 내뿜어 단단하게 자란 열매를 숙성시킨다. 열기가 지나치면 쭉정이처럼 약하게 나뭇가지에 걸려 있는 열매는 그 뜨거운 열기를 감당하지 못하고 낙과된다.

**사람의 모습으로는,** 丙火가 너그럽고 부드럽게 만물을 키우듯이 인간관계를 맺어간다면, 丁火는 丙火가 키운 만물을 말려서 작품(상품)을 만든다. 결과와 기술력을 중요시한다. 丙火가 사람의 인성을 중요시한다면, 丁火는 실력을 우선시한다. 오랫동안 노력한 성실함이 바탕이 되어 각 분야에서 성공하는 전문적인 장인이 많다.

**사주의 구성이,** 목(木)이 있어야(木生火) 정한 목표를 이루기 위해 끝까지 포기하지 않는다. 목(木)이 없으면 중도에 포기하는 일이 많다. 토(土)가 있으면, 성실하고 꾸준하며 인내심이 강하다. 金이 있으면, 기술직에 종사하는 경우가 많으며 현실적이면서 책임감이 강하다. 수(水)가 있으면, 조직사회에 잘 적응하며 철저한 자기관리를 한다.

丁火는 午火월 하지부터 따갑고 뜨겁게 땅을 덥히고 열매를 숙성시킨다. 명리학에서는 진로와 적성을 구분할 때 丙火로 甲·乙木을 성장시키면 문과적 성향으로, 丁火의 메마른 열기로 甲·乙木을 말리게 되면 이과 또는 예체능 성향으로 본다.

丙火는 甲·乙木의 몸집을 키우며 성장시키지만, 丁火는 甲·乙木의 습기를 제거하고 바짝 말려서 목(木)의 용도를 다른 형태로 사용하게 한다.

# 丁火 일간의 특성

1) 장인정신이 투철하여 오랜 시간 동안 기술을 연마한다.

2) 자신의 몸을 태워서 어둠을 밝혀주는 촛불처럼 희생적인 면모가 있다.

3) 丁火는 인간이 노력해야만 지켜지는 불과 같아서 쉬지 않고 열심히 일한다.

4) 주변과의 관계가 원활하지만 가끔 감정조절이 되지 않으면 숨기지 못하고 얼굴에 드러낸다.

5) 丙火는 타인과의 관계를 중요하게 생각하지만, 丁火는 자신의 감정에 치중한다.

6) 丙火와 달리 목(木)을 키우는 용도가 아니고, 금(金)을 제련하듯이 숙련된 기능을 갖추려 한다.

7) 丙火가 조직의 외연을 확대하는 역량을 중요시한다면, 丁火는 내면을 단단하게 응결시키는 개인의 능력을 중요시한다.

8) 현실적이며 실용적이고, 일이 주어지면 열정을 다해 완수한다.

9) 고요하다가도 갑작스럽게 급해지고 신경질적인 특성이 있다.

※ 단, 사계절(한난조습)의 변화에 따라 丁火 일간의 특성은 다르게 나타난다.

- **丁火 일간**(겨울생, 亥子丑월) : 丙火가 따스하게 모든 추위를 녹여 전체가 따스하다면, 丁火는 열기와 같아서 자신의 주변만 열기를 낸다. 타인의 도움 없이도 혼자서 열심히 노력하며 성실한 자세로 최선을 다한다. 소극적이며 대인관계가 넓지 않다.

- **丁火 일간**(봄생, 寅卯辰월) : 봄의 丙火가 만물의 외면을 시간과 절차에 맞게 키운

다면, 丁火는 재빠르게 말려 버린다. 체계적인 학습보다는 특기를 활용하는 예체능에 소질이 있으며 기술적 재능이 뛰어나다. 목(木)이 있으면, 중도에 포기하지 않고 목표를 달성하게 된다.

- 丁火 일간(여름생, 巳午未월) : 온 대지를 뜨겁게 달구는 용광로와 같이 열정적이다. 금(金)이 있어야 용광로에서 작품이 생산되듯이 금융계, 부동산, 사업 등으로 부를 이루는 사람이 많다. 직장보다는 자영업자로 자신의 일가를 이룬다.

- 丁火 일간(가을생, 申酉戌월) : 불필요한 시간조차 낭비하지 않고 자기 일에 열중하며, 목(木)이 있으면 결과를 이루게 된다.

## ✧ 천간 토(土)의 특성

| +무(戊) | 태산, 큰 언덕, 제방, 성곽 |
| --- | --- |

戊土의 의미  안정된 자연의 모습이며 만물의 보금자리와 같다. 어머니의 품속과 같아 춘하추동을 모두 담아서 누구든지 받아들이는 포용력과 아량이 있다. 계절의 변화를 모두 받아들이며 유지시키는 안정감을 준다.

**자연의 모습으로는,** 웅장한 산맥이며 넓은 대지와 같은 모습이다. 추운 겨울에는 차가운 바람을 막아주며, 여름에는 그늘을 만들어서 뜨거운 열기를 식혀준다. 만물을 보호하며 넉넉하게 안정감을 주는 자연의 모습이다. 봄에는 산과 대지에 꽃을 화려하게 피우고, 가을에는 풍요로운 열매를 거둘 수 있는 환경을 제공해준다.

**사람의 모습으로는,** 사계절을 담는 자연의 그릇인 넓은 대지처럼 중후하며 너그럽다. 사람들 간의 중재 역할을 맡으면 분쟁이나 갈등을 잘 조절하며 중용을 지킨다.

변함이 없고 신념이 강해서 고집스럽고 아집이 강하다는 평가를 받기도 한다. 유연함이 부족하여 융통성이 없어서 자기의 뜻에 맞지 않는 상대와는 단절하는 단호함도 보인다. 인내력이 있으나 한번 화가 나면 쉽게 용서하지 않는다. 세상 변화에 민감하여 시대가 요구하는 진로를 정하는 탁월한 감각이 있다.

**사주의 구성이,** 수(水)가 있으면 윤택한 옥토가 되듯이 경제적 가치가 높아진다. 지혜롭고 교육적 자질을 갖추었으니 지식을 익히면 기능이나 특기로 직업화하는 성향으로 나타난다. 화(火)가 있으면, 타인에게 주목을 받으며 밝은 성격으로 인기가 있다. 작전을 잘 짜며 부동산 등의 재산을 잘 모은다. 금(金)이 있으면, 쉬지 않고 자신을 개발하여 결과를 만들어낸다. 목(木)이 있으면 단단한 戊土를 파헤쳐서 뿌리를 내리듯이 할 일이 많으며 인정을 받는다. 사회적으로나 개인적으로 주변과 친분을 쌓으며 교류를 넓혀나간다. 살아가면서 필요한 자격과 기술을 꾸준하게 개발한다.

## 戊土 일간의 특성

1) 자기 생각을 쉽게 바꾸지 않아 소통이 되지 않는 외골수가 되기 쉽다.
2) 충실하지만, 자기중심적인 면이 있어 보수적이고 느리게 반응한다.
3) 태산처럼 믿음직스럽고, 신용이 있으며 묵묵하고 신중하다.
4) 무뚝뚝하고 깊은 땅속처럼 속을 잘 드러내지 않아 답답해 보이기도 한다.
5) 모든 만물을 감싸 안은 어머니의 품과 같이 편안한 안정을 주지만, 자기 생각과 다르면 돕지 않고 외면하는 냉정함도 있다.
6) 가까운 상대가 아니면 쉽게 마음을 열지 않아서 폐쇄성이 있다는 평가를 받기도 한다.
7) 지나치게 절차를 따지고 신중하여 때를 놓칠 수 있다.
8) 상대의 반응을 판단한 후 역반응을 한다. 기다리면서 기회를 살피고 쉽게 나서지 않는다.

※ 단, 사계절(한난조습)의 변화에 따라 戊土 일간의 특성은 다르게 나타난다.
- 戊土 일간(겨울생, 亥子丑월) : 추운 겨울에 커다란 산맥이 차가운 바람을 막아주는 것과 같이 인내심을 갖고 기회가 오기를 기다릴 줄 안다. 반면에 토(土)가 많아지면 안전한 기회가 올 때만 기다리다 때를 놓치기 쉽다.

- 戊土 일간(봄생, 寅卯辰월) : 직업 활동에 필요한 자격증을 갖춘 후 직장생활을 하려고 한다. 할 일이 많으며 완고한 성향이 있다.
- 戊土 일간(여름생, 巳午未월) : 자신의 권리를 챙기며 이권에 민감하다. 물질적인 면에는 양보가 없으며, 안정을 보장받는 소속을 원해 샐러리맨 유형이 많다.
- 戊土 일간(가을생, 申酉戌월) : 시대를 통찰하는 감각이 있다. 자신이 선호하는 직업보다는 시대를 반영하는 현실적이며 안정적인 직업을 선호한다.

| -기(己) | 옥토, 전답, 평야, 과수원, 개발할 수 있는 대지 |

己土의 의미 │ 己土는 농토나 전답 같은 땅이다. 戊土와는 다르게 사람의 노력으로 가꾸는 땅의 의미가 있어서 주변 환경의 영향을 많이 받는다. 윤택한 옥토와 같으며 곡식을 기르고 수확하는 풍요로운 땅의 모습이다.

**자연의 모습으로는,** 집터가 되기도 하고 옥토가 되어 농작물과 잡곡을 심기도 하는, 사용 용도가 다양한 땅이다.

戊土가 자연에 주어진 높은 산맥과 같다면, 己土는 주변의 환경에 영향을 많이 받는 땅과 같다. 돌이 많으면 물이 고이지 않고 흘러가니 곡식이 뿌리를 내리고 정착하기 힘들다. 화(火)기가 많아서 뜨거우면 바짝 마른 황무지와 같아 쭉정이만 남는다. 수(水)기가 많으면 농작물이 떠내려가니 결과가 없게 된다. 己土가 윤택한 옥토가 되기 위해서는 필요조건이 충족되어야 한다.

**사람의 모습으로는,** 땅을 개간하여 옥토를 만들듯이 쉴 새 없이 일한다. 己土는 땅의 환경이 좋아야 작물이 잘 자라듯이 인간관계 역시 원만하게 맺어간다. 이해관계가 생기면 자신의 이권을 우선시하고 양보를 하지 않는다. 분위기를 잘 파악하여 편안하게 관계를 이끈다. 지배력보다는 처세술로 화합을 이끌어간다.

**사주의 구성이,** 수(水)가 있으면 윤택한 농지와 같아 지적이고, 교육적 재능을 갖춘 직업적 성향을 띤다. 화(火)가 있으면, 농작물이 결실을 보듯이 노력에 따른 부가가치가 높다. 목(木)이 있으면, 직장에 잘 적응한다. 일거리가 많지만 주어진 일에는 책임을 다한다. 금(金)이 있으면, 정착보다는 새로운 일을 개척하려 하며 도전정신이 강하다. 戊土가 외부의 상황에 맞춘다면, 己土는 자신의 내면에 충실하다.

## 己土 일간의 특성

1) 상대에게 잘 적응하지만, 자신만을 지키려는 이기적인 면이 있다.

2) 부드럽고 자기주장을 내세우지 않으며 주변과 분위기에 잘 융화한다.

3) 수줍음이 있고, 연인 관계에서는 애정이 깊고 사려도 깊다.

4) 자신의 감정을 잘 표현하지는 않지만, 말을 시작하면 잔소리처럼 같
   은 말을 반복해서 말이 많다는 평을 듣는다.

5) 결과와 이익이 우선이어서 물질적인 인물로 비치기도 한다.

6) 주어진 여건에 안주하지 않고, 고달프도록 자신을 개발하며 쉼 없이
   살아간다.

7) 대중적이지 않으며 개성이 뚜렷해서 일대일 관계를 선호한다.

8) 무엇을 배우든 자신만의 노하우로 발전시키는 재능이 있다.

9) 말하는 것을 좋아해서 마음이 통하고 호감이 가는 상대를 만나면 밤
   새 대화를 나눈다. 자기 말을 많이 하는 특성이 있다.

※ 단, 사계절(한난조습)의 변화에 따라 己土 일간의 특성은 다르게 나타난다.

- 己土 일간(겨울생, 亥子丑월) : 추위 속에서 활발하지는 않지만 내면을 다지며, 자
  신에게 내재되어 있는 조그마한 능력이라도 있으면 낭비하지 않고 결과로 만
  들어낸다.

- 己土 일간(봄생, 寅卯辰월) : 공무원 같은 안정된 직장을 선호한다. 새로운 변화를
  두려워해서 보수적이며 근엄하다. 상대를 이해하지만 자신에게는 엄격하다.

- 己土 일간(여름생, 巳午未월) : 상황에 맞게 적절하게 활용하는 기술력이 뛰어나다. 업무의 생산성도 뛰어나고 늘 연구하는 자세로 임한다.
- 己土 일간(가을생, 申酉戌월) : 일이 주어지면 다양한 능력을 발휘한다. 자유로움을 추구해 틀에 박힌 생활에서 벗어나는 꿈을 꾸지만, 쉽사리 벗어나진 못한다.

## 🔅 천간 금(金)의 특성

+경(庚) │ 원석, 바위산처럼 단단하고 딱딱한 물질

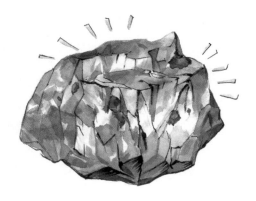

庚金의 의미 │ 하루의 모든 일과를 정리하는 저녁과도 같은 기운이며, 최종적인 결실을 보는 가을의 성향이기도 하다. 실리적이고 실용적이며, 장년으로 성장하여 가족을 부양하는 어른의 모습과도 같다.

**자연의 모습으로는,** 봄에 돋아나는 甲木 새싹이 乙木 꽃으로 변화해서 여름이면 꽃이 진 자리에 열매가 맺혀 단단하게 변하는 모습이다. 가을부터 본격적으로 익어가는 단단하고 속이 찬 열매와 곡식의 형상이기도 하다. 딱딱하고 단단한 금속처럼 견고한 모습을 금(金)으로 표현하였다.

**사람의 모습으로는,** 어린아이가 가정과 학교에서 익힌 배움을 사회생활에서 인정받는 시기이다. 많은 경험을 통해 그동안의 능력이 단단한 실력으로 거듭나는 모습이다. 많은 경험을 갖추고 의젓한 조직의 리더로 성장하는 모습이다.

금(金)은 강철이나 암석처럼 단단하게 흔들리지 않는 굳은 신념과도 같다. 오행 중에서 가장 완고하고 변함이 없으며, 외부의 유혹으로부터 자신을 지켜낸다. 庚金은 제련이 되지 않은 투박한 원석의 형체로서 화(火)가 있어야 사회적인 적응력을 갖게 된다. 사물을 잘라내고 솎아내는 연장과 같아서, 단호하고 결단이 빠르며 정확하다.

또 상대를 압도하는 카리스마가 있으며, 자립정신과 자존심이 강해서 남에게 의지하지 않으려 한다. 철이 일찍 들고 믿음직스러우며, 가족의 부양을 위해서라면 자신의 꿈도 포기한다. 책임 의식이 뚜렷한 공적이면서도 사회적인 모습이기도 하다. 약속은 반드시 지키고 변하지 않는 의리가 있으나, 융통성이 부족하여 뜻이 맞지 않는 사람과는 상대조차 하지 않는 강골 기질을 가지고 있다.

천간의 십간 중에서 庚金은 가장 단호한 성품으로 반듯하며 흐트러짐이 없고, 상대를 압도하는 강렬함을 보인다. 듬직하지만 상대의 실수를 웬만해서는 이해해 주지 않는다. 상대의 부족함을 이해하는 배려심과 부드러움을 보인다면, 신뢰를 얻고 전폭적인 지지를 받을 수 있다.

**사주의 구성이,** 화(火)가 있어야 열매를 익히듯 끊임없이 쉬지 않고 실력을 향상시킨다. 목(木)이 있으면 사람 간의 간격 조절을 하며, 간결한 성품으로 머리가 좋고 판단력이 뛰어나다. 수(水)가 있으면, 자신이 의도한 바를 상대와 소통하는 친밀성이 있으며, 나의 가치를 알아주는 여건이 주어진다. 토(土)가 있으면, 신중하고 생각이 깊으며 어려운 일이 있어도 견디면서 인내한다.

---

### 庚金 일간의 특성

1) 적극적이고 의지가 굳으며 휘어지는 일이 없어 타협심이 약할 수 있다.

2) 카리스마가 있고 의리가 있으나, 상황에 맞게 대처하는 유연함이 부족하다.

3) 의협심 또한 남다르게 강하고 변함이 없지만, 지나치게 잘잘못을 가려서 원성을 살 수 있다.

4) 장식품이 없는 옷을 좋아하며, 상대를 억압하듯 딱딱하게 보이거나 각진 행동으로 접근하기 힘든 면이 있다.

5) 자신이 정한 원칙에서 벗어나지 않으려는 우직함이 있고, 순수한 면

도 있어서 상대를 기대게도 한다.

6) 좀처럼 모양이 흐트러지지 않고 강직함이 지나쳐 주변과 마찰이 생기기도 한다.

7) 이유 없이 상대에게 도움을 받지 않으며, 신세를 지면 반드시 보답한다. 냉철하지만 한번 믿으면 끝까지 의리를 지킨다.

8) 자신의 관리를 철저하게 해서 단단한 체력을 유지한다.

※ 단, 사계절(한난조습)의 변화에 따라 庚金 일간의 특성은 다르게 나타난다.

- 庚金 일간(겨울생, 亥子丑월) : 영리하고 날카로우며, 수학적 계산이 탁월하다. 자기관리가 철저하며 지혜롭지만 차가운 이미지를 준다. 주부는 남편을 소중히 생각하며, 사회활동을 많이 한다.

- 庚金 일간(봄생, 寅卯辰월) : 주변의 친인척보다 빠른 성장을 하려는 급한 면이 있다. 업무의 효율성이 뛰어나고 과정보다는 결과 위주지만, 난관이 생기면 쉽게 포기할 수 있다.

- 庚金 일간(여름생, 巳午未월) : 직장에 충실하고 모범적인 성품으로 명예를 소중히 생각하지만 권위적이며 원칙을 고수한다. 남들보다 노력을 많이 하고 실력이 출중하며 능력을 인정받는 사회적 배경이 뒷받침한다.

- 庚金 일간(가을생, 申酉戌월) : 타인의 의견을 수용하지 않는 강직한 성격에, 실적 위주의 업무를 중요시한다. 사람보다 일을 중요시하며 여유로움이 없어 일 중독에 빠진 모습으로 가족과의 휴식에도 인색하다.

| -신(辛) | 빛나는 보석, 장신구, 날카롭고 완벽한 도구 |

辛金의 의미 辛金은 제련되고 세공까지 되어서 아름다운 보석으로 거듭
난 금(金)으로서 최고의 가치를 추구한다. 까다롭고 자신도
좀처럼 실수하지 않으며, 타인의 실수도 용납하지 않는 깐
깐함이 있다. 순간 판단력이 뛰어나고, 눈치가 빠르며 용모
도 단정하다. 내면의 힘이 강하며, 타인과는 쉽게 친숙해지
지 않는다.

**자연의 모습으로는**, 여름의 뜨거운 열기로 속이 꽉 차서 숙
성해가는 열매의 모습을 庚金으로 표현하였다면, 辛金은 가을
부터 단단해지는 곡식으로 가을 들판의 결실과 같은 모습이다.
추분 이후 들에서 추수하는 자연의 최종 결과이며 성과물이다.

**사람의 모습으로는**, 庚金이 타인과의 교류를 중요시하는 반
면, 辛金은 자신의 내면 위주이며 완벽을 추구하고 공사를 분명

히 한다. 외모 역시 깔끔하게 가꾸며 실수를 좀처럼 하지 않고 흐트러짐이 없다. 이해관계가 없는 타인에게는 먼저 다가서지 않는다. 가는 사람 잡지 않고 인연 역시 끊고 맺음이 분명하다. 자녀와 아랫사람에게는 엄격하며 시작한 일은 결과를 이루어 낸다.

**사주의 구성이,** 수(水)가 있으면 완벽함이 더해지며 자신을 펼칠 수 있는 좋은 배경을 얻는 것과 같다. 다재다능하며 인기가 많다. 목(木)이 있으면 재테크에 대한 감각이 남다르고 부를 추구한다. 화(火)가 있으면 완고해서 직장생활을 원하고 타인을 의식한다. 토(土)가 있으면 자신의 틀에서 벗어나지 않고, 기회가 와도 쉽게 독립하지 못하며 새로운 환경에 적응하는 데 시간이 오래 걸린다.

---

### -辛金 일간의 특성

1) 빠른 판단력으로 계산이 정확하며 결단력이 있다.
2) 인연에 대한 감정이 깊지 않아 자신과 맞지 않는 상대는 시간을 끌지 않고 단절하는 면이 있다.
3) 주어진 일은 완벽하게 처리하고 이해득실에서 손해를 보지 않으며 상대에게도 불필요한 요구를 하지 않는다.
4) 섬세하면서 자존심도 강해서 상처를 받으면 너그럽게 넘기지 못한다.

5) 사무적이고 군더더기가 없으며, 냉정하지만 솔직담백한 면이 있다.

6) 의사표시를 분명하게 하고, 원치 않는 일에는 날카롭게 반응하며 주변과의 협력보다는 개인주의적으로 행동한다.

7) 남에게 어려운 부탁을 좀처럼 하지 못하며, 선명한 성품으로 호불호가 분명하다는 평가를 받는다.

8) 외모가 단정하고 조각같이 잘생긴 미남·미녀들이 많다.

※ 단, 사계절(한난조습)의 변화에 따라 辛金 일간의 특성은 다르게 나타난다.

- **辛金 일간**(겨울생, 亥子丑월) : 지식을 깊이 연구하며 지적 자질을 갖춘 학자와 지식인이 많다. 타인과는 상관없이 자기 일에 몰두하는 성향으로 목적의식이 분명하다.

- **辛金 일간**(봄생, 寅卯辰월) : 경제력에 우선순위를 두며 실리를 추구하는 편이다. 과정을 중요하게 생각하지 않아 학생인데도 어른처럼 서둘러 사회진출을 하려고 해서 깊이 있는 공부나 대인관계를 오랫동안 유지하지 못할 수 있다.

- **辛金 일간**(여름생, 巳午未월) : 수동적이며 가정과 조직에 순응하고 새로운 일에 도전하지 않는다. 과중 과로로 인한 스트레스가 있다.

- **辛金 일간**(가을생, 申酉戌월) : 자신감이 넘치고, 능동적이며 완벽하면서도 거만하게 보인다. 나와 다른 상대의 생각을 잘 이해하지 못한다. 추진력이 뛰어나며, 일 중독에 빠져 쉬지 못할 정도로 많은 일을 감당하는 근면한 일꾼이다.

## ❖ 천간 수(水)의 특성

**+임(壬)** | 깊은 바닷물, 흘러가는 커다란 강줄기, 넓은 호수

**壬水의 의미** 모든 것을 끝낸 후 휴식하는 밤의 기운이며, 일 년 동안 열심히 일하고 숙면에 드는 겨울의 모습이기도 하다. 깊은 강과 웅장한 바닷물을 의미하기도 한다.

**자연의 모습으로는,** 5대양을 흐르는 바다와 같고 만물을 유지시키는 에너지와 같다. 한곳에 고여 있지 않고 출렁이고 흘러 다니며 변화를 주도하는 강물과 바다의 형상으로, 오행 중 가장 유동적이다. 변화무쌍하게 파도를 일으키기도 하지만, 고요할 때는 조용하고 적막이 흐른다.

**사람의 모습으로는,** 깊이 생각하고 지혜롭게 처신한다. 모든 것을 담아내는 깊은 물과 같아서 타인의 의견에 귀를 기울이고 상대의 기분을 맞추려 노력한다. 또한, 壬水는 고여 있으면 썩

게 되므로 항상 움직이고 한곳에 머물지 않으려고 한다. 임기응변이 뛰어나고 적응이 빨라 상황에 유연하게 대처한다. 한번 화가 나면 감정을 자제하지 못하고 질풍노도와 같이 모든 것을 한 번에 쓸어버리는 냉정함도 있다. 깊은 물 속과 같아서 의외로 생각을 쉽게 드러내지 않고 마음속에 많은 것을 담아두고 있다. 계절에 따라서 '녹았다, 얼었다'를 반복하는 환경적 영향을 받아 유동적이고 삶에 변화가 많다.

**사주의 구성이,** 목(木)이 있으면 여유가 있고 유연한 자세로 살아가며, 남을 위해 봉사하는 사람이 많다. 금(金)이 있으면, 사회생활을 노후까지 오랫동안 하며, 정신력이 강하고 지략에도 뛰어나서 새로운 기획력이 탁월하다. 토(土)가 있으면 자신의 행동을 잘 조절하며, 답답하지만 조직이나 가정이 원하는 삶을 살아간다. 화(火)가 있으면, 발상의 전환이 빠르고 성격이 급하며, 힘든 육체노동을 기피해서 지적인 업무를 담당하는 직업군에 종사한다.

---

### 壬水 일간의 특성

1) 정열적이고 타인의 일에 적극적으로 관여한다.
2) 두뇌가 뛰어나고 총명하며 융통성이 많고 임기응변에 능하다.
3) 깊은 바닷속을 알 수 없듯이 자신의 의중을 쉽게 드러내지 않는다.

4) 강물처럼 흘러가는 속성이 있어서, 새로운 환경의 변화에 잘 적응한다.

5) 본질적으로 차갑고 추운 기운이 있다. 자신이 가진 것에 만족하지 못한다.

6) 담는 그릇에 따라 물의 모양이 바뀌듯이 재치도 있고 유동적이나, 외부
   의 변화에 민감하게 대응하기도 한다.

7) 주변의 의견을 잘 듣고 수용하려는 폭은 넓지만, 머리가 너무 좋아 상
   대의 의견을 하찮게 여겨 무시하기도 한다.

8) 대자유를 꿈꾸면서 음주와 가무를 즐기고 호탕하지만, 자신감이 지나
   쳐서 실수를 범할 수 있다.

9) 먼 곳으로 여행하기를 즐기며, 청년기에는 넓은 세상을 접할 수 있는
   유학을 하러 많이 간다.

※ 단, 사계절(한난조습)의 변화에 따라 壬水 일간의 특성은 다르게 나타난다.

- 壬水 일간(겨울생, 亥子丑월) : 신념이 뚜렷하고 얼음과 같이 냉철하여 싫고 좋음
  이 분명하다. 소속에서 벗어나 프리랜서로 지내는 사람이 많다.

- 壬水 일간(봄생, 寅卯辰월) : 한곳에 머물기보다는 유학 등 해외로 진출하며 미지
  의 세계를 선호한다.

- 壬水 일간(여름생, 巳午未월) : 창의성이 돋보이며 기획력이 탁월하지만, 육체적인
  일은 기피하여 게으른 면도 나타난다.

- 壬水 일간(가을생, 申酉戌월) : 생각이 많고 깊으며, 자신의 개성을 발휘하기보다
  는 주변에서 원하는 삶을 살아간다.

**-계(癸)** | 조용히 스며드는 습기와 안개, 고여 있는 작은 옹달샘

癸水의 의미 | 癸水는 촉촉하게 오랜 시간 두고 내리는 이슬비와 같고, 대지를 적시는 지하수처럼 모든 만물에 스며들어 성장시키는 생명의 근원이다.

**자연의 모습으로는,** 하늘에서 내리는 이슬비와 같고, 지구상의 모든 생명의 근원과도 같다. 반면에 비가 많이 와서 습기가 지나치듯이 눅눅해서 나무의 뿌리도 썩게 만들고, 자연의 성장이 원활하지 못해 병충해 피해를 당할 수 있다.

**사람의 모습으로,** 癸水는 가슴과 머리에 스며드는 지혜와 같아 생각이 깊고 지식을 직업화하는 사람이 많다. 壬水 일간이 외부에 활용하기 위한 지식을 배워간다면, 癸水 일간은 자신에

게서 우러나는 지적 만족을 위한 지식을 배우고 익혀간다. 학자가 많으며 연구직에 많이 종사한다. 책을 가까이 두며, 교양이 있고 감정을 쉽게 드러내지 않는다. 습한 癸水의 기질로 잡다한 생각을 많이 하며 지난 일을 쉽게 잊지 못한다. 壬水 일간이 능동적이며 자기의 색깔을 분명히 드러낸다면, 癸水 일간은 수동적이며 좋고 싫고의 표현을 분명하게 하지 않는다.

**사주의 구성이,** 목(木)이 있으면 언변이 뛰어나서 선생님, 강사, 교수 등 교육계통의 직업군에서 활동한다. 토(土)가 있으면, 자신을 낮추며 시키는 일을 확실하게 하고, 상·하를 구분하며 사회적 관계를 중요시한다. 금(金)이 있으면 생각이 깊고 지혜로우며, 남들보다 한발 앞서가는 기획력을 발휘하며 뛰어난 지략가가 많다. 화(火)가 있으면, 현실감각이 뛰어나 배우고 익힌 경험과 지식을 경제에 접목해 재테크 능력을 발휘한다. 몸으로 일하는 직장보다는 지식을 활용하는 직업이 알맞다.

---

### 癸水 일간의 특성

1) 다른 사람의 마음을 알아주고 이해하는 현명함이 있으며, 상대의 요구를 되도록 거절하지 않으려 한다.
2) 배움을 평생 받아들이며, 지적이고 교육자의 자질을 갖추려 한다.
3) 수줍어하며 신비한 모습으로 비밀스러워 보이고 조용하다. 상대와 정

서적 교감을 이루며 지적인 대화를 중요시한다.

4) 壬水가 잘 나서는 반면, 癸水는 그림자 같은 2인자의 처세술을 보인다. 순종하는 자세로 리더보다는 참모나 보좌 역할을 잘 수행한다.

5) 壬水처럼 한꺼번에 흐르지 않고, 모든 것을 천천히 받아들이고 적셔가 듯이 생각이 많고 신중하다.

6) 결과의 늦고 빠름에 연연해하지 않고 끈질기며 포기하지 않는다.

7) 쉽게 방향을 전환하려 시도하지 않으며 시간이 걸려도 천천히 실행한다.

8) 壬水가 대인관계가 넓고 사회 속에서 새로운 관계를 맺어가지만, 癸水는 개인적이며 깊고 사적인 관계를 유지하려고 한다.

9) 오래된 기억이나 감정을 잘 잊지 못하고 집착을 보이며 가슴속에 담아 두기도 한다.

※ 단, 사계절(한난조습)의 변화에 따라 癸水 일간의 특성은 다르게 나타난다.

- 癸水 일간(겨울생, 亥子丑월) : 차가운 습기와 같아서 내면을 다지며 수동적이고, 학문을 연구하는 교육적 진로를 많이 선택한다.

- 癸水 일간(봄생, 寅卯辰월) : 타고난 창의성이 있으며, 예민하고 본능적이다. 평생 배움을 추구하며, 목표를 세우면 꾸준히 준비하며 포기하지 않고 뜻을 이룬다. 좋아하는 일이나 사람에게 과도한 집착을 보이기도 한다.

- 癸水 일간(여름생, 巳午未월) : 감정의 기복이 있으며 성격이 급하다. 상상력이 풍부해서 판타지 분야 등에서 작가로 활동하는 사람이 많다.

- 癸水 일간(가을생, 申酉戌월) : 감수성이 예민하고 지적 활동을 선호한다. 이성적이기보다는 작은 감정에 집착할 수 있다. 정신적인 사상가, 종교, 철학자가 많다. 감정 낭비로 인한 스트레스가 있을 수 있다.

# 제 5 장

# 지지론

# 1. 12지지의 특징

1년 12달을 12개의 오행으로 구분하여 기록한 방법을 12지지(地支)라고 한다. 12지지는 4계절이 바뀌어 가는 시기인 환절기마다, 辰(봄), 未(여름), 戌(가을), 丑(겨울)이라는 토(土)를 배속시켰다.

| 지 지 | 자연의 모습 | 계절에 따른 만물의 변화 |
|---|---|---|
| 해(亥) | 흐르는 물 | 겨울이 시작되며, 동물들은 동면에 들어간다. |
| 자(子) | 습기, 지하수 | 땅속이 꽁꽁 얼고, 사람들도 활동을 자제한다. |
| 축(丑) | 얼어붙은 흙 | 땅속이 서서히 녹으며, 씨앗이 움트기 시작한다. |
| 인(寅) | 나무, 산림 | 새싹이 땅 위로 올라오기 시작한다. |
| 묘(卯) | 화초, 꽃밭 | 꽃이 만개하고 나비가 날아든다. |
| 진(辰) | 습기 많은 흙 | 들판에 먹을 것이 풍성해진다. |
| 사(巳) | 빛, 에너지 | 활짝 핀 꽃들이 지고 열매가 맺히기 시작한다. |
| 오(午) | 열기, 복사열 | 장마가 시작되며, 열매가 크기 시작한다. |
| 미(未) | 뜨거운 흙 | 복사열이 뜨겁게 땅을 달구고 열매가 맛이 든다. |
| 신(申) | 원석, 바위 | 아침, 저녁으로 서늘한 바람이 불기 시작한다. |
| 유(酉) | 보석, 단단한 씨앗 | 들판에 누렇게 벼가 익어간다. |
| 술(戌) | 메마른 흙 | 풍요롭게 성장한 곡식을 거두어 저장한다. |

## 오행에 따른 천간과 지지의 음양 구분

| 오행 / 구분 | 木 | | 火 | | 土 | | 金 | | 水 | |
|---|---|---|---|---|---|---|---|---|---|---|
| 천간 | 甲 | 乙 | 丙 | 丁 | 戊 | 己 | 庚 | 辛 | 壬 | 癸 |
| 지지 | 寅 | 卯 | 午 | 巳 | 辰戌 | 丑未 | 申 | 酉 | 子 | 亥 |
| 음양 | 양 | 음 | 양 | 음 | 양 | 음 | 양 | 음 | 양 | 음 |

## 12 지지별 오행의 구분과 특징

| 지지 / 구분 | 亥 | 子 | 丑 | 寅 | 卯 | 辰 | 巳 | 午 | 未 | 申 | 酉 | 戌 |
|---|---|---|---|---|---|---|---|---|---|---|---|---|
| 양력 | 11월 | 12월 | 1월 | 2월 | 3월 | 4월 | 5월 | 6월 | 7월 | 8월 | 9월 | 10월 |
| 절기 | 입동 | 대설 | 소한 | 입춘 | 경칩 | 청명 | 입하 | 망종 | 소서 | 입추 | 백로 | 한로 |
| 방향 | 북 | 북 | 북동 | 동 | 동 | 동남 | 남 | 남 | 남서 | 서 | 서 | 북서 |
| 오행 | 水 | 水 | 土 | 木 | 木 | 土 | 火 | 火 | 土 | 金 | 金 | 土 |
| 동물 | 돼지 | 쥐 | 소 | 호랑이 | 토끼 | 용 | 뱀 | 말 | 양 | 원숭이 | 닭 | 개 |

# 2. 12지지의 절기

| 24절기 계절의 변화 | | | |
|---|---|---|---|
| 계절 | 지지/절기 | 시 기 | 자연의 변화와 사람이 하는 일 |
| 봄<br>(濕)<br><br>水生木<br>하는<br>시기 | 寅月 입춘 | 2월 4일 | 봄의 문턱. 땅 위로 싹이 트기 시작<br>(부모의 품 속에서 보호받는 시기) |
| | 寅月 우수 | 2월 19일 | 봄비가 내리고 눈이 녹아 흐르기 시작<br>(올바른 인성을 배우는 가정교육 시기) |
| | 卯月 경칩 | 3월 5일 | 만물이 깨어나기 시작<br>(부모 품에서 조금씩 벗어나는 초등학교 입학 시기) |
| | 卯月 춘분 | 3월 21일 | 봄꽃이 만개하며 낮이 길어지기 시작<br>(친구들과 어울리는 시간이 길어지는 시기) |
| | 辰月 청명 | 4월 5일 | 산과 들이 푸르며 나물을 캐기 시작<br>(중학교 입학과 이성에게 관심을 보이는 시기) |
| | 辰月 곡우 | 4월 20일 | 비가 자주 내리면서 꽃가루가 날리기 시작<br>(경쟁에서 이기기 위한 학력 준비 시기) |
| 여름<br>(暖)<br><br>木生火<br>하는<br>시기 | 巳月 입하 | 5월 6일 | 여름의 문턱. 꽃잎이 떨어진 가지에 열매가 맺히기 시작<br>(대학교 입학 시기, 본격적인 경쟁을 시작하는 시기) |
| | 巳月 소만 | 5월 21일 | 열매가 커가며 제 모습을 갖추기 시작<br>(스펙을 쌓고 취업 준비하는 시기) |
| | 午月 망종 | 6월 6일 | 곡식의 씨앗이 땅에 뿌려지기 시작<br>(사회에 처음 진출하는 초년생 시기) |
| | 午月 하지 | 6월 21일 | 잡곡을 거두어들이기 시작<br>(공동체의 조직원으로서 경험을 쌓는 시기) |
| | 未月 소서 | 7월 7일 | 더위가 시작되고 열매들이 단맛을 내기 시작<br>(업무를 배워 경험을 쌓아가는 시기) |
| | 未月 대서 | 7월 23일 | 장마가 끝나가고 뜨거운 폭염이 맹렬해지는 시기<br>(뛰어난 업무능력을 인정받는 시기) |

태양이 움직이는 길인 황도를 따라 동쪽으로 15° 간격으로 나누어 24절기를 정함.

| 계절 | 지지/절기 | | 시기 | 자연의 변화와 사람이 하는 일 |
|---|---|---|---|---|
| 가을<br>(燥)<br><br>火生土<br>·<br>土生金<br>하는<br>시기 | 申月 | 입추 | 8월 7일 | 가을의 문턱으로, 과실이 시장에 출하되기 시작<br>(중추적인 역할을 맡게 되는 시기) |
| | | 처서 | 8월 24일 | 곡식이 단단하게 익기 시작<br>(대내외, 사회적 인맥을 활용하는 시기) |
| | 酉月 | 백로 | 9월 8일 | 들판의 곡식이 풍성해지기 시작<br>(책임과 권한이 주어지는 시기) |
| | | 추분 | 9월 23일 | 무르익은 곡식을 거두어들이기 시작<br>(리스크를 방어하며 조직을 관리하는 시기) |
| | 戌月 | 한로 | 10월 8일 | 추수한 농작물을 고르는 작업을 시작<br>(조직을 장악하고 리더십을 발휘하는 시기) |
| | | 상강 | 10월 23일 | 농작물을 저장하기 시작<br>(사회적 전성기이며 최고 총괄자가 되는 시기) |
| 겨울<br>(寒)<br><br>金生水<br>하는<br>시기 | 亥月 | 입동 | 11월 7일 | 겨울의 문턱, 동물들은 동면에 들어가기 시작<br>(아랫사람에게 자리를 물려주는 시기) |
| | | 소설 | 11월 22일 | 눈이 내리고 추워지기 시작<br>(가정에 충실해짐. 은퇴와 노후 준비 시기) |
| | 子月 | 대설 | 12월 7일 | 추위가 더욱 깊어지기 시작<br>(확장을 줄이고 후손에게 물려주는 시기) |
| | | 동지 | 12월 22일 | 만물이 휴식하며 씨앗이 응축되기 시작<br>(외부 교류가 줄고 손주를 돌보는 시기) |
| | 丑月 | 소한 | 1월 6일 | 찬 기운이 땅속 깊은 곳에서 올라오기 시작<br>(한가해지고 휴식이 길어지는 시기) |
| | | 대한 | 1월 20일 | 차가운 얼음 아래서 씨앗이 발아되기 시작<br>(외출을 줄이고 일생을 되돌아보는 시기) |

**24절기 계절의 변화**

# 3. 12절기별 특징(월지 기준)

    명리학은 절기가 바뀌는 월과 일을 기준으로 해서 사주팔자를 정하므로 태어난 월(月)이 가장 중요하다. 절기(양력이 기준임)는 사람이 몸으로 느끼는 체감온도를 기준으로 삼지 않고, 1년 12개월 365일을 땅속의 상태와 땅 위의 변화를 기초로 하여 15일씩 24절기로 나누어 기록한 것이다.

    실제로 사람들이 봄이라고 느끼는 계절은 3월이나 4월이지만, 자연은 땅 위로 싹이 돋아나오는 2월 4일경에 봄(입춘)이 시작된다. 입춘, 입하, 입추, 입동의 기준으로 삼는 절기는 실제로 사람이 느끼는 계절과 한 달 이상 차이가 난다.

| 子(+水) | 동물 : 쥐<br>절기 : 12월 (양력 12월 7일경 ~ 1월 5일까지)<br>시간 : 오후 11시 30분 ~ 오전 1시 30분 |
| --- | --- |

    자(子)월은 땅속 깊은 곳에서 1양(陽)의 기운이 비로소 시작되는 12월에 해당한다. 12지지 가운데 첫 번째에 속하는 달로서, 추위와 어둠이 깊은 시기이다.

    동짓날을 기점으로 낮의 길이가 길어지고, 밤의 길이는 짧아진다고 해서 일양시생지일(一陽始生地日)이라고도 한다. 미래를 준비하는 시기와 같으며, 생명의 씨앗인 종자를 의미한다. 자(子)월은 다가올 봄을 대비하여 땅속에서 씨앗의 종자를 품고 있는 생명의 근원과도 같은 달에 해당한다. 땅속에서 봄을 준비하는 수(水)의 기운으로 만물이 휴식하며 응축하는 시기이다. 밤이 가장 긴 동지가 지난 후부터는 땅속의 얼음이 서서히 녹으며 봄을 향해 움직이는 1양(陽)이 시작된다.

**사람의 모습으로는,** 추운 날씨처럼 겉은 냉정하고 쌀쌀맞게 보여도 마음속에서는 따스함을 주고받기를 원한다. 표현을 적극적으로 하지 못해서 상대에게 먼저 다가가지 못한다. 시간으로 보면 자(子)시는 하루 중 한밤중에 속하는 고요한 시간이다. 생각이 많고 정신적인 성향을 추구하는 분야의 직업군이 적합하다. 연구 관련 직업이 많고, 아이디어와 창작력이 풍부해 디자이너나 설계 관련 직업에도 적합하다.

**사주의 구성에 있어서,** 자(子)월생이 화(火)의 온기가 있으면, 따뜻하게 보온이 되어 주변의 많은 도움을 받게 된다. 살면서 순조롭고 편안한 환경이 조성될 수 있다.

사주에 목·화(木·火)가 있으면, 목생화(木生火)가 되어 추운 계절을 따뜻하게 해주는 주변의 도움이 많다. 반면에 화(火)가 너무 강하면, 씨앗을 단단하게 응축시켜야 할 시기에 씨앗을 터뜨려서 꽃부터 일찍 피우려 하는 것과 같다. 서두르고 준비운동 없이 물속에 뛰어드는 것과 같아서, 처음에는 빠르게 잘 나가는 것 같아도, 겨울철에 꽃이 잠시 피었다가 추위에 금방 얼어버리는 것과 같다. 계획했던 일을 끝까지 마무리하지 못하게 된다.

토(土)가 있으면 추운 바람을 스스로 막아내면서 인내하는 정신적 작용을 하지만, 토(土)가 많으면 추운 바람이 멈출 때까지 기다리다 출발이 늦어져 때를 놓치게 된다.

금(金)이 있으면, 추운 바람에 맞서듯이 열심히 노력하고 산다(금생수; 金生水). 금(金)이 많을수록 겨울에 얼음이 두꺼워져 잘 녹지 않는 현상처럼 많은 어려움을 이겨내야 한다. 가을의 금(金)이 열매라면, 겨울의 금(金)은 눈발을 날리는 찬바람과도 같기 때문이다. 하지만 금(金)이 없는 겨울은 얼음이 얼지 않는 북극처럼 깊은 실력과 비범함을 갖출 수 없다.

| 丑(-土) | 동물 : 소<br>절기 : 1월 (양력 1월 6일경 ~ 2월 4일까지)<br>시간 : 오전 1시 30분 ~ 오전 3시 30분 |
|---|---|

1양(陽)이 시작되는 자월(子月)을 지나면 땅속에서는 2양(陽)의 기운이 조금 더 확산되지만, 축(丑)월은 아직 땅의 냉기가 가득한 시기이다. 추위가 물러나기 직전이지만 오히려 자월(子月)의

한기가 남아 있어 가장 춥게 느껴지는 달이다.

얼음처럼 찬 기운이 땅에서부터 올라오고, 땅 밖은 동상도 잘 걸리는 혹독한 추위가 있는 열악한 환경이다. 그렇지만 축(丑)월은 봄이 오기 직전에 조금씩 따스해지는 태양의 기운으로 땅속에서는 얼음이 녹으면서 씨앗을 땅 위로 틔울 준비를 하는 시기이기도 하다. 축(丑)이라는 한자는 마치 씨앗처럼 보이는 모양이 발아하기 직전의 모습을 표현하고 있다.

**사람의 모습으로는,** 지식을 습득하면서 내면을 준비하는 시기와 같다. 축(丑)월생은 금·수(金·水)로 응결되어 자신만의 정신세계가 강하고 고집스러우며, 깊이 생각하고 오랫동안 노력하는 성실함이 있다. 새로운 변화에 대한 적응력이 약해서 한 가지 일에 몰두하는 전문성을 보인다.

**사주의 구성에 있어서,** 축(丑)월생이 금·수(金·水)가 많은데 화(火)가 없으면 활동이 움츠러들게 된다. 성장보다는 늘 준비만 하는 만학도와 같으며 인간관계에서도 지나친 경계심을 갖는다. 반면에 따스한 목·화(木·火)가 많으면, 꽃망울을 지나치게 일찍 터뜨려 꽃을 유지하는 기운이 부족해진다. 학생은 꾸준하고 깊게 공부하지 않고 사회에 빨리 진출하려고 한다.

금(金)·수(水) 오행이 없고 목생화(木生火)만 있으면, 노력보다는 저절로 얻어지는 편안한 환경 속에 처해 있는 것과 같다. 자신은 행복하지만, 게으른 자신의 할 일을 누군가 대신할 수 있다.

축(丑)월이 丙火나 巳火가 있으면, 추위를 녹여주면서 따뜻한 도움을 주는 좋은 사람들과의 교류를 통해 가정의 안정과 사회적 발전도 이룰 수 있다. 반면에 丁火나 午火는 땅을 열로 갑자기 뜨겁게 달구어 질퍽하게 만드는 특성이 있다. 물만 마셔도 살이 찌는 비만형이 많으며, 바이러스성 질병에 걸릴 우려가 있으니 유의해야 한다.

庚金이 있으면 질퍽하고 습한 기운을 해결하는 정신적 작용을 하게 된다. 庚金으로 습의 기운을 해결하는 것은 노력하는 자기관리이며, 대인관계도 원만하게 유지해나가는 것이다. 명리학에서 庚金의 자연현상을 가을의 서늘한 바람으로 해석하는 이유이다. 반면에 화(火)가 약하고 수(水)가 많으면, 혹독하고 매서운 추위가 몰아치는 벌판에서 주변의 도움을 얻기보다는 고군분투하며 열심히 살아가야 하는 환경에 놓인다. 남들보다 생활력이 강해서 어려움을 헤쳐나가면서 성공을 이룰 수 있다.

| 寅(+木) | 동물 : 호랑이<br>절기 : 2월 (양력 2월 4일경 ~ 3월 5일)<br>시간 : 오전 3시 30분 ~ 오전 5시 30분 |
|---|---|

명리학에서는 인(寅)월에 새해의 시작이라는 중요한 의미를 부여한다. 입춘을 지나면서 3양(陽)의 따스함으로 땅속에서는

뿌리가 뻗어나가 땅 위로 새싹이 올라오는 시기이다.

봄이 시작되는 시기지만 아직 추운 겨울의 기운이 남아 있으며, 두꺼운 얼음이 녹지 않고 남아 있는 때이다. 인(寅)월에 사람들은 영하의 추위를 느끼지만, 자연은 모든 만물이 깨어나서 활동을 시작하는 시기다. 인(寅)월을 힘센 기상과 위엄을 가진 호랑이로 표현한 이유이기도 하다.

**사람의 모습으로는,** 부모 품에서 보호받는 어린 시절과 같다. 인(寅)월은 봄이라고는 하나, 아직은 어린아이가 혼자 밖으로 나가기에는 춥고 바람이 쌀쌀하다. 따라서 부모 품속에서 가정교육을 받으며 인성을 배워가는 시기라 할 수 있다. 丙火가 있으면 남들보다 빠른 성장을 위한 준비와 계획을 세우게 되며, 재능과 능력을 발휘할 기회가 주어진다. 단, 수(水) 없이 화(火)만 있으면, 좀 더 준비하는 과정을 생략하고 입신출세의 야망을 품게 된다.

**사주의 구성에 있어서** 화(火) 없이 수(水) 기운이 강하면, 내면만을 다지고 때가 되어도 망설이며 계속해서 부족감을 느끼게 된다. 또 화(火)는 많은데 토(土)가 없으면, 목(木)의 뿌리가 말라버리듯 성격이 조급하고 능력을 갖추지 않은 채 빠르게 성장만 하려고 한다. 오래가지 못하고 중도에 일찍 지치게 된다. 금(金)이 있으면, 고단함을 참고 견딘다. 생활력이 강하고 책임 의식이 투철하다.

인(寅)월생이 금·수(金·水)가 많으면 쉽게 해결할 일에도 민감하게 반응한다. 초조한 마음에 안정감이 없다. 금(金) 기운이 적당하면 자기 절제를 통해 끊고 맺음이 분명하다. 냉정한 성품으로 불필요한 감정 소모 없이 모든 일을 진행한다. 금(金)이 많아지면, 상대를 지나치게 의식하고 자신감이 약해지면서 쉽게 포기한다. 냉소적이며 패배 의식에 빠질 수 있다.

토(土)가 있으면 뿌리를 내리듯이 안정을 찾게 되고, 계획을 세워서 실천하게 된다. 다만 토(土)가 지나치면, 씨앗이 땅속에 묻혀서 뚫고 올라오는 힘이 늦춰지는 현상과 같다. 남들보다 늦게 출발하고 더디게 성공하는 대기만성형의 모습이다.

인(寅)월생으로 화(火)가 부족한 사주는, 운에서 화(火)가 오면 행복을 느끼는 기회를 맞게 되고, 밖으로 나가서 실력을 발휘할 기회가 온다.

| 卯(-木) | 동물 : 토끼<br>절기 : 3월 (양력 3월 5일경 ~ 4월 5일)<br>시간 : 오전 5시 30분 ~ 오전 7시 30분 |
|---|---|

묘(卯)월은 봄의 기운이 활짝 열리면서 만물이 본격적으로 성장하는 계절이다. 튼튼하게 줄기를 뻗으며 땅을 뚫고 올라온 새싹이 성장하는 모습을 4양(陽)으로 표현하였다.

양(陽)의 기운이 상승하고 퍼지면서 만물이 빠르게 성장하며 활동이 활발해지기 시작한다. 이때부터 밤보다 낮이 길어지고, 땅속에 고여 있던 습기가 목(木)을 타고 올라온다. 이 시기에 사람들은 나무에 구멍을 내 땅속에서 올라오는 영양가 높은 고로쇠 물을 마신다. 습한 수(水)의 기운이 가득해지는 묘(卯)월은, 꽃이 만개하고 잡초와 풀들이 성장하여 넓게 퍼져가는 시기이다.

**사람의 모습으로는,** 부모의 품에서 벗어나서 학교생활을 하는 시기이다. 어린 소년이 대문을 열고 밖으로 나가는 모습과도 같다. 아직은 혼자서 나서지 못하고 누군가에게 의지하는 어린 새싹과도 같은 모습이다. 卯木의 한자를 지팡이를 짚고 의지하는 형상으로 해석하기도 한다. 또 도구나 연장을 든 모습과도 같아서 묘(卯)월생 중에는 골프채를 든 선수, 테니스 선수, 야구의 타자, 지휘자, 바이올린 연주자, 연장을 사용하는 기술자 등이 많다.

**사주의 구성에 있어서,** 화(火)가 있으면 가지가 벌어지고 꽃망울이 예쁘게 맺히기 시작한다. 수(水)가 적당하면 빨리 마르지 않게 습도를 잘 유지하여 성장을 돕는다. 반면에 지혜를 상징하는 수(水)가 없으면, 꽃이 마르듯이 지식보다는 기술을 습득하거나, 개성을 발휘하는 예체능 분야에 소질을 보인다.

화(火)가 없으면 활동 의지가 약해 차분하고 내면적인 성향을 보인다. 화(火)가 없고 수(水)가 많으면 감정을 밖으로 발산하지 못해 우울해질 수 있다.

토(土)가 있으면 목(木)의 근본인 뿌리를 감싸듯이 남을 잘 배려하거나 상대를 이해하며 인간관계도 원만하다. 묘(卯)월 목(木)은 연약해 보이지만, 가지가 잘려도 여기저기서 잔가지를 뻗치듯이 끈기와 집착이 강해서 포기하지 않는다.

금(金)이 있으면 실리적이고 기승전결이 명확하여 일 처리를 깔끔하게 한다. 금(金)이 과다하면 가지를 쳐서 이리저리 옮겨 다니며 이식하듯이, 직업이나 이성 관계도 오래 유지하지 않고 쉽게 포기해 버린다.

묘(卯)월생은 화(火)가 오는 운에 가장 성장하고 행복 지수가 높아진다. 반면에 화(火)가 지나치면 생각보다 행동이 앞서게 되어 상대의 의도를 파악하지 못하고 실수를 해서 손해를 볼 수 있다.

운에서 금(金)이 강하게 오면, 卯木은 아직 어린 싹과 같아서 금(金)에 의해 가지를 잘리듯이 주변과 단절하는 상황이나 사람을 정리하는 일들이 발생할 수 있다.

운에서 수(水)가 오면 꽃이 물에 젖은 것과 같아 생각이 넘쳐 나서 고민이 많아지고 지나간 일들이 떠오르며 집착하게 된다. 몸은 처지고 늘 피곤함을 느낀다. 우울하고 무기력해질 뿐 아니라 모든 것이 귀찮아져서 활동을 접거나 은둔생활을 한다.

| 辰(+土) | 동물 : 용 |
| | 절기 : 4월 (양력 4월 5일경 ~ 5월 5일) |
| | 시간 : 오전 7시 30분 ~ 오전 9시 30분 |

진(辰)월은 5양(陽)의 기운이 퍼져서 양기가 사방으로 퍼져나갈 때이다. 땅속의 습기가 위로 올라와 만물이 성장하기에 좋은 환경을 갖춘 윤택하고 습기가 가득한 토(土)의 모습을 의미한다.

동물들도 기지개를 켜고 본격적인 활동을 시작할 때이다. 땅은 습기가 가득하고 날씨는 화창해서 야유회를 즐기기에 알맞은 시기다. 자연도 풍요로워지는 때다.

**사람의 모습으로는,** 청소년기로 사회에 나가서 경쟁에 나서며 경력을 쌓아가는 시기와도 같다. 얼굴에는 여드름과 솜털이 돋아나기 시작하고 이성에게 눈길이 가는 사춘기 같은 청춘 시절이다. 진(辰)월의 습하고 끈끈한 기운처럼 사람들과 다정다감하게 잘 지낸다. 관심 있는 상대에게는 집착을 보이기도 한다.

**사주의 구성에 있어서,** 화(火)가 있으면 사회적인 활동을 마음껏 펼칠 기회가 많아진다. 반면에 화(火)가 없으면, 계획을 세워도 실천에 옮길 용기가 부족하여 발전이 더디게 될 수 있다.

금(金)이 있으면, 싫고 좋음의 의사표시를 분명히 하고, 자신 없는 일은 처음부터 시도하지 않는다. 목(木)이나 화(火)는 없고 금(金)만 있으며, 중간 과정(목생화; 木生火)을 거치지 않고 실적 위주의 결과만을 챙기려 한다. 성격은 급하게 나타나며 어린 나이에도 리더가 되려는 성급한 성품으로 나타난다.

수(水)가 있으면, 한번 세운 계획은 오랫동안 준비하면서 내면을 단단하게 다진다. 그러나 수(水)가 지나치면, 무엇부터 해야 할지 갈등하게 되고 정신적인 고민과 집착만 깊어질 수 있다.

토(土)가 있으면 상황이나 때에 맞춰서 적절한 처신을 한다. 반면에 토(土)가 지나치게 많아서 두터워지면, 새로운 일에 대한 적응력이 떨어지고 늘 반복되는 기능적인 일에서 벗어나지 못한다.

목(木)이 있으면 직업에 필요한 자격증을 취득한다. 이때도 목(木)이 많아지면, 한 가지 일에 집중하지 않고 다양한 일에 관심을 두게 되어 전문성이 부족할 수 있다.

| 巳(-火) | 동물 : 뱀<br>절기 : 5월 (양력 5월 6일경 ~ 6월 6일)<br>시간 : 오전 9시 30분 ~ 오전 11시 30분 |
|---|---|

사(巳)월은 온 세상에 양기가 가득한 6양(陽)의 계절로 음기의 기운이 약해지면서 모든 만물이 자기 모습을 드러내는 시기이다. 양기(陽氣)가 최고조로 오르면서 날씨는 맑고 화창할 때다.

자연은 1년 중 가장 화려한 모습을 보인다.

사(巳)월은 다리가 없는 뱀이 강한 양(陽) 기운으로 움직이는 글자 모양으로 표현하였다. 왕성하게 만물이 성장하는 시기여서, 화사하게 꽃이 피어 있고 야외활동을 활발하게 하기에 알맞은 계절이다. 이곳저곳 야유회와 운동회가 열리고 바쁘게 활동한다. 12달 중 동식물들이 살아가기에 가장 좋은 환경을 갖춘 계절이다.

**사람의 모습으로는,** 입시의 중압감에서 벗어나 자유로움을 만끽하는 시절과도 같다. 자립심이 생기면서 자신 있게 활동하고 폭넓은 대인관계를 갖게 된다. 사교성이 좋으며, 오락 및 취미활동을 즐기는 등 낭만이 가득하고 행복한 시기이다. 나이 들어서 지난 시절을 되돌아볼 때, 꼭 다시 한번 돌아가고 싶은 추억어린 청춘 시절과도 같다.

**사주의 구성에 있어서,** 사(巳)월은 날씨가 점점 더워지기 시작할 때여서 수(水) 기운이 꼭 필요한 때이다. 수(水)가 있으면 목(木)이 자기 모습을 잘 유지하듯 인성과 지적 능력을 갖추고 싶어 한다.

수(水)가 부족하거나 화(火)가 많으면, 목(木)이 마르게 되고 꽃이 일찍 시들게 되는 것과 같다. 결과를 예상하지 못하고 내 마음처럼 생각해 실수하는 일도 많아지며 뒤늦은 후회도 따르게 된다. 젊어서는 화려함과 반짝이는 빛과 같아서 이성에게도 쉽게 어필하고 주변에서 인기도 끌지만 오래가지 못한다. 화려한 겉모습과는 다르게 속이 허약하고 지나치게 허세를 부리기도 한다.

토(土)가 많아서 두터워지면, 화(火)기가 밖으로 분출되지 않는 것과 같아서 경쟁에도 나서지 않고 행동하지도 않아서 늘 변하지 않는 답답한 삶을 살아갈 수 있다.

수(水)기가 부족하면, 중년 이후에는 얼굴이 메마르고 노화가 빨리 오기도 한다. 토(土)와 수(水)가 적절히 있으면, 화기(火氣)를 잘 조절하여 기다리고 나갈 때를 신중하게 판단하며 실수하지 않는다.

금(金)이 있어야 때에 맞춰 변화하며, 금(金)이 없으면 나이가 들어도 시대가 요구하는 변화에 적응하지 못한다. 목(木)이 봄·여름 자연의 상징이라면 금(金)은 가을의 상징과 같다. 여름인 사(巳)월의 목(木)은 금(金)이 있어야 다음 계절인 가을로 가는 변화를 준비하는 것과 같기 때문이다. 사(巳)월에 경금(庚金)이 있으면, 남들보다 한발 앞서가는 지혜와 준비 능력을 갖추는 것과 같다.

| 午(+火) | 동물 : 말<br>절기 : 6월 (양력 6월 6일경 ~ 7월 7일)<br>시간 : 오전 11시 30분 ~ 오후 1시 30분 |
|---|---|

오(午)월은 끝없이 확장하는 뜨거운 화(火)의 기운이다. 1년 중 낮이 가장 길며 지구 위의 태양이 끝점까지 올라가 있을 때이다. 땅속에서는 가을로 가기 위해 양기(陽氣)를 조절하는 차가운 1음(陰)의 운동이 시작된다.

이때 땅 위의 날씨에서는 음(陰)의 기운을 전혀 느끼지 못한다. 맹렬한 화(火)의 뜨거운 기운만 느낄 때이다. 나무(木)는 이 시기부터 몸집을 키우는 성장을 멈추고 잎이 하나둘 지면서 열매가 본격적으로 숙성되기 시작한다. 나무가 더이상 물기(水)를 받아들이지 않아 공기 중에 있는 습기가 떠도는 고온다습한 계절이다. 겉은 양(陽)의 기운으로 화기(火氣)가 뜨거우나 땅속에서는 음(陰)의 기운이 겨울로 가기 위한 준비를 시작하는 계절이다. 음과 양이 부딪치며 교차하는 시기이며, 이때부터 지하수 물이 차가워진다.

**사람의 모습으로는,** 활발한 사회생활을 하는 청년기와도 같은 시기이다. 사회에 첫발을 내딛는 청년의 기상과도 같은 열정적인 뜨거운 기운이다. 오(午)월생은 말처럼 빠르고, 화려하며 성격이 불처럼 급하고 정열적이다. 열심히 일하며 여행을 즐기고 대인관계에서도 모임의 중심이 되고 리더의 자질을 보인다. 화기(火氣)가 강한 시기이므로 급하게 타오르는 정열이 있지만, 쉽게 식어버리기도 한다. 레저, 스포츠, 연예, 문화계에서 많은 활동을 한다.

**사주의 구성에 있어서,** 수(水)가 없이 화(火)가 지나치면, 휴식을 하지 않고 맹렬히 타오르는 불꽃 같은 기운이 지나쳐서 성장시킨 목(木)을 태워버리는 것과 같다. 그동안 쏟아부은 노력이 모두 허사가 되고, 시작은 장대했으나 결과가 부실해지는 일이다. 남들보다 빨리 성장하고 일찍 기회를 얻었지만 실력을 미처 갖추지 못해 경쟁에서 밀리고 예상하지 못한 일들을 경험하게 된다.

오(午)월생이 목(木)·화(火)가 있으면 열심히 일하는데, 수(水)가 없으면 휴식하는 여유로움이 없다. 토(土)가 적당하면, 강한 화(火)의 기운을 잘 흡수해서 시원한 그늘막이 되듯이 편안한 안정을 준다.

금(金)이 있으면, 금생수(金生水) 해서 물이 마르지 않게 잘 유지하게 되니, 사려가 깊으며 미래를 계획적으로 준비하여 자격을 갖춘다. 금(金)이 없으면 가을을 대비하는 준비가 소홀한 것과 같다. 구태의연하게 현실에 맞지 않는 생각에 머물러 과거에만 집착하고 새로운 변화를 시도하지 않는다.

수(水)가 있으면, 급한 상황에서도 서두르지 않으면서 차분하게 대응하는 책략가와 같다. 수(水) 기운이 부족하면, 다급한 마음이 생기고 판단 착오를 할 수 있어 여러 가지 문제가 발생한다. 무모하게 도전하고 인내심이 부족해 쉽게 포기할 수 있다. 반면에 뜨거운 계절에 금(金)·수(水)가 지나치게 많으면 몸이 게으르고 일을 기피하며 쉽게 사는 방법만 찾게 된다.

| 未(-土) | 동물 : 양<br>절기 : 7월 (양력 7월 7일경 ~ 8월 7일)<br>시간 : 오후 1시 30분 ~ 오후 3시 30분 |
|---|---|

미(未)월은 2음(陰)의 음기(陰氣)가 하늘의 열기를 땅속으로 내리기 시작하고, 화(火)의 기운을 흡수한 복사열로 땅이 뜨겁게 데워지는 시기이다. 뜨거운 열기로 과실이 단단하게 익기 시작한다.

이때부터 자연은, 아직 맛은 덜 들었지만 첫 생산물인 열매(풋과일)를 방출하기 시작한다. 미(未)월은 복사열로 인한 습기가 공중에 퍼져서 끈적끈적하게 사람 몸에 달라붙어 짜증스러움을 유발하는 때이기도 하다.

**사람의 모습으로는,** 가정과 사회에서 자기 자리를 잡아가는 시기이다. 사회에서 경험을 쌓으며 업무를 익히는 시기와도 같다. 자기 일에 보람과 성취감을 느낀다. 미(未)월생은 인정 많고 다정다감하지만, 열습(熱濕)하여 불쾌 지수가 발생하는 계절이어서 짜증이 많고 신경질도 많이 낸다.

**사주의 구성에 있어서,** 금(金)은 없는데 목(木)이 많으면, 나무에 과실이 너무 많이 열린 것과 같아서 이것저것 늘어놓고 정리하지 못함과 같으니 일의 두서가 없다. 한 가지에 집중하지 못하고 의욕이 넘쳐 이것저것 손대지만 끝을 맺지 못한다. 금(金)이 적당하게 있으면, 적정선에서 상황을 정리하고 원하는 결과를 만들어낼 수 있다.

수(水)가 있어야 땅을 메마르지 않게 적셔서 과실을 풍요롭게 하듯이 결과물을 좋게 할 수 있다. 반면에 수(水)가 많아지면, 비가 많이 내려 과실이 낙과하는 것과 같이 계획대로 일이 진행되지 않고 중단되는 현상이 자주 발생할 수 있다.

화(火)가 있으면 과실이 잘 익는 것과 같이 부가가치가 높아지며 경제적 이득도 많아진다.

토(土)가 있으면, 과거를 정리하고 필요한 건 담아서 미래를 위해 활용하는 시대적 안목을 갖추게 된다. 토(土)가 많아서 땅이 두터워지면, 세상의 변화나 주변 상황에 관심이 없고, 자기 일에만 골몰해서 홀로 생활하는 외톨이가 될 수 있다.

| 申(+金) | 동물 : 원숭이<br>절기 : 8월 (양력 8월 7일경 ~ 9월 8일)<br>시간 : 오후 3시 30분 ~ 오후 5시 30분 |
|---|---|

신(申)월은 가을에 들어서는 계절이며 서늘한 3음(陰)이 시작된다. 공기가 메마르며, 들판에는 곡식이 무르익어 갈 때이다.

음(陰)의 기운이 커지면서 양(陽)의 기운을 누르는 시기로, 음(陰)의 기운이 본격적으로 활동하기 시작한다. 봄·여름에 활동한 화(火) 기운이 마무리되는 시기이다. 신(申)월에는 양(陽)의 기운으로 성장했던 모든 생물이 안으로 움츠러들고 점점 쇠퇴해지기 시작한다. 곡식의 겉이 단단하게 익어가고 딱딱한 모습으로 변화한다. 꽃이 지고 감성이 풍부했던 봄·여름을 지나, 먹고 사는 데 필요한 열매를 거두기 시작하는 때다. 이 시기를 숙살지기(肅殺之氣)라고 하는데, 감정에 치우치지 말고 냉정하게 판단하고 살아가야 하는 시기라는 의미이다.

**사람의 모습으로는,** 가정의 중심이 되면서 사회생활에도 익숙해지고 자기 일에 자신감을 갖기 시작하는 시기이다. 조직에서는 중추적인 역할이 주어지는 때이기도 하다. 신(申)월생은 성장을 끝낸 만물이 고정화되고 겉보다 속이 단단해지는 시기로 자기 주체성을 확실하게 드러낸다. 승부욕과 소유욕 때문에 경쟁심이 강하고, 치열하게 활동하면서 사회와 가정에서도 자신의 역할을 소홀히 하지 않는다. 인내하고 연구하는 성향으로 기술 분야나 수리 분야에 적성이 있다. 남녀 모두 사회에 참여하며, 들판에서 고개를 숙이고 일하는 농부들처럼 평생 해야 할 일이 많다.

**사주의 구성에 있어서,** 신(申)월생이 목(木)이 있으면, 성장이 끝난 목(木)을 용도에 맞게 자르고 잘 솎아낸다(벽갑인정: 劈甲引丁). 세밀하면서도 우수한 두뇌의 소유자가 많다. 정확한 판단력이 필요한 연구와 조사업무에서 뛰어난 능력을 발휘한다. 단계마다 업그레이드하기 위한 노력이기도 하다.

운에서 甲木이 오면 능력을 발휘하며 사회적으로나 개인적으로 할 일이 많아지게 된다. 또한, 丁火까지 있으면 목생화(木生火)하여 자격증을 취득하고 나이가 들어도 직위를 보장받는다. 목(木)이 없으면 노력에 반해 성과가 크지 않다. 화(火)가 있으면, 적당히 열매를 잘 익혀서 품질 좋은 상품을 생산하는 것과 같다. 화(火)가 많아지면 시대가 요구하는 환경에 맞추지 않고 자신의 개성과 특기만 개발하려 한다.

금(金)이 많으면 재주가 많지만 일이 많고, 감정에 치우치기보다는 딱딱하고 부드러움이 없으며, 이성적인 측면이 강하게 나타난다.

수(水)가 있으면, 상품을 세상에 유통시키는 역할을 한다. 다만 수(水)가 많아지면, 과실이 물에 젖어 상품 가치가 낮아지는 것처럼, 노력에 비해 대가가 적게 주어진다.

토(土)가 있으면 자신의 위치에 알맞은 자격을 갖추며, 목표가 이루어질 때까지 성실하게 노력한다.

| 酉(-金) | 동물 : 닭<br>절기 : 9월 (양력 9월 8일경 ~ 10월 8일)<br>시간 : 오후 5시 30분 ~ 오후 7시 30분 |
|---|---|

유(酉)월은 음(陰)의 기운이 더욱 왕성해지는 4음(陰)의 서늘해지는 계절이다. 음기가 강해서 양(陽)의 기운을 누르므로 양(陽)의 활동을 무력화시키는 시기면서, 수(水)의 기운이 땅속으로 내려오는 시기이다.

습기가 땅속으로 내려가니 땅 위는 메마르고 건조한 기운이 되어 얼굴엔 주름살이 생기고 살결도 거칠어진다.

성장을 끝낸 목(木)의 결실들이 씨앗이 되어 땅에 떨어지는 계절이기도 하다. 유(酉)월은 신(申)월보다도 금(金)의 기운이 더욱 왕성해져서 목(木)의 열매를 단단하게 여물게 한다. 오곡백과를 거두어들이는 풍요로운 계절의 모습이다.

**사람의 모습으로는,** 조직의 지도자가 되어 결재권을 행사하는 시기와도 같다. 사회적으로는 명예를 얻게 되며, 자신의 조직에서는 책임과 권한이 주어지는 시기이다. 유(酉)월생은 금

(金)의 단단하면서도 깐깐함으로 독자적인 성향이 있다. 분리하고 단절하여 타협하지 않고 독선적인 특성을 나타내기도 한다. 이성적이면서 자기관리에 철저하고 계산이 정확한 실리 추구형이다.

**사주의 구성에 있어서,** 유(酉)월생이 목(木)이 있으면, 봄과 여름을 거치며 잘 익은 과실을 추수하여 결과를 얻는 것과 같으니 노력하는 만큼 대가가 주어진다. 잔가지를 치듯 세밀하게 일 처리를 잘하며 사리 분별이 명확하다. 다만, 속정이 깊지 않고 인정에 얽매이지 않는다.

목(木)이 많아지면, 노력에 비해 욕심을 부리며 나태한 면이 있다. 목(木)이 없으면, 일은 많은데 결과는 크지 않아 재물에 대해 아쉬움이 따르게 된다.

화(火)가 적당하면, 과실이 잘 익는 것과 같아서 실력이 출중하다. 화(火)가 지나치면, 엉뚱한 곳에 관심을 가지고 뭘 하든 제대로 완성하지 못한다. 또 현실에도 적응하지 못하며 자신이 좋아하는 일에만 매달릴 수 있다.

토(土)가 있으면, 땅에 떨어진 씨앗을 받아들이고 품어서 겨울을 대비하는 것과 같다.

수(水)가 있으면, 酉金이 금생수(金生水)하는 겨울로 가는 길목인 노후를 준비하는 것과 같아서 미래를 잘 준비한다. 수(水)가 없으면 미래보다는 현실에 집중하므로 노후 준비가 소홀할 수 있다.

대체로 유(酉)월생은 감정 낭비를 하지 않으며 타인의 일에 잘 관여하지 않는 건조함이 있다. 실리를 추구하며 비즈니스 우선으로 냉철하고 획일화된 성향으로 대인관계의 유연성이 부족하며 지나치게 간격 조절을 한다.

| 戌(+土) | 동물 : 개<br>절기 : 10월 (양력 10월 8일경 ~ 11월 7일)<br>시간 : 오후 7시 30분 ~ 오후 9시 30분 |
|---|---|

술(戌)월은 음(陰)의 기운이 더욱 극대화되고 양(陽)의 기운은 땅속으로 스며들어 활동을 멈추기 시작하는 때다. 5음(陰)의 한기(寒氣)로부터 양기(陽氣)를 보호하고, 봄을 위한 씨앗을 보관하는 시기이다.

가을을 정리하는 서늘한 기운이 가득하며 메마르고 건조하다. 습기 없는 땅의 상태는 거두어들인 씨앗을 보관하기 좋은 건조한 상태가 된다. 이 시기가 되면 모든 동식물이 겨울을 대비한 동면을 준비한다.

**사람의 모습으로는**, 최고의 자리에서 권한을 누리며 조직과 가정을 운영해가는 시기이다. 인생의 정점에 오른 성공한 사회인의 모습과도 같다. 술(戌)월생은 화기(火氣)를 보호하기 위해 움직이지 않고 보관하는 토(土)의 습성처럼 부동산이나 재물을 많이 보유하려고 한다. 깊은 토(土)의 특성처럼 자신을 드러내지 않으려고 한다. 내면의 가치를 추구하고 분별력이 뛰어나서 불필요한 것은 과감히 버리고 필요한 것을 보관하는, 마치 겨울을 대비하여 문을 닫는 모습과도 같다. 자기 마음속을 보여주지 않으며, 계산적이어서 공과 사를 잘 구분한다. 이득이 되지 않는 일에는 관여하지 않으려고 한다.

**사주의 구성에 있어서,** 술(戌)월생이 토(土)가 지나치면, 겨울로 가는 물길을 막는 것과 같아서 대인관계가 원만하지 못하고 폐쇄적이기 쉽다.

수(水)가 많으면, 현실과 다른 이상세계를 추구하며 주변과 상관없이 자신이 하고 싶은 일을 하고 산다.

목(木)이 있으면, 새로운 일에 도전정신이 강하여 여러 가지 경험을 많이 하면서 산다.

수(水)가 없으면, 정체됨과 같이 변화가 없고 소통이 되지 않아 주변과의 관계가 원활하지 않다.

금(金)이 있으면, 실리적이고 감정에 치우치지 않는 단호함이 있으며, 사무적이고 철저하게 공과 사를 구별한다.

대체로 술(戌)월생은 안정적인 삶을 원하며, 새로운 투자를 할 때도 대단히 신중하니 재산을 잘 관리하며 재물을 축적해 가지만 인색한 면도 있다.

| 亥(-水) | 동물 : 돼지 |
| | 절기 : 11월 (양력 11월 7일경 ~ 12월 6일) |
| | 시간 : 오후 9시 30분 ~ 오후 11시 30분 |

해(亥)월은, 음(陰)의 기운이 극대화된 6음(陰)의 기운이다. 밖은 온통 음기(陰氣)가 가득하고 양기(陽氣)는 더욱 움츠러드는 시기이다.

더이상 활동하지 못하고 안으로 스며들며 본격적으로 추워지기 시작하는 시기이다. 해(亥)는 바닷물이나 호수처럼 흐르는 차가운 물을 의미하기도 하며, 술(戌)월에 저장한 씨앗이 형체를 갖추면서 점점 단단하게 보관되는 시기이기도 하다. 해(亥)월은 봄에 싹이 트고 여름에 꽃이 피고 가을에 무르익은 열매가 또다시 땅에 떨어져 씨앗이 된 종자 씨를 보관하는 계절이다. 해(亥)월에 날씨가 따뜻하면 봄에 키울 종자 씨가 미리 싹을 내기 때문에 결과가 부족해진다.

**사람의 모습으로는,** 그동안의 풍부한 경험과 축적된 지식을 후배들에게 물려주고 은퇴를 하는 시기와 같다. 해(亥)월생 중에는 은퇴 후에도 자신의 경험을 살려 경영 일선에서 진두지휘하는 CEO가 많으며, 무역이나 통상 등 자영업자나 사업가가 많다.

**사주의 구성에 있어서,** 수(水)가 많으면, 대인관계가 원활하며 늘 바쁜 일이 많고, 이동할 일이 많아진다.

목(木)이 있으면, 의식주의 풍요로움이 있고, 성품도 원만하며 대인관계도 잘 풀어나간다. 목(木)이 많아지면 노력 없이 결과만 기다리며, 자기 대신 가족이 일을 많이 하게 될 수 있다.

금(金)이 있으면, 탁월한 기술력을 통해 자신의 능력을 발휘하는 사회적 배경을 갖춘다. 금(金)이 많아지면, 한 가지 일에 몰두하지 않고 특별하게 뛰어나지 않은 여러 가지 일을 하게 된다. 금(金)이 없으면, 뛰어난 자질을 개발하지 않고 평범하며 쉬운 일만 하려고 해서 성과가 크게 나지 않는다.

토(土)가 있으면, 안정된 환경을 유지하며 정착하고 편안한 삶을 살아간다. 토(土)가 많아지면, 활동을 잘 하지 않고 폐쇄적인 성향이 강해져 인간관계 교류가 잘되지 않는다.

제6장

# 한난조습과
# 조후

# 1. 한난조습(寒暖燥濕)

계절의 변화로 온도와 습도, 건조함을 발생시키는 기운을 한난조습이라고 한다. 한난조습의 영향으로 만물은 끝없이 생장성멸(生長成滅)을 반복하게 된다. 자연의 일부인 사람 역시 타고난 계절의 영향을 받게 된다. 명리학에서는 한난조습을 사람의 사주에 적용해 정신적인 삶의 만족도와 마음의 심리상태를 알아보는 중요한 요소로 다루고 있다.

**봄(습; 濕) : 습기 - 만물을 탄생시키는 기운**
　인(寅)월 : 아직은 한기가 남아 있으나, 땅속은 얼음이 녹으면서 습해지기 시작(단, 땅 위는 건조)
　묘(卯)월 : 따스해지는 날씨에 땅 위에서도 눈과 얼음이 녹는다. 겉은 건조하지만 땅속은 본격적으로 습해지기 시작
　진(辰)월 : 땅속과 하늘의 공기를 포함해 모든 기운이 습함

**여름(난; 暖) : 난습 - 만물을 성장시키는 기운**
　사(巳)월 : 따뜻해진 날씨로 땅에 남아 있던 습기가 수증기로 오름
　오(午)월 : 하늘과 땅이 뜨거운 열기로 가득해짐

미(未)월 : 맹렬한 열기가 땅을 뜨겁게 달구고 습한(熱濕) 공기
　　　가 불쾌 지수를 유발

**가을(조; 燥) : 건조 - 만물의 결실을 거두는 기운**

신(申)월 : 아직 열기가 남아 있는 땅 위에 아침저녁으로 바람
　　　이 불기 시작

유(酉)월 : 땅의 열기가 서서히 식으며, 바람도 건조하고 서늘
　　　해짐

술(戌)월 : 서늘한 바람이 점점 차가워지며, 땅은 메마르고 건
　　　조해짐

**겨울(한; 寒) : 냉기 - 만물을 저장하고 응축시키는 기운**

해(亥)월 : 찬 바람이 불며, 건조한 땅에 살얼음이 얼기 시작

자(子)월 : 차가운 강풍이 불고 땅속은 얼기 시작하며, 본격적
　　　으로 추워지기 시작

축(丑)월 : 온 세상이 얼음으로 뒤덮인 맹렬한 추위 속에서 봄
　　　으로 넘어가는 시기

# 2. 조후(調候)

조후(調候)는 사주가 한난조습(寒暖燥濕)의 균형(中和)을 이룬 상태를 말한다. 즉 사주의 구조가 추운 겨울생일 때는 따뜻한 화(火)기로 보온해 주고, 더운 여름생일 때는 시원한 수(水)기가 있어서 열기를 낮춰주는 것을 조후(調候)가 알맞다고(中和) 표현을 한다. 사주의 조후가 중화되어 있으면 합리적 사고와 정신적 만족감이 높으며 행복 지수도 높다.

### ♣ 겨울(亥子丑월)의 조후

사주의 구조가 한랭하고 찬 바람이 불며 혹독한 환경인 겨울생은 따뜻한 화(火)의 조후가 필요하다. 추운 겨울생에게는 심리적으로 따스함을 주는 사람들과 교류하면서 온기를 주고받으며 안정감을 느끼고 싶은 마음이 잠재되어 있다.

화(火)의 조후가 없으면, 사람들이 자신에게 무관심하고 도움을 주지 않는다는 심리상태가 되어 기댈 의지처가 없다고 생각한다. 부자가 되어도 만족하지 못하며, 높이 올라가도 행복 지수가 낮고 허전함을 느낀다. 대인관계는 넓거나 깊지 않으며, 익숙한 사람하고만 교류하는 제한적이고 소극적인 사회적 성향을 갖게 된다. 타인의 감정을 이해하려 하지 않고, 마음을 열지 않아 스스로 외로움을 자초하며 우울증으로 인해 고립되기도 한다.

반면에 추워야 하는 겨울에 금·수(金·水)가 없이 화(火) 기운이 지나치게 많으면, 추운 겨울에 난방시설이 잘 갖춰진 방안에서 방한복을 입고 두꺼운 이불을 덮고 있는 형상과 같다. 자신에게 주어진 의무를 외면하고 나태하고 느긋한 생활 태도를 보이며, 힘들게 노력하며 살아가는 사람을 이해하지 못한다. 왕자병, 공주병에 걸린 사람으로 비치기도 한다.

- 丙火 : 남들보다 한발 앞서서 계획하는 정신적인 의지력으로 작용한다. 주변의 많은 도움과 혜택이 주어진다.
- 巳火 : 주변과 원만하며, 직장과 가정생활 역시 평온하게 유지한다.
- 丁火 : 주변의 도움을 기대하지 않고 스스로 노력하는 정신적인 의지력이 있다.
- 午火 : 겨울의 따스함이 아닌 뜨거운 기운이므로, 열의는 가득하나 실천이 따르지 못할 수 있다. 목(木)이 있으면 노력하며 뜻을 이룬다.
- 甲木 : 丙火·丁火를 유지시키는 기운이며, 사회적인 인맥의 도움이 많다.
- 寅木 : 화(火)를 유지시키며, 생활하는 데 필요한 도움을 주는 개인적이고 가정적인 지인들의 영향이 크다.
- 戊土 : 차가운 바람과 냉기를 막아내는 의지력이며 방풍(防風)과도 같다. 자제와 인내력으로 때를 기다리는 정신적 의지력이 강하다.

## ❖ 봄(寅卯辰월)의 조후

봄은 겨울이나 여름과 같이 조후의 영향이 크게 작용하지는 않는다.

인(寅)월생은 丙火가 있으면 추위에서 벗어나서 따스한 봄으로 가듯이, 지위 상승의 의지를 세우게 된다. 화(火)가 없으면, 봄이 왔는데도 마음은 아직도 겨울에 머물고 있는 것과 같다. 과거에서 벗어나지 못해 현실에서도 만족하지 못하고 미래에 대한 자신감도 없게 된다. 하고 싶은 일은 많아서 계획은 잘 세우나, 실천까지는 두려움에 용기를 내지 못하게 된다.

묘(卯)월에도 아직은 한습한 기운이 남아 있어서 화(火)가 있어야 자신의 능력을 펼칠 수 있는 도전정신으로 발현된다.

진(辰)월은 땅의 습기가 가득해지며 아지랑이로 피어오른다. 땅 위는 점점 따스해지며 여름을 준비하기 시작하는 계절이다. 丙火가 있으면 습기가 아지랑이로 피어오르며, 만물이 무성하게 번창하고 자연이 풍요로워진다. 이때 과습의 기운(辰土, 子水, 丑土, 癸水)이 많아지면, 음습해지면서 집착이 심해지고 짜증과 침울한 증세가 자주 나타난다. 이런 사주에 庚金이 있으면 오히려 사람들과 경쾌한 대인관계를 맺어간다.

봄의 습기는 사람들과 협력하며 다 함께 어울리는 다정함으로 발현된다. 그러나 과습해지면, 스스로 독립하지 못하고 상대에게 기대거나 집착하며 만족을 못 하게 된다. 또한 습기를 말려서 메마르게 되면(火·金이 많은 경우), 사회 적응력이 부족해지며 도전도 해보지 않고 쉽게 포기하게 된다.

- **丙火** : 봄에 만물을 성장시키는 丙火가 있으면, 제도권 사회에 진입하게 된다. 지위 상승의 기회가 주어지고 활발한 사회활동의 발판이 되며, 밝고 낙천적인 성품으로 나타난다.
- **巳火** : 가정이나 개인적인 관계가 원만하며, 주변의 도움이 많아 편안하게 살게 된다.
- **庚金** : 습기를 잘 건조시켜 상대와의 간격 조절을 하며 친화력을 갖게 된다. 의젓하며, 어른스러움이 있다.
- **甲木** : 습기를 밖으로 내뿜지 않고 받아들여 자기 자신을 조절하는 성품으로 나타난다.

## ❖ 여름(巳午未월)의 조후

대지가 점차 뜨거워지고, 만개한 꽃잎이 지면서 습기가 끈끈하게 달라붙는 여름생에게는 금(金)·수(水)의 조후가 필요하다.

여름은 사(巳)월이 되면, 난습이 섞이면서 만물이 성장하는 데 최적의 상태가 된다.

오(午)월이 되면, 목(木)·화(火)의 기운이 왕성해지면서 수(水) 기운이 모자랄 수 있다.

미(未)월은 열매가 단단해져야 하는 시기인데, 열기가 지나치게 뜨거우면 습기까지 발생하여 열매에 끈끈하게 달라붙는다. 열매 또한 단단하게 여물지 못하여 무르고 푸석하게 된다. 번식하는 시기에 성장의 방해가 된다. 합리적이지 않고 편향적이며, 생각을 깊게 하지 못하고 충동적이다.

반면에 화(火)·목(木) 없이 금(金)·수(水)의 기운이 많아지면, 여름에 냉해를 입은 농작물과 같은 현상이 발생하게 된다. 열정이 없고 큰 뜻을 품지 않으며, 편한 현실에 안주하려고 한다. 특별하게 무언가를 하고 싶은 마음도 일어나지 않아 큰 발전을 이룰 수 없다.

> • **壬水** : 뜨거운 열기를 이성적으로 다스리며, 전략적이고 현명한 판단력을 갖춘다. 추운 겨울까지도 미리 준비하면서 앞을 내다보는 선구안이 있다. 조직의 중심축으로서 사회적 혜택이 주어진다.
> • **庚金·申金** : 수(水) 기운을 도와서 뜨거운 열기를 내리는 작용을 한다. 그동안 열매를 키워서 가을을 준비하듯, 유리한 조건을 선점하기 위해 노력을 게을리하지 않는다. 남들보다 특별함이 있으며, 물질적 혜택이 많아진다.

### 🔅 가을(申酉戌월)의 조후

모든 만물이 성장을 멈추고 곡식이 익어가는 풍요로운 환경인 가을은, 다른 계절에 비해서 날씨가 선선하므로 조후의 중요도가 높지 않다.

신(申)월부터는 모든 습기가 땅속으로 내려가기 시작한다. 대기는 조(燥)해지지만, 아직은 뜨거운 열기와 습기가 남아 있다. 감성적이고 대인관계의 스킨십을 중요하게 생각한다.

유(酉)월부터는 땅 위가 조(燥)해지며 습기가 머물지 않게 된다. 수(水)기가 없이 화(火)기만 있으면, 습기를 담지 못하는 삭막한 酉金은 가루처럼 부서지게 된다. 인간관계에 이별이 따르며 타인을 이해하지 않게 된다. 모든 노력이 허망하게 되며 부실함이 드러나게 된다. 수(水)가 있으면 다시 응결시켜 복구시킨다. 자신의 의지를 세워 포기하지 않고 결과를 이루어낸다.

술(戌)월은 하늘과 땅속 모두 건조해진다. 사주의 구조가 가을이면서 메마른 사주의 일간은 독자적이며 간격 조절을 지나치게 한다. 친화력이 없고 유연함이 부족하며, 원리원칙만 내세워 따르는 사람이 많지 않게 된다.

- 甲木·寅木 : 건조한 가을에 甲木·寅木이 있으면, 적절한 습기를 유지하게 되며 곡식이 단단하고 알차게 여문다. 노력만큼의 결실을 거두게 된다. 재물적 가치도 높아진다. 목(木)이 없으면, 결실이 크지 않고 쭉정이를 거두는 것과 같다. 이익이 발생하지 않고 결과가 낮게 나타난다. 반면에 목(木)이 많으면, 노획을 하는 것과 같아서, 쉬면서 거둬들일 수확물만 계산하는 것과 같다.

- 壬水 : 겨울을 대비하는 정신력이며, 쉬지 않고 자기 일을 한다. 겨울을 대비하여 그동안 열심히 일하고 거두어들인 씨앗을 저장하고 노후를 준비하는 정신력과 같다.

이와 같이 조후의 역할 중에 봄과 가을은 혹독한 날씨의 영향이 심하지 않고, 동식물이 살아가기에 알맞은 온도, 습기가 유지된다. 따라서 사주의 구성이 봄과 가을에 태어난 경우 조후의 영향을 중요하게 취급하지는 않는다. 그러나 사주의 구성이 뜨거운 여름이나 추운 겨울에 태어났으면, 혹독한 자연현상으로 조후가 중요한 영향을 주게 된다.

추운 겨울에 태어났을 경우 사주내에 화(火)의 조후가 없으면, 타인에게 관심을 갖지 않는다. 자신의 일에만 집중하고 힘든 일이 있어도 좀처럼 불평하지 않는다. 반면에 사주에 화(火)가 3개 이상 있으면, 자신의 일에 집중하지 않고 타인의 일에 관심을 기울이고 힘든 일은 하지 않으려 한다.

뜨거운 여름에 태어났을 경우 사주내에 수(水)의 조후가 없으면 열정적이고 열심히 살아가지만 자신이 편하게 쉴 수 있는 환경이 되지 못함과 같다. 반면에 수(水)기가 3개 이상 되면 몸 쓰는 열정이 약하고 몸이 편한 생활방식을 취한다.

# 제7장

# 천간·지지
# 합(合)·충(沖)

# 1. 천간합

| 천간합(天干合) | | | | |
|---|---|---|---|---|
| 甲己 合 土 | 丙辛 合 水 | 戊癸 合 火 | 乙庚 合 金 | 丁壬 合 木 |

천간합(合)은 십천간 중에서 음양이 다르면서 서로 대칭(십천간의 6번째에 위치한 것)되어 있는 오행끼리의 합(合)을 의미한다. 천간(天干)은 천간(天干)끼리, 지지(地支)는 지지(地支)끼리만 합(合)을 한다.

합(合)은 서로 화합하여 세력을 이루게 되고 결속하여 강한 기를 형성하는 것을 의미한다. 합(合)은 대체로 상대와 협력을 통해서 좋은 관계를 유지하는 긍정적 의미로 해석을 하지만, 사주 구조에 따라 다르게 해석하기도 한다.

사주 내에 합(合)이 많으면 주변 사람들과 잘 어울릴 수 있으나, 갈등이 생기면 쉽게 끊어내지 못한다. 세운이나 대운에서 합(合)이 되면 계약이 이루어지기도 한다. 합(合)이 많으면 인정에 끌리게 되어 인간관계에 얽매이게 된다. 천간의 합은 어떤 일이든 혼자서는 진행하지 않으며, 상대와 협력과 도움을 주고받으면서 해결해 간다.

## 천간합(天干合)의 종류

| 일간 | 정재 | 합 | | 일간 | 정관 | 합 |
|------|------|------|---|------|------|------|
| 甲 | 己 | **土** | | 乙 | 庚 | **金** |
| 丙 | 辛 | **水** | | 丁 | 壬 | **木** |
| 戊 | 癸 | **火** | | 己 | 甲 | **土** |
| 庚 | 乙 | **金** | | 辛 | 丙 | **水** |
| 壬 | 丁 | **木** | | 癸 | 戊 | **火** |

양일간은 자신이 지배하면서 보호해줄 수 있는 상대(육친으로 는 정재)와 합을 하며, 음일간은 '나'를 보호해줄 대상(육친으로는 정관)과 합을 하며, 서로 협력 관계를 맺으려 한다.

천간에 합이 있으면 일간의 처세술이 뛰어나다. 원만한 대인 관계를 맺으며 타인과 협조적인 사회생활을 한다.

### ◈ 갑기합 (甲己合)

甲木의 위로 솟아오르려하는 기운과 윤택한 己土의 결합이다. 목(木)이 토(土)에 뿌리를 내리고 정착하여 결실을 보려고 하는 모습이다. 己土의 입장에서는 甲木을 받아들여 땅이 더욱 윤택 해진다. 거목으로 성장하려는 甲木의 높은 이상을 현실에 맞춰 서 조절하게 된다.

甲木이 己土와 합을 해서 갑기합토(甲己合土)로 오행이 바뀌는

것이 아니다. 서로의 목적을 위해 같은 방향을 지향한다는 의
미이다.

### ✤ 을경합 (乙庚合)

꽃을 화사하게 피우고 싶은, 철들지 않은 아이처럼 순수하고
나약해 보이는 乙木과 목(木)의 성장을 거두고 수렴하는 완고한
庚金의 합(合)이다. 乙木의 자유로움과 庚金의 완숙미 결합으로,
乙木은 庚金에 의해서 보호도 받지만 속박도 받을 수 있게 된다.
반면에 庚金은 겉은 단단해 보이나 속은 乙木처럼 유연하고 부
드러운 성향으로 변화한다.

   乙木이 庚金과 합해서 을경합금(乙庚合金)으로 오행이 바뀌는
것이 아니다. 서로의 목적을 위해 같은 방향을 지향한다는 의
미이다.

### ✤ 병신합 (丙辛合)

천지를 비추는 丙火(태양)와 예쁜 보석 같은 辛金의 결합이다. 온
세상을 밝히고 만물을 성장시키려는 큰 뜻을 품은 丙火가 예쁜
辛金과 합을 한다. 병신합은 丙火가 辛金의 유혹에 빠져 큰 뜻을
품지 않고 작은 일에 연연해하면서 내적이며 가정적인 성향이
된다. 병신합(丙辛合)은 겉으로는 밝고 위엄이 있으나, 속은 辛金
의 냉정함이 담겨 있는 것으로도 풀이한다. 반면에 辛金 입장에

서는 丙火와 합(合)하면 지혜로움이 있고 힘 있는 사람을 배경 삼아 자기 능력보다 큰 뜻을 품게 된다.

丙火가 辛金과 합을 해서 병신합수(丙辛合水)로 오행이 바뀌는 것이 아니다. 서로의 목적을 위해 같은 방향을 지향한다는 의미이다.

### ✤ 정임합 (丁壬合)

가장 뜨거운 열기를 가진 丁火의 기운과 가장 차가운 壬水의 결합이다. 서로가 상극하는 수화(水火)의 결합이나 상대적으로 서로에게 필요한 따뜻함과 시원함을 주고받는 다정한 합(合)의 모습이다. 정임합(丁壬合)은 넓은 호수 같은 壬水를 달빛 같은 丁火가 은은하게 비추는 모습이다. 다정다감하여 이성에게 관심을 받기도 한다.

丁火가 壬水와 합을 해서 정임합목(丁壬合木)으로 오행이 바뀌는 것이 아니다. 서로의 목적을 위해 같은 방향을 지향한다는 의미이다.

### ✤ 무계합 (戊癸合)

척박하고 메마른 땅인 戊土에 내리는 촉촉한 이슬비 같은 癸水의 결합이다. 척박한 땅에 습기가 스며들어 목(木)을 성장시켜 농작물을 생산하는 환경을 조성하는 것과 같다. 戊土의 입장에서는 癸水를 끌어들여 좋은 환경을 조성하지만, 癸水의 힘이 약하면 戊土에 의해서 수(水)가 증발되니 무력해질 수 있다.

戊土와 癸水가 합을 해서 무계합화(戊癸合火)로 오행이 바뀌는 것이 아니다. 서로의 목적을 위해 같은 방향을 지향한다는 의미이다.

## ◈ 천갑합의 예

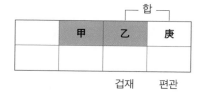

### 일간이 아닌 다른 오행끼리 합을 하는 경우

천간에 있는 乙木과 庚金이 乙庚合을 하였다. 이를 육신으로 하면(육신에 대해서는 제2부 3장 '육신의 성격과 특징'편 참조) 乙木은 일간 甲木(나)에게 겁재이고, 庚金은 편관에 해당한다. 따라서 이를 해석하면 일간에게 주는 편관의 고통과 불편함을 해결하기 위해 겁재인 乙木을 활용하는 셈이 된다. 예를 들어 남자의 경우, 해결하기 어려운 일이 발생하면 이를 자신이 해결하지 않고 부모에게 미루는 것과 같다.

### 합을 하기 위해 두 오행이 다투는 경우

일간(나) 乙木이 庚金과 합을 하고 있는데, 년간에 있는 乙木(비견)

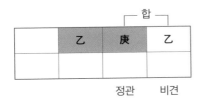

정관　비견

이 나의 정관과 또다른 합을 하고 있다. 이 경우, 일간은 자기 일을 타인과 나누려는 성향으로 나타난다. 예를 들어 치과의사가 해야 하는 스케일링을 치위생사에게 대신 하게 하는 경우가 이에 해당한다.

# 2. 지지 삼합(地支三合)

지지삼합(地支三合)이 되어 있으면 개인적인 인간관계보다는 실력을 우선하게 된다. 업무에 필요한 기술을 꾸준하게 개발하니 자신이 속한 분야에서 전문가가 되는 경우가 많다.

삼합은 오행으로는 왕지(旺地)를 중심으로 생지(生地)와 고지(庫地)가 만나서 같은 방향의 목적성을 가지고 세력을 이룬 합이다.

월지를 중심으로 삼합이 되면, 직업 활동에 필요한 전문능력을 꾸준하게 개발하고 발전시켜 나간다. 지속적인 연구개발과 성실함으로 자신의 직업 분야에서 전문가의 반열에 오르며, 평

생을 한 우물만 파는 올곧은 장인의 정신력을 갖추게 된다. 반면, 월지가 아닌 일지를 중심으로 삼합이 되면, 현재의 직업 활동보다 은퇴 후를 위해 제2의 능력을 만들거나 취미활동에 필요한 특기를 개발할 수 있다.

인오술(寅午戌) 3글자가 없이 인오(寅午), 오술(午戌), 인술(寅戌) 등 2글자만 있어도 삼합으로 인정한다. 신자진(申子辰) 3글자가 없이 신자(申子), 자진(子辰), 신진(申辰) 등 2글자만 있어도 삼합으로 인정한다. 사유축(巳酉丑)과 해묘미(亥卯未)도 같다. 단, 왕지(子午卯酉)가 빠진 삼합은 주도력이 약하게 나타난다.

# 3. 지지 삼합(三合)의 작용력

　월지는 직업의 출발점이 되는 중요한 사주의 중심축이 되기 때문에 삼합의 해석은 월지를 중심으로 해석한다.

　월지가 생지(寅申巳亥)면 현장에 투입되거나 거래처를 상대하며 외부활동을 통해 조직의 활성화에 이바지한다.

　월지가 고지(辰戌丑未)면 조직의 일꾼으로 실질적인 업무를 수행하며 안정된 조직망을 구축하는 역할을 담당한다.

　월지가 왕지(子午卯酉)면 조직을 규합하고 키우며 이끌어가는 통합의 역할을 한다.

## ❖ 인오술(寅午戌) - 화국(火局)

여름을 준비하는 과정과 같다. 뜨거운 열기로 위로 확산하고 퍼지려는 화(火)의 속성상 불꽃처럼 화려하며, 정열적으로 주어진 일을 처리해 나간다. 예능적 자질이나 미적, 예술 감각이 뛰어나다. 예체능 분야에서 꾸준하게 능력을 발휘할 수 있다.

## ❖ 신자진(申子辰) - 수국(水局)

겨울을 준비하는 과정과 같다. 물은 높은 곳에서 낮은 곳으로 흘러서 모인다. 작은 바늘구멍에도 스며들며 호숫물이 되기도 하고 강을 만나면 강을 따라 흐르니 차갑고 지혜로운 물처럼 지혜가 깊다. 깊고 심오한 연구 분야나 교육과 관련된 직업에 많이 종사한다.

## ❖ 사유축(巳酉丑) - 금국(金局)

가을을 준비하는 과정과 같다. 금(金)이 성장해서 단단한 열매로(金으로) 변해가는 과정이다. 실수를 좀처럼 하지 않으며, 결단력 있고 신속한 일 처리 능력을 보인다. 기획 및 분석력이 탁월하여 금융·증권 변동을 정확하게 판단하는 분야나 시스템을 구축하는 체계적인 일 처리 분야에서 전문가의 재능을 발휘한다.

## 🍀 해묘미(亥卯未) - 목국(木局)

봄을 준비하는 과정과 같다. 목(木)은 하늘을 향해 곧게 뻗어 올라가는 오행의 속성상 남에게 굽히지 않고 꺾이지 않는 고집과 자존심이 강하다. 성실하게 자신의 목표를 이루기 위해 꾸준히 직업적 능력을 개발해 나간다. 행정이나 문화 관련 분야에서 능력을 발휘한다.

# 4. 지지 방합(方合)

방합(方合)은 사사로운 개인적 친분을 중요시하며 고향, 친인척, 친목계 등 가까운 지인들과 모임을 갖는다. 취업이나 진급 때, 또는 사업을 할 경우 인맥을 활용하여 도움을 많이 받게 된다.

지지에 삼합이 있으면, 사회생활에 필요한 업무와 기술 능력을 지속해서 개발하고 연구하는 전문적 자격을 스스로 만들어 가는 노력을 한다. 반면에 방합이 있으면, 주변에 자신의 타고난 재능을 활용할 수 있는 인적, 조직적 배경이 잘 갖춰진 것과 같다.

　　월지를 중심으로 방합이 이뤄지면 능력을 인정해주는 주변의 도움이 많다. 삼합의 대인관계가 직업 위주라면, 방합은 취미활동이나 생각과 사상을 공유하는 개인적 관계를 선호한다. 삼합이 직업 위주의 삶을 살아간다면, 방합은 대인관계를 통한 지위 상승에 목적을 둔다. 개인적 친분을 중요시하는 조직에 몸담게 되며, 혈연·학연·인맥 등의 도움을 많이 받을 수 있다. 사주에 삼합과 방합이 모두 있다면 전문적 능력을 개발하고 실력도 발휘할 수 있는 인적, 사회적 배경 또한 뒷받침해 주는 것과 같다.

　　방합이나 삼합은 세 글자 중 두 글자만 있어도 성립된다. 단, 왕지(子午卯酉)가 빠진 삼합은 자신의 주도력이 약하다. 월지를 기준으로 합이 되어 있어야 직업이나 사회적인 관계에서 임무

를 수행한다. 월지가 빠지고 일지가 합을 이루면 직업보다는
재능을 개인적으로 사용한다. 삼합이나 방합 된 오행이 천간에
투간하면 자신의 직업에 대한 사회적 지도력을 갖추게 된다.
지지에만 합이 있고 천간에 투간되지 않으면 실무자로서 능력
을 발휘한다.

　동창회나 동호회를 개최할 때 월지가 생지월(寅申巳亥)이면
회원들에게 연락하고 활성화시키는 역할을 한다. 월지가 고지
월(辰戌丑未)이면 모임을 원활하게 준비하는 역할을 한다. 월지
가 왕지 월(子午卯酉)이면 이런 모든 과정을 지휘하고 자신을 중
심으로 모임을 결성하고 유지시키는 역할을 한다.

# 5. 지지 방합(方合)의 작용력

## 🔸 해자축(亥子丑) - 수국(水局)

| | 일간 | | |
|---|---|---|---|
| 丑 | | 子 | 亥 |
| 시지 | 일지 | 월지 | 년지 |

겨울의 기운이 잘 갖추어진
배경이다. 같은 계절과 같은
기운을 가진 오행끼리의 합
이며, 개인적이고 사사로운
모임을 중요시한다. 추운 기

운을 가진 왕지(旺地)인 子水를 중심으로 亥水와 丑土가 합세하여 더욱 냉기를 발산하는 수(水)의 기운으로 모여진 결합이다. 지혜롭고 생각이 깊으며 외적인 성장보다는 내적인 성장을 추구한다. 화(火)의 따뜻함이 있으면 큰 도움이 된다.

### ❀ 인묘진(寅卯辰) - 목국(木局)

봄의 기운이 잘 갖추어진 배경이다.

卯木을 중심으로 寅木과 辰土가 합세하여 목(木)의 기운을 극대화시켜서 외부적 성장을 꾀하는 결합이다. 부드럽지만 자신의 신념을 꺾지 않는 외유내강형이다. 금(金)의 기운이 있으면 노력에 대한 결과를 거두게 된다.

### ❀ 사오미(巳午未) - 화국(火局)

여름의 기운이 잘 갖추어진 배경이다.

뜨거운 왕지(旺地)인 午火를 중심으로 巳火와 未土가 합세하여 더욱 뜨거운 열기를 내뿜으니 화(火)가 최고조에 이른 기운을 형성하였다. 끊임없이 일을 벌이고 추진해서 확장하려 하며, 경쟁력을 키우고 매사에 적극적이다. 지나치게 화기(火氣)가 강하면 목(木)을 태워버릴 수 있으니 수(水)에 의한 조절이 필요하다.

### ❈ 신유술(申酉戌) - 금국(金局)

| | 일간 | | |
|---|---|---|---|
| 申 | | 酉 | 戌 |
| 시지 | 일지 | 월지 | 년지 |

가을의 기운이 모두 갖춰진 금(金)이 왕한 배경이다.

왕지(旺地)인 酉金을 중심으로 申金과 戌土가 합세하여 더욱 단단해진 금(金)의 집합으로, 거두어들이고 결실을 보려는 실용성을 중요시하는 결합이다. 불필요함을 과감히 제거하여 사무적이고 냉정한 모습으로 비친다. 금(金)의 완고함을 화(火)의 기운으로 제련하면 능력을 잘 발휘할 수 있다.

# 6. 천간충(天干沖)

충(沖)은 오행끼리 서로 마주 보며 부딪치고, 서로 충돌하고 이동, 분리 등의 변화가 일어나는 것을 말한다. 상황에 따라서는 피해 작용이 일어나기도 해서 흉한 작용으로 해석을 많이

| 천간충(天干沖) | |
|---|---|
| 갑경 충(甲庚 沖) | 갑무 충(甲戊 沖) |
| 을신 충(乙辛 沖) | 을기 충(乙己 沖) |
| 병임 충(丙壬 沖) | 병경 충(丙庚 沖) |
| 정계 충(丁癸 沖) | 정신 충(丁辛 沖) |
| 무임 충(戊壬 沖) | 기계 충(己癸 沖) |

하지만, 강한 세력을 유연하게 해주는 역할도 하므로 단순히 충(沖) 하나의 작용만으로 속단할 수 없다. 대체로 충은 일간과의 작용이 크게 나타나는데, 사주의 구조적 변화에 따라 전화위복이 되는 경우도 많다.

천간충은 천간에서 이루어지는 충(沖)으로 서로 극하는 오행 중에서 양은 양끼리, 음은 음끼리 충(沖)을 한다.

사주 원국에 충(沖)이 많으면, 빠르게 발전도 하고 대내외적인 변화도 많이 있으며, 주변과의 마찰이 발생하기도 한다. 또한, 끊고 맺음이 명확하다.

## ❀ 천간충의 예

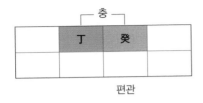

편관

### 일간이 다른 오행에게 충을 당하는 경우

일간 丁火와 월간 癸水가 충을 하고 있다. 육신으로 癸水는 편관에 해당한다. 따라서 이런 구조로 충이 되면, 일간은 癸水에게 통제권을 빼앗기게 된다. 일간에게 癸水는 두려운 대상이자 불편한 상대로, 힘든 일을 시키는 오행에 해당한다. 여자 사주에서 충은 일간을 힘들게 하는 남자의 모습이기도 하다.

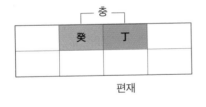

편재

### 일간이 다른 오행을 충하는 경우

일간 癸水가 월간에 있는 丁火와 충을 하고 있다. 육신으로 丁火는 일간(癸水)의 편재에 해당한다. 이 경우 일간이 편재에 해당하는 丁火를 통제하여 자신의 의지대로 주도해 나가려는 모습으로 일간에게 미치는 충의 영향은 크지 않다.

식신      편관

## 일간이 아닌 다른 오행끼리 충을 하는 경우

월간 丙火와 년간 庚金이 충을 하였다. 이 경우는 일간에게 불편함과 어려움을 주는 편관(庚金)을 해결하기 위해 식신(丙火)이라는 능력과 힘을 갖추는 노력의 모습이다.

# 7. 지지충(地支沖)

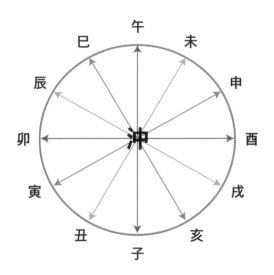

12지지에 배속된 오행은 계절과 시간으로 구분이 되어 있다. 1년은 자(子)월에서 해(亥)월까지 12개월로 구분된다. 하루는 자

(子)시에서 해(亥)시까지 24시간으로 구분된다.

지지충이란 한난조습을 발생시키는 계절이 충으로 인해 전혀 다른 환경으로 변화하는 것을 의미한다. 지지충은 12년 만에 오는 운의 변화이다. 그동안 살아왔던 12년 세월을 비우고 정리하며, 다시 채우기도 하는 심리적, 환경적 변화이기도 하다.

사주가 충이 되거나 운에서 충이 오면, 학생에게는 열심히 공부한 실력을 검증받는 일이 된다. 사회인에게는 공직과 업무에 대한 재평가를 받는 일이다. 주부에게는 남편의 직장이나 주거지 변화가 올 수 있는 운이다. 대체로 충은 외부로 진출할 수 있는 도전의 기회이기도 해서 이동이 빈번해질 수도 있다. 충은 사주 년·월·일·시 위치에 따라 변화가 다양하게 나타난다.

庚子년

예) 운에서 午火년지를 충하는 子水가 오면(子午충), 국가기관이나 사회단체에서의 인·허가 등 문제가 원활하지 않고 지연되거나 조정될 수 있다.

己亥년

예) 운에서 巳火월지를 충하는 亥水가 오면(巳亥충),

가정이나 회사 조직의 이동이나 변화로 나타난다.

| | 일간 | | | 己<br>酉<br>년 |
|---|---|---|---|---|
| | 卯 | | | |
| 시지 | 일지 | 월지 | 년지 | |

예) 운에서 卯木일지를 충하는 酉金이 오면(卯酉충), 개인적 인간관계나 배우자와의 변화나 의견충돌로 나타날 수 있다.

| | 일간 | | | 庚<br>戌<br>년 |
|---|---|---|---|---|
| 辰 | | | | |
| 시지 | 일지 | 월지 | 년지 | |

예) 운에서 辰土시지를 충하는 戌土가 오면(辰戌충), 취미, 오락, 여행 스케줄 등 일상생활의 변화가 나타날 수 있다.

삼합이나 방합으로 합이 되었을 때 충이 오면, 그동안의 사회·가정·개인적으로 오랜 시간 채워왔던 여러 가지 일들에 대한 바뀜 현상이 일어난다. 채우던 항아리를 비워내고 새롭게 다시 채우기 위한 변화가 될 수 있다. 단, 합이 되지 않았을 때 운에서 충이 되면 양보해야 할 일이 많아질 때이다.

운에서 방합을 충하는 기운이 오면 변화와 이동을 예견해 볼 수 있다.

월지를 충하면 집이나 가정적인 일, 직장 등의 변화가 올 수

| 지지충(地支沖)의 분류 | |
|---|---|
| 왕지충(旺地沖) | 자오 충(子午 沖) · 묘유 충(卯酉 沖) |
| 생지충(生地沖) | 인신 충(寅申 沖) · 사해 충(巳亥 沖) |
| 고지충(庫地沖) | 진술 충(辰戌 沖) · 축미 충(丑未 沖) |

있고, 일지를 충하면 부부나 친밀한 사람과의 사이에서 변화가 일어날 수 있다.

　시지를 충하면 여행이나 계획했던 일들의 변경 등을 생각해 볼 수 있고, 년지를 충하면 국가기관 등에서 인가해 주는 허가 등의 지연 현상이 일어날 수 있다.

#### ❀ 왕지충(旺地沖)

4계절을 대표하는 기운끼리 서로가 물러나지 않는 진검승부를 펼치는 모습이다. 왕지(旺地)는 자기의 계절을 대표하여 자기중심적이고 먼저 나서지 않는다.

#### 자오충(子午沖)

　겨울을 대표하는 차가운 한(寒)과 여름을 대표하는 뜨거운 난(暖)의 충돌이다. 끝없이 오르며 자신의 세력을 펼치려는 午월의 화기(火氣)와 이를 끌어내려 차가움을 유지시키려는 子월 수

기(水氣)의 부딪침이다. 자기 계절을 대표하는 왕지(旺地)끼리의 충(沖)이어서, 자기중심적이며 서로 물러나지 않으려는 자존심이 강한 충(沖)이다. 자오충(子午沖)이 있는 사주는 급한 성격으로 흥분을 잘하니 혈압이나 스트레스에 취약해서 마음을 다스리는 습관이 필요하다.

### 묘유충(卯酉沖)

봄을 대표하는 따뜻한 습(濕)과 가을을 대표하는 메마른 조(燥)의 충돌이다. 꽃과 나무가 땅 위로 올라와 가지를 벌리는 성장의 기운인 卯木과 성장을 멈추게 하고 결실을 보려고 하는 酉金간의 강한 충(沖)이다(金剋木).

결과 중심적이고 냉정한 이미지이며 사람들이 쉽게 접근할 수 없는 차가움이 있고 예민하다. 이성적이고 군더더기가 없이 일을 진행한다. 묘유충이 사주에 있거나 운에서 오면, 뼈나 관절이 약해서 디스크나 관절염, 골다공증, 신경염이 발생하기 쉬우니 평소에 운동 습관이 필요하다. 일상에서도 넘어지면 다치는 일이 빈번해지니 유의해야 한다.

### ❖ 생지충(生地沖)

4계절을 먼저 시작하고 활짝 개방하여 활기차게 움직이는 생지(生地)끼리의 충(沖)이다. 왕지(旺地)가 자기중심적이라면 생지

(生地)는 역마의 기운으로 남의 일에도 오지랖이 넓고 바쁘고 갈 곳도 많다. 생지(生地)끼리 충(沖)이 되면 운에서도 역마의 기운이 더욱 강하게 나타나서 이직, 출장, 전업, 이사 등 변화가 나타난다.

### 인신충(寅申沖)

겨울 동안 습기를 품으며 갇혀 있다 땅을 뚫고 끝없이 뻗어 오르려고 하는 寅木과 확장을 중단시키고 결실을 보려 하는 조(燥)한 申金과의 충돌이다. 활동성이 강하며 사람들과 교류를 많이 하고 끊고 맺음이 확실하다. 충동적이며 급한 행동을 보이기도 한다.

운에서 충(沖)이 되면 멀리 출타할 일이나 출장, 이동이 빈번해지므로 급하게 행동하고 피곤한 일이 많아진다. 건강에도 유의해야 한다. 업그레이드되는 환경의 변화이기도 하다.

### 사해충(巳亥沖)

巳월은 첫 여름의 설렘이며 위로 뻗어 오르고 사방으로 꽃이 만개한 난습한 계절이다. 반면, 亥월은 첫 겨울을 이제 막 시작하며, 살아 있는 모든 생명의 활동을 중지시키는 한조한 계절이다. 겨울의 차가운 시작인 수(水)와 화(火)의 충돌로 혈압이나 심장 질환, 혈관계 질환에 유의해야 한다. 역마의 기운이 강하

게 작용하며, 앞으로 나아가려는 열정적인 화(火)와 멈추게 하
려는 수(水)의 냉정함이 서로가 부딪치니 협조하기도 하고 싸우
기도 하면서 발전해가는 모습이다.

감정의 변화가 많다. 운에서는 이동이나 환경의 변화, 이직
등이 일어나기 때문에 스트레스 관리도 잘해야 한다.

### 🍂 고지충(庫地沖)

진술축미(辰戌丑未)의 충(沖)은 오행의 토(土)에 의한 충으로, 다른
충에 비해 외부적으로는 크게 변화가 나타나지 않는다.

#### 진술충(辰戌沖)

겉으로는 토(土)끼리 충(沖)하는 모습이어서 아무 일 없는 듯
하나, 봄에 습기가 가득한 辰土와 가을의 건조한 기운이 가득한
戌土와의 충(沖)이다.

운에서 오는 충(沖)은 지인들과의 의견충돌이나 내부적인 갈
등으로 인해 변화가 생기는 경우가 많아진다.

#### 축미충(丑未沖)

토(土)끼리 충(沖)하는 모습이어서, 겉으로 돌출되지 않아 남
들이 잘 모른다. 겨울의 한습한 추운 공기가 가득한 丑土와 여
름의 덥고 건조한 공기가 가득한 未土와의 충(沖)이다.

운에서 오는 충(沖)은 가족 간의 섭섭함과 갈등 등 개인적인 문제가 발생할 수 있다.

지금까지 '천간·지지 합·충'에 대해 알아보았다. 이번 장을 공부하였으면 이해했겠지만, 합과 충을 해석할 때 합은 좋은 의미이고 충은 깨지는 게 아닌가 하는 이분법적 사고는 잘못된 것임을 알았을 것이다. 합충에는 긍정적이고 부정적인 양면이 모두 존재한다.

일간의 입장에서 천간에 오행이나 육신이 합이 되어 있으면, 정면 돌파나 추진력보다는 밀당과 협상의 의지를 나타낸다. 타인에게 의지하거나 타협점을 모색하는 정신으로 발현되는 것이다. 또 때로는 명분을 찾게 되고 애매한 스탠스를 취하기도 한다. 천간에 충이 있으면, 충동적이거나 직선적인 표현으로 나타난다. 시시비비를 가리고 분명하게 상황을 매듭지으려 한다. 그리고 천간의 합이나 충이 일간(나)의 의지가 드러나는 개성으로 나타난다면, 지지의 합·충은 주변에서 벌어지는 환경의 변화, 이동 등의 변수로 작용한다는 점을 기억해두기 바란다.

제 2 부

———

# 명리의 응용과
# 사주 해석

# 제1장

# 육신(六神),
# 육친(六親)의 정의

사주 해석을 할 때는 육신(친)을 하나의 육신이나 육친으로 단순 판단하지 말아야 하며, 타 오행과의 만남에서 오는 상생·상극의 작용력이 변화하는 것을 살펴서 해석해야 한다.

# 1. 육신·육친의 종류와 의미

앞서 음양오행론을 통해 자연이 변화하는 모습을 다각도로 살펴보았다. 그리고 자연의 변화와 그 변화 속에서 살아가는 사람의 모습을 타고난 기질, 배우지 않아도 저절로 일어나는 본능적인 모습과 연관 지어 자연과 인간의 관계에 대해 알게 되었다.

이번 장에서는 여기서 한 발짝 더 나아가 인간이 타고난 천성과 성품이 다른 사람들을 만나면서 인간관계가 어떻게 형성되는지를 살펴보고자 한다. 그리고 그러한 성정이 인간의 정신세계와 물질세계에 대한 관점을 형성하는 데, 또 살아가며 부딪치게 되는 인격과 명예와 같은 가치를 판단하는 데 어떻게 영향을 미치는지도 알아보려고 한다. 그 외 살아가면서 맞닥뜨리게 되는 직업으로서의 진로와 적성, 재물, 결혼, 이혼 등이 명

| 일간과의 관계 | | 육신·육친 | |
|---|---|---|---|
| 일간과 오행이 같으면서 | 음양도 같은 오행 | 비견(比肩) | 비겁 (比劫) |
| | 음양이 다른 오행 | 겁재(劫財) | |
| 일간이 상생(相生) 하면서 | 일간과 음양이 같은 오행 | 식신(食神) | 식상 (食傷) |
| | 일간과 음양이 다른 오행 | 상관(傷官) | |
| 일간이 상극(相剋) 하면서 | 일간과 음양이 다른 오행 | 정재(正財) | 재성 (財星) |
| | 일간과 음양이 같은 오행 | 편재(偏財) | |
| 일간을 상극(相剋) 하면서 | 일간과 음양이 다른 오행 | 정관(正官) | 관성 (官星) |
| | 일간과 음양이 같은 오행 | 편관(偏官) | |
| 일간을 상생(相生) 하고 | 일간과 음양이 다른 오행 | 정인(正印) | 인성 (印星) |
| | 일간과 음양이 같은 오행 | 편인(偏印) | |

리학에서는 어떻게 발현되는지를 공부하고자 한다. 이렇게 음
양오행을 인격화된 수식어로 표현한 것을 명리학에서는 육신
(육친)이라고 한다.

## ✤ 육신의 종류와 의미

육신(六神)이란 사주의 주인공(일간)인 '내'가 집 밖을 나서는 순
간 마주하는 국가, 사회, 학교, 재물, 부동산, 공부, 자격증, 물
질·문명화된 사회적 관계를 설정하는 용어이다.

　육신은 '사주의 주인공인 일간(나)을 비롯하여, 비겁, 식상, 재
성, 관성, 인성'으로 구분된다. 일간과의 음양 관계를 따져 비겁

은 비견과 겁재로 구분되고 식상은 식신과 상관, 재성은 정재와 편재, 관성은 정관과 편관, 끝으로 인성은 정인과 편인으로 나누어진다. 이들 육신은 사주의 주인공인 일간과 사회나 개인적으로 맺어지는 관계이며, 하늘의 별처럼 빛나는 10개의 보석처럼 귀한 존재라 하여 십성(十星)이라고도 한다.

공부, 지식, 부동산, 권리 등을 육신 용어로는 인성이라고 해석한다.

기술, 자격, 의식주 등을 육신 용어로는 식상이라고 해석한다.

친구, 동업자, 경쟁자 등을 육신 용어로는 비견·겁재라고 해석한다.

직장, 명예, 지위, 법 등을 육신 용어로는 관성이라고 해석한다.

재물, 자리, 이권 등을 육신 용어로는 재성이라고 해석한다.

육신을 해석할 때, 천간에 있는 육신은 일간(나)의 정신적인 방향성으로 나타난다. 지지에 있는 육신은 일간(나)의 환경이며 주변의 배경이다. 그중에서 사주를 볼 때는 월지에 있는 육신을 최우선으로 해석한다.

사주를 해석할 때, 년지는 조상의 흔적이나, 부모가 내게 주는 영향을 참고한다. 월지는 자신이 살아가는 환경과 배경을 상징하기에 사주 8글자에서 일간 자신이 가장 큰 영향을 받는다. 일간이 살아가는 배경이기에 사회성을 상징하며, 공적인 장소로서 직업이나 진로의 출발점을 의미한다. 일지는 자신이 가

## 사주 원국 육신이 일간(사주 주인공)에 미치는 영향

| 육신 | 종류 | 일간의 사회성과 인간관계 |
|---|---|---|
| 비겁 (比劫) | 비견 (比肩) | 가까운 사람들과의 협조나 꾸준한 대인관계를 중요시한다. 피를 나눈 형제나 가족처럼 상대와 동질성을 갖고 친한 사람들과 어울리고 교류하는 것을 좋아한다. |
| | 겁재 (劫財) | 치열한 경쟁 관계에서 앞서려는 경쟁심이 있고, 새로운 대인관계가 많이 형성된다. 자신과 상대를 비교·분석하고, 사람에 대한 스트레스도 많다. |
| 식상 (食傷) | 식신 (食神) | 여유롭고 평온함을 즐기며 몸이 편한 생활과 직업을 추구한다. 부드럽고 강하지만, 불편한 일은 쉽게 받아들이지 못하고 타인에게도 불편함을 주지 않으려 한다. |
| | 상관 (傷官) | 창의력이 뛰어나고 호기심도 많다. 예술적 자질도 뛰어나며 유행에도 민감하다. 호불호가 분명하여 좋고 싫고를 직설적으로 표현하고 때로는 지나치게 친절하다. |
| 재성 (財星) | 정재 (正財) | 월급처럼 일정한 수입을 선호하며, 저축과 절약을 생활화하고 가정에 충실하다. 투자에 대한 위험을 기피하는 성향으로 큰 사업의 기회가 와도 선뜻 추진하지 못한다. |
| | 편재 (偏財) | 과감하고 공격적인 투자를 선호하며, 즉흥적으로 투자를 결정할 수 있다. 씀씀이가 크고 쾌활하며 사업적 수완도 뛰어나, 주변에 사람들이 많이 모이고 인기가 있다. |
| 관성 (官星) | 정관 (正官) | 안정된 직장과 가정을 지키려는 모범적 자세로 법과 원칙에 충실하다. 옳고 그름에 대한 잣대가 분명하여 불법적인 일에는 관여하지 않으며, 명예를 매우 중요시한다. |
| | 편관 (偏官) | 남들보다 큰 위험이나 중압감을 해결하려는 책임감이 강하다. 남의 일에 잘 관여하고 일에 대한 대처 능력이 빠르다. 때로는 권모술수와 편법을 이용하기도 한다. |
| 인성 (印星) | 정인 (正印) | 상대를 수용하며, 배우는 자세로 예의와 지적 자질을 갖추고 있다. 노동을 기피하며, 학문적인 직업을 선택한다. 정서적 안정감이 있으며 상대에게도 편안한 느낌을 준다. 단, 잘못에 대한 단호함으로 냉정하게 보이는 면도 있다. |
| | 편인 (偏印) | 오래된 인연을 중시하고 정신적 교감을 나누려 하지만, 새로운 사람에 대한 낯가림이 있다. 사람에 대한 좋고 싫음이 분명하지만, 상대 잘못을 이해하는 인내심도 강하다. |

장 소중하게 생각하는 사람과의 1대 1의 상관관계를 살핀다. 궁합 보는 자리로서의 상징성도 있지만, 미혼도 많은 요즘은 자신이 가장 애착을 갖는 상징성도 있다. 시지는 젊은 시절 미처 하지 못했던 버킷리스트 같은 의미가 크다. 은퇴 후, 노후에 꼭 하고 싶거나 살고 싶은 로망이며 꿈을 갖는 정신적인 자리이다. 이 중에서 월지는 현재 살아가는 사회적, 가정의 배경이므로 현시점에서 일간에게 가장 큰 영향을 주는 자리이다.

## ◈ 육친의 종류와 의미

육친(六親)이란 사주의 주인공(일간)인 '내'가 태어나서 맺어지는
가족과 친·인척 관계를 부르는 용어이다.

| 육친의 의미와 일간과의 관계 | | |
|---|---|---|
| 육친 | 종류 | 일간(사주 주인공)과의 관계 |
| 비겁<br>(比劫) | 비견<br>(比肩) | · **형제자매나 친구 같은 친밀한 관계**<br>· 나와 환경이나 생활이 비슷한 상대 또는 무엇이든 나눌 수 있는 가까운 상대 |
| | 겁재<br>(劫財) | · **경쟁자나 가깝고도 먼 사이면서 거리를 두는 관계**<br>· 이권을 계산하고 경쟁을 의식하는 상대 또는 경계심이나 라이벌 의식이 드는 상대 |
| 식상<br>(食傷) | 식신<br>(食神) | · **(남자의 경우) 장모·손자, (여자의 경우) 자녀 같은 관계**<br>· 진심으로 따스하게 보살펴주고 싶은 아랫사람이나 자녀와 같은 상대 |
| | 상관<br>(傷官) | · **(남자의 경우) 후배나 아랫사람, (여자의 경우) 자녀와 같은 관계**<br>· 비즈니스나 영업적으로 대할 수 있는 상대 |
| 재성<br>(財星) | 정재<br>(正財) | · **(남자의 경우) 배우자나 아버지, (여자의 경우) 아버지 같은 관계**<br>· 남자의 경우, 보호해주고 자상하게 대하고 싶은 여자 또는 가정에 충실하고 알뜰하게 생활하는 여자를 선호한다.<br>· 여자의 경우, 남자에게 충실하고 낭비가 없으며, 현실에 잘 적응하며 주변과 원만한 대인관계를 평온하게 유지한다. |
| | 편재<br>(偏財) | · **(남자의 경우) 친구, 동료, 연인, (여자의 경우) 시어머니 같은 관계**<br>· 남자의 경우, 자유롭고 부담 없이 만날 수 있는 연인 같은 여자 또는 친구처럼 편안하게 대화를 나눌 수 있는 여자<br>· 여자의 경우, 활발한 사회생활을 선호하며, 경제적 자립 능력을 갖추는 커리어우먼을 지향한다. |

| 육친의 의미와 일간과의 관계 | | |
|---|---|---|
| 육친 | 종류 | 일간(사주 주인공)과의 관계 |
| 관성<br>(官星) | 정관<br>(正官) | · (남자의 경우) 자녀, (여자의 경우) 직장 상사, 남편처럼 안정감을 주는 남자<br>· 남녀 모두, 단체나 사회생활에서 존중하고 높여야 할 상대<br>· 여자의 경우, 개인적인 관계에서 자신을 안전하게 보호하거나 평온하게 가정생활을 유지하는 남자. 사회적으로도 지위를 갖추고 명예로운 직업인을 선호한다. |
| | 편관<br>(偏官) | · (남자의 경우) 명령권자, (여자의 경우) 친구나 동료, 연인 같은 남자<br>· 남자의 경우, 부당함이나 불편함을 요구하는 인사권자 또는 책임과 의무를 다해야 인정하는 주변사람들<br>· 여자의 경우, 권리보다는 책임감을 주는 남자 또는 동료나 친구처럼 일을 나누며 의무를 다해야 하는 남자 |
| 인성<br>(印星) | 정인<br>(正印) | · 어머니, 선생님, 어른 같은 관계<br>· 남녀 모두, 자애로운 어머니처럼 언제든지 기댈 수 있는 편안한 상대 또는 선생님이나 어른처럼 올바른 교육을 통해 지성을 갖추게 하는 항상 힘이 되어 주는 조력자 |
| | 편인<br>(偏印) | · 엄격한 어머니, 훈육 선생님, 이모 같은 관계<br>· 남녀 모두, 잘잘못을 가려서 엄격하게 훈육하는 어머니 같은 상대 |

## 일간과 다른 오행에 따른 육신·육친의 관계도

| 오행 | 일간 | 甲<br>일간 | 乙<br>일간 | 丙<br>일간 | 丁<br>일간 | 戊<br>일간 | 己<br>일간 | 庚<br>일간 | 辛<br>일간 | 壬<br>일간 | 癸<br>일간 |
|---|---|---|---|---|---|---|---|---|---|---|---|
| 木 | 甲寅 | 비견 | 겁재 | 식신 | 상관 | 편재 | 정재 | 편관 | 정관 | 편인 | 정인 |
| 木 | 乙卯 | 겁재 | 비견 | 상관 | 식신 | 정재 | 편재 | 정관 | 편관 | 정인 | 편인 |
| 火 | 丙巳 | 편인 | 정인 | 비견 | 겁재 | 식신 | 상관 | 편재 | 정재 | 편관 | 정관 |
| 火 | 丁午 | 정인 | 편인 | 겁재 | 비견 | 상관 | 식신 | 정재 | 편재 | 정관 | 편관 |
| 土 | 戊辰戌 | 편관 | 정관 | 편인 | 정인 | 비견 | 겁재 | 식신 | 상관 | 편재 | 정재 |
| 土 | 己丑未 | 정관 | 편관 | 정인 | 편인 | 겁재 | 비견 | 상관 | 식신 | 정재 | 편재 |
| 金 | 庚申 | 편재 | 정재 | 편관 | 정관 | 편인 | 정인 | 비견 | 겁재 | 식신 | 상관 |
| 金 | 辛酉 | 정재 | 편재 | 정관 | 편관 | 정인 | 편인 | 겁재 | 비견 | 상관 | 식신 |
| 水 | 壬亥 | 식신 | 상관 | 편재 | 정재 | 편관 | 정관 | 편인 | 정인 | 비견 | 겁재 |
| 水 | 癸子 | 상관 | 식신 | 정재 | 편재 | 정관 | 편관 | 정인 | 편인 | 겁재 | 비견 |

# 2. 육신·육친의 상생상극

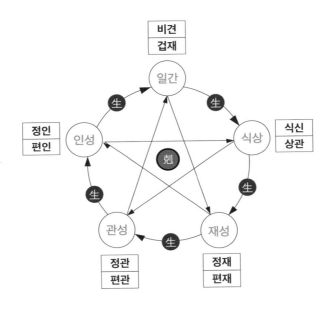

육신(육친)은 일간을 기준으로 상생과 상극을 통해서 정해진다. 천간에 있는 육신(육친)은 일간(사주 주인공)의 정신적 지향점이자 일간의 계획이나 생각을 주도한다.

예를 들어서 천간에 인성이 있으면, 지적이고 정신적인 정서를 중요시하며 학문을 직업화하려 한다. 천간에 식상이 있으면 자신의 재능을 기술화하고 마음속 생각을 숨기지 않고 표현한다. 천간에 재성이 있으면 실리적이고 현실적인 진로를 선택하려 한다. 천간에 관성이 있으면 타인의 시선을 의식하고 공적인 마음과 사회성을 가진다. 천간에 비겁이 있으면 자신이나 타인의 일에 참여하고 협조한다.


## 🔸 육신(육친)의 상생

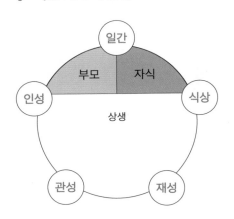

일간을 중심으로 일간을 상생하는 인성과 일간이 상생하는 식상의 역할은 조건 없이 믿고 도와주는 부모·자식 간의 관계와도 같다.

인성의 출발점은 자기 자신이다. 인성이란 어머니처럼 자신을 돌봐주고 스승처럼 배움을 주며, 웃어른같이 자신을 보호해주는 상대이다. 인성이 있으면 늘 주변에 믿음직한 보호막이 있다는 의식을 한다. 늘 상대를 통해서 배우게 되고 의지한다. 인성이 없으면 문제를 스스로 해결하고, 상대에 대한 애착이나 공감 능력도 높지 않다. 그런 이유로 헤어질 때도 쿨하고 관계를 오래 유지하지 않는 경향이 있다.

일간의 정신과 마음을 관장하는 영역이 인성이라면, 식상은 일간의 표현력과 행위를 나타내는 영역과도 같다. 일간은 인성으로 배우고 익힌 지식을 토대로, 식상의 기술력을 발휘해 외부에 표현하고 행동하는 영역이다. 두뇌로 표현할 때, 인성이 좌뇌의 영역을 관장하는 영역이라면 식상은 우뇌를 관장하는 영역이라 할 수 있다. 식상이 있으면, 생각을 오래 하는 인성과 달리 빠른 실천과 행동을 보인다. 그런가 하면 식상에게는 주변 사람들을 마치 자식처럼 돌봐주고 싶고, 어려움을 해결해주고 싶은 마음도 있다. 유기견이나 길고양이를 보고도 그냥 지나치지 못하고 챙겨줘야 편안함을 느끼며, 늘 남의 일에 나서게 된다.

## ❀ 육신(육친)의 상극

일간을 중심으로 일간이 상극하는 재성과 일간을 상극하는 관

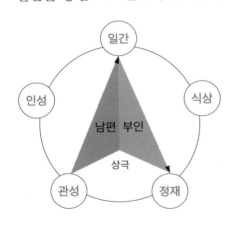

성은 남남끼리 만나서 다투며 타협해가는 부부관계와도 같다. 인성과 식상이 개인적인 가족관계라면, 관성과 재성은 타인이 만나서 노력을 하며 차이점을 극복해가는 사회적 관계와도 같다.

일간을 극(剋)하는 관성은, 일간으로 하여금 사회적 법과 명령을 지키고 순응케 하는 작용력으로 나타난다. 여자에게 관성

이란 남편의 역할과 같다. 반대로 남자에게 재성은 부인의 역할이며, 지키고 싶고 소유하고 싶은 상대이기도 하다.

재성은 무엇이든 가치와 실리를 생각하고 명분이 있는 일에만 참여한다. 인성이나 식상처럼 정신이나 감정, 표현, 행위적인 영역을 관장하기보다는, 현실적인 의제를 다루고 현실감각이 스마트해서 필요한 일 외에는 감정 소모를 하지 않는다.

관성은 사람의 계급을 나누고 차별성을 둔다. 관성은 비견, 겁재라는 사람들을 높고, 낮음으로 구분하고 직위와 명예, 일자리를 주는 범주에 속한다. 관성이 있다는 것은 비견, 겁재를 구분하는 즉 사람을 판단하는 명확한 구분 능력이 있음이다. 사람이 모이는 조직을 지키고 그곳에 소속되어 명예를 갖는다. 관성이 없으면 사람에 대한 경계심이 없으며 상대를 이겨서 명예를 갖고자 하는 소속감이 약해서 자유로움을 꿈꾸며 참견받는 걸 힘들어한다.

# 제 2 장

# 신왕과
# 신약사주의 조건

사주는 신왕과 신약으로 나뉜다. 신왕과 신약을 나누는 이유 중 첫 번째는, 자신에게 주어진 가정과 사회적 역할을 수행하는 자세를 보기 위함이다. 두 번째 이유는 한 개인으로 살아가면서 맺는 대인관계와 처세를 보기 위함이다.

사주는 신왕·신약에 따라 좋음과 나쁨을 구분하지 않는다. 신왕하면 사회나 단체에 소속되기보다는 자신이 모든 것의 주체가 되려고 한다. 독립적이고 추진력이 있지만, 명령권자에 대한 스트레스가 심하다. 사업이나 프리랜서, 자영업 등에 적합한 직업적 특성으로 나타난다.

신약하면 주변과 협력이나 공조를 하며, 조직과 사회 속에서 자신을 주장하기보다는 수용해서 살아가는 방식을 택한다. 모험보다는 안정을 택해서 가정이나 조직에 소속되는 삶을 선택한다. 직장인이나 공무원, 가정주부와 같이 조직이나 소속에서 맡겨진 일을 하면서 살아간다.

남성 위주의 권위적인 사회였던 조선 시대에는 여자를 속박하는 수단으로 명리를 이용하였다. 궁합도 여자에게 더 혹독하게 적용했다. 여자가 신왕하면 팔자가 세서 남편을 꺾는다고 족쇄를 채우듯 압박하는 해석을 하였다. 현대에는 신왕하면 오히려 남자와 어깨를 나란히 하고 당당하게 사회생활을 한다. 남성에게 기대지 않고 독자적인 삶을 선택한다. 신약하면 사회나 가정, 단체 등의 소속을 통해 자신의 능력을 발휘한다. 물론,

대운이나 세운의 영향에 따라서 신약과 신왕이 변하지만, 타고
난 사주 원국의 틀을 크게 벗어나지는 못한다.


일간이 지지에 근을 내리면 통근(通根)이라 하며 '신왕하다'
고 하지만, 일간을 제외한 다른 육신이 천간과 지지에 근을 내
리고 통근하면, 그 육신 자체를 '왕하다'고 한다.
상생을 받지 못한 육신이 상극을 받으면 약한 기준이 된다.

| | 일간 | | 편관 |
|---|---|---|---|
| | | 비겁 | |

일간이 월지에 통근(뿌리)하
였다. 편관보다 일간이 왕하
다. 소속에 있으면서도 독립
을 꿈꾸며 기회만 엿본다.

| | 일간 | | 편관 |
|---|---|---|---|
| | | 편관 | |

년간 편관이 월지에 통근(뿌
리)하였다. 편관 자체가 일간
보다 왕해졌다. 왕(旺)한 편관
에 의해서 일간이 신약해졌다. 편관을 벗어나지 못하는 소속형
이다.

| 식신 | 일간 |  |  |
|------|------|------|------|
|  |  | 식신 |  |

시간 식신이 월지에 통근하
였다. 왕한 식신에 의해 일간
은 신약해졌다. 소속에서 벗
어나 자신의 사업을 하면 중도에 포기할 수 있다.

|  | 일간 | 식신 | 편관 |
|------|------|------|------|
| 비견 | 비견 | 식신 |  |

일간이 신왕하고, 일간에게
생을 받은 식신 자체도 왕해
졌다. 힘이 막강해진 식신이
제살(制殺)로 편관을 무력하게 만들었다. 소속에서 벗어나 독자
적인 행보를 한다. 여자의 경우에는 사회생활이나 가정에서도
남편을 앞서간다.

# 1. 신왕사주의 조건

지지에 비견과 겁재가 있다면 신왕의 조건이 된다. 특히 월
지에 있는 오행의 힘은 가장 강력하다. 일간이 자신의 세력인
비견·겁재를 두었다고 해서 '뿌리내렸다'고도 하고 **'통근(通根)'**
이라고도 한다.

| | 일간 | |
|---|---|---|
| | 비겁 | |

① 월지에 비겁이 있는 경우다. 월지는 직업의 출발점이자 사회적 배경이 되는 곳인데, 월지에 일간이 근(根)을 내리고 통근(通根)하였다. 일간의 근(비겁)이 차지한 것은 조직이나 사회생활 어딘가에 소속되기보다는 독자적으로 이끌어가고 싶은 의지다. 직업적 소속이 아닌 독립 욕구이며, 일찍 퇴사하고 창업이나 프리랜서 같은 자유직으로 나서게 된다.

| | 일간 | |
|---|---|---|
| 비겁 | | |

② 일지에 비겁을 근으로 내렸을 경우 간여지동(干與支同)이라고 한다. 1:1 개인 관계에서 자신의 신념이나 주장을 굽히지 않는 승부욕이 지나쳐서 양보하지 않는 성향이 있다. 특히 여자는 부부관계에서도 '자신의 주장을 굽히지 않고 남편을 이겨 먹는다' 해서 시어머니들의 기피 대상이 되었다.

| 간여지동 | | | | | | | | | | |
|---|---|---|---|---|---|---|---|---|---|---|
| 일간 | 甲 | 乙 | 丙 | 丁 | 戊 | 己 | 庚 | 辛 | 壬 | 癸 |
| 일지 | 寅 | 卯 | 午 | 巳 | 辰·戌 | 丑·未 | 申 | 酉 | 子 | 亥 |

③ 년지(年地)의 비겁은 신왕하다고 할 수 없으나 전체적으로 구분해야 한다.

④ 천간에만 비겁이 있고 지지에 근이 없을 때는 처세나 협력이라는 사회성으로 나타난다. 자신의 의지가 아닌 타인에게 이끌려 간다. 대체로 '친구 따라 강남 가는' 유형이다.

⑤ 인성이 많은 경우도 신왕의 조건이 된다. 일간이 지지 근으로 왕할 때에는 추진력이나 행동으로 타인을 지배하려는 소유욕을 보이지만, 일간의 근이 없이 인성이 많아서 상생을 받은 일간은 자기 생각이 우선이며 타인의 말을 수용하려고 하지 않는 외골수의 전형이다.

인성과 비겁으로 신왕해지는 일간은 모든 일에 자신이 중심이 되려고 하므로 조직 생활에는 적응하지 못하는 답답함이 가슴에 쌓여 있다.

# 2. 신약사주의 조건

일간이 지지에 비겁의 근이나 인성이 없거나, 많은 식상으로 설기(泄氣)되거나, 관·살이 많을 때는 신약의 조건이 된다. 끈기가 부족하여 쉽게 지치며, 자신의 의지대로 뜻을 세우고 행동하지 못하게 된다. 타인의 일에 관여하여 한 가지 일에 전념하지 못해서 잡기에 치우치게 될 수 있다. 신약하면 일간은 대개 사주에서 힘이 강한 육신의 대세를 따르게 된다. 협조하고 보호받으며 살아가면 된다. 요즘에는 많이 달라지고 있긴 하지만 여자의 사주는 신약해야 남편에게 의지하며 산다.

신왕과 신약은 건강이나 행복도에 영향을 주는 게 아니다. 단지 자기 삶의 방식이 독립적이고 자존감이 강한지, 또는 협조적이고 소속형인지를 결정하는 요소로 보면 된다. 신약해서 특별히 문제가 있는 것은 아니다. 다만, 일간을 생해주는 인성도 없고 비견·겁재도 없는데 식상이 많거나 관·살이 많을 때는, 일간이 지나치게 신약해져 자신감이 없고 의욕 상실과 나태함으로 나타날 수 있다.

신왕하면 건강하고 신약하면 허약하다고 알고 있는 경우가 많은데 전혀 그렇지 않다. 신왕하다는 것은 주변의 상황을 주도한다는 의미다. 추진력은 있으나 시간이나 일 등을 자신에게 맞추어 진행하게 되므로 크게 체력을 소모하지 않는다. 반면 신약하면 주변이나 상황에 자신을 맞추게 되므로 늘 바쁘고 많은 일을 처리하는 경우가 많아 자주 지치고 피곤함을 느끼게 된다. 신왕신약은 이런 생활방식으로 나타나는 체력의 차이이지 타고난 건강과는 크게 연관짓지 않아도 된다.

제3장

# 육신(육친)의
# 성격과 특성

육신(육친)의 성격과 특성을 해석할 때는 월지를 기준으로 하거나 월지에 없어도 사주 내에 2~3개 이상 있으면 이를 기준으로 한다.

# 1. 비견(比肩)

## ❖ 비견의 성격과 특징

비견이란 일간과 음양이 같고, 오행도 같은 육신(육친)이다. 비견은 형제나 친구처럼 서로 상부상조하며, 친밀한 나와 가까운 주변인을 의미한다. 이해타산을 떠나서 내 일처럼 도움을 주고받는 관계이다. 비견이 있으면, 주변 사람들과 협조를 잘하고 대인관계도 원활하다. 친구나 지인들과 넓은 인맥을 형성한다. 뜻이 맞는 사람에게 적극적이며 사람에 대한 적응력이 빠르다.

**사주의 구성이 신왕**(지지에 일간의 근<비견>이 있는 경우)**하면**, 추진력이 뛰어나며 자신감 있는 행동으로 나타나기 쉽다. 월지(사회의 중심이며 직업의 출발점)에 비견(근)이 있으면, 타인과 사회에 맞추기보다는 자기중심으로 주변을 이끌고 가려 한다. 비견이나 겁재가 월지에 있으면서 천간에도 있으면, 조직에 소속되기보다는 자유로운 직업이나 독립을 원한다. 직장에서도 자신이 권한을 가진 독립된 부서에서 탁월한 능력을 발휘할 수 있다.

**사주의 구성이 신태왕**(월지 포함 비견·겁재가 2개 이상)**하면,** 남자의 경우, 재성에 해당하는 여자(또는 아내)를 자신이 원하는 방향으로 이끌어가려는 성향이 있다. 여자의 경우, 남자에게 기대고 보호받기보다는 자신의 의지대로 삶을 설계하려는 독립적 성향이 있다.

천간에 비견이 1개 이상 있으면, 친구들을 좋아하고 의리가 삶의 중요한 기준이 된다. 청소년기에는 공부보다 친구들과 어울리는 것을 좋아한다. 결혼 후에도 가정보다는 친구나 지인들과 더 많은 시간을 보내며 즐거워한다. 또 사람의 가치를 중요하게 생각하며, 비슷한 환경에 처해 있거나 뜻이 맞는 상대에게는 매우 친밀하고 호의적이다. 하지만 나와 처지가 다르고 생각도 다르면 가까이하지 않는다. 남자의 경우 부모님의 보살핌을 구속으로 느껴 일찍 독립하고 결혼도 일찍 하게 된다. 직장이나 소속에서도 자존심이 강해서 명령권자와 갈등을 겪게 된다.

**사주의 구성이 신약**(지지에 근이 없고, 천간에도 비견이 없음)**하면,** 독립적인 사업이나 창업 등을 되도록 하지 말고 어딘가에 소속되거나 직장생활을 하면 편안함을 느낄 수 있다. 근이 있어 신왕하면 자신감이 있어서 업무처리를 할 때도 시간적 여유를 갖고 한가하고 느슨하게 진행한다. 신태왕한 경우 지나친 자신감과 여유로운 자세로 사람들과 함께 업무를 처리한다. 반면, 신약하면 혼자서 몸을 돌볼 틈이 없이 항상 시간에 쫓기듯이 열심히 일한다. 그로 인해 과중 과로에 시달려 정신적, 육체적 스트레스가 많다.

신약한데 일간을 상극하는 편관이 3개 이상 되면, 자신감이 없고 지나치게 상대를 의식해서 눈치를 살피게 된다. 운에서 '나'(일간)를 상생해주는 인성이나 비견운이 오면, 정신적인 안정감을 주면서 내 편이 되어 주는 좋은 인연을 만나게 된다. 그동안의 노력을 알아주는 주변 여건이 유리하게 형성되며, 인정받고 보상도 뒤따르게 된다. 여건이 허락하지 않아서 하지 못했던 일들을 추진할 수 있는 유리한 상황이 된다. 단, 신약한데 운에서 근이 올 때는 근거 없는 자신감을 갖게 될 수도 있으니 새롭게 일을 추진하거나 확장하려고 할 때는 조심스럽게 접근해야 한다. 그동안 자신이 기대고 도움을 주었던 사람들에게 지나친 자신감을 드러내 실망감을 줄 수 있다. 운에서 오는 근은 시간이 지나면 자연히 사라지게 되니 후회하는 일이 없도록 처신해야 한다.

**년지에 비견이 있으면,** 집안이나 사회 등으로부터 주어지는 혜택이 있다. **월지에 비견이 있으면,** 신태왕의 조건이 되며, 직장에 소속되어 있어도 독립을 꿈꾸며 산다. **일지에 비견이 있으면,** 자존감이 강해서 부부나 가까운 관계에서 상대에게 소신을 굽히지 않으려 한다. 특히 일지는 부부자리로 해석하므로 부부 사이에서도 의견이 다르거나, 다툼이 있을 때 양보하지 않게 된다. **시지에 비견이 있으면,** 노후에 자녀의 도움을 받을 수 있다. (단, 지지 다른 곳에는 비견이 없어야 하는 경우) 월지가 아닌 **년지나 시지에 비견(근)이 있으면,** 일반적으로 신왕이 아닌 평범한 조건이 된다. **사주에 비견이 없으면,** 동료나 친구 간의 협조나 인적 네트워크를 활용하기보다는 시스템 위주로 일하게 된다. 천간에 비견 겁재가 있으면 사람 동원력이 뛰어나서 강연이나 정치, 다단계 사업 등에 유리하게 작용한다.

### ♣ 비견의 사회적 성향

구속되지 않는 자유로운 프리랜서를 선호한다. 어려운 일이 생겨도 그동안 쌓아온 인맥을 활용하여 해결한다.

여자의 경우 비견이 3~4개 이상이면, 사회생활이나 가정생활보다 개인적 관계에 좀 더 치중하여 남편의 불만을 살 수 있다. 또 생활력이 강하고 능동적이어서 활동적인 직업이나 운동을 좋아한다. 자신의 능력에 비해 남편이 부족하다고 느낄 수 있다. 재성에 해당하는 시댁이나 시어머니와도 갈등이 일어날 수 있다.

남자는 집보다 밖에서 비견인 사람들과 많은 시간을 보내면서 지출이 많아지고 가정에는 소홀할 수 있다. 관(官)이 없고 비견이 3개 이상이면, 주관적 기준으로만 사람을 평가하거나 공과 사의 구별을 하지 않게 된다. 사람에 대한 경계심이 없어서 친구나 동업자 등 가까운 지인들로부터 경제적 손해를 볼 수 있다. 비견과 관의 힘이 서로가 강하게 비등하면 책임감이 있고 힘든 일도 잘 처리한다.

남자는 비견이 과다해서 신태왕(身太旺)하면 재성을 상극(제압)하므로 육친에 해당하는 처와 의견이 다르면 무시하며 독선적으로 모든 일을 처리한다. 여자들에게는 멋있고 강한 남자로 어필할 수 있지만 결혼 후에는 가정에 무관심한 남편으로 변할 수 있다. 자신감이 커 어떤 일이든 가족과 협의 없이 자기 방식대로 밀어붙이며, 남의 밑에 있지 않고 독립하려 한다. 남녀 모두 관(官)이 있어야 자신을 통제할 수 있는 자제력을 갖게 된다.

**천간에 비견이 있으면 자신과 같은 환경과 조건이 맞는 사람과는 피를 나눈 형제처럼 아주 친밀하게 지낸다.**

# 2. 겁재(劫財)

## 🔮 겁재의 성격과 특징

겁재(劫財)란 일간과 오행이 같고, 음양이 다른 육신(육친)이다. 비견이 가까운 사람들과 인간관계를 맺는 특징이 있다면, 겁재는 멀고도 가까운 불특정 다수와 대인관계를 맺는 특징이 있다. 겁재가 사주에 있는 경우 나와 상대를 비교하는 경쟁심이 있어서 장단점을 파악하며 눈치가 빠르고 분석 능력이 탁월하다. 상대를 견제하며 질투심도 강해서 이기려는 승부욕이 강하다. 겁재의 특징은 강자에게는 더욱 강하고 약자는 무시하는 우월의식이 있다. 일반적으로 겁재가 있는 경우, 추진력이 있고 호탕하다. 또 대범하고 복잡한 것 같으면서도 단순하다. 자기 뜻에 따라주면 좋아하고 호의적이다. 충고나 조언을 귀담아 들으려고 하지 않는다. 남자의 경우 부모로부터 일찍 독립하고 결혼도 일찍 하게 된다.

**사주의 구성이 신왕하면,** 남자는 여자에게 적극적이며, 목표를 정하면 반드시 자기 사람으로 만든다. 자기 뜻을 잘 따라주는 예쁜 미인을 아내로 맞는다. 상하관계를 중요하게 생각하는데, 관이 없으면 사람됨이 교만(驕慢)하여 남을 업신여길 수 있다. 상대보다 앞서려는 성품으로 주변으로부터 관심을 받기 위해 수입보다 지출이 많은 낭비를 하게 된다. 신왕한 자녀는 부모나 선생님에게도 자존심을 내세워 어른처럼 존중받기를 원한다. 칭찬을 좋아하며 잘못을 해도 엄하게 훈육하면 잘 받아들이지 않고 오히려 반항한다. 어른처럼 대해주고 부탁해야 말 잘 듣는 아이가 된다.

**사주의 구성이 신태왕**(근도 있고 겁재가 과다)**하면,** 비견이 있으면 가까운 가족이나 친지들과 소통하지만, 겁재가 있으면 타인들과 어울리는 시간이 많아 가정에는 소홀하게 될 수 있다. 가족 모임보다는 사회나 단체 등과 관련된 사람들과 자주 어울려 지출이 많아진다. 겁재가 지나치게(3개 이상) 많으면, 재를 상극하는 본능이 살아나서 적은 수입에는 관심이 없고 위험부담이 큰 투자에 관심을 두게 된다. 재물에 대한 욕심으로 무리한 사업을 추진하면 타 업체와의 경쟁에 시달릴 수 있다. 경영과 관리에는 미숙해서 재정난에 몰리기도 한다. 천간에 겁재까지 있으면서 관이 없으면 사람들을 리드하고 베풀지만, 평소 자신의 말을 잘 듣고 따르는 사람만 상대하니 사람에 대한 분별력이 없다. 믿었던 사람에게 배신과 배반을 당하고 투자로 인해 실패를 겪는 일이 많다.

권위 의식이 강하고 절제하지 않으며 상대의 의견을 무시하고 자기 입장만을 내세운다. 감정이 쌓이면서 나중에는 각자가 흩어져서 다른 길을 가게 되니 동업 관계가 쉽게 무너지게 된다. 남자는 처에게 강압적이거나 독선적으로 대해 처의 마음과 몸을 지치게 할 수 있다. 부부 모두가 겁재로 신왕하면 자존심을 내세우며 양보가 없어 서로가 주도권을 쥐려 한다. 또 우월의식이 있어서 상대방과 우호적인 인간관계를 맺으면서도 무시하는 습성이 있다. 많은 사람을 이용하는 피라미드 구조인 다단계에 뛰어들어 일확천금을 꿈꾸다 돈과 사람을 모두 잃는 경우도 많다. 한 가지 일에 집중하지 않고 부업을 하거나 업무와 상관없는 투잡을 하기도 한다. 직장에 소속되어 있어도 늘 자기 사업을 꿈꾸며 독립을 하려 한다.

관이 있으면, 자신의 부족함을 인지하여 자제하게 되며, 같은 실수를 반복하지 않게 된다. 관이 없다는 것은 사회나 조직으로부터 자신의 실력을 검증받을 기회가 잘 주어지지 않는 것과 같다. 겁재가 있는 사주에 관이 있다는 것은 자신의 부족함을 채워나가며, 타인을 인정하고 타산지석으로 삼아 분별력을 갖는 것이다. 신태왕한 사주의 자녀를 둔 부모는, 자녀가 가장 하고 싶은 게 있다면 마음에 들지 않아도 강요하거나 억압하지 말고 밀어주어야 반항하지 않고 자신감을 느끼고 관계도 유지된다.

**년지에 겁재가 있으면,** 부모로부터 일찍 독립하거나 학생 때도 기숙사 생활을 많이 한다. **월지에 겁재가 있으면,** 직장 등에 소속되어 있어도 일찍 독립하려는 의지가 강하다. 자신의 업을 일으키려고 빨리 퇴사할 수 있다. **일지에 겁재가 있으면,** 부부 사이라도 서로 양보하지 않아서 다툼이 잦을 수 있다. **시지에 겁재가 있으면,** 노후에도 기죽지 않고 자존심이 강하다. **사주에 겁재가 없으면,** 타인을 경계하지 않고 내 것 외에는 큰 욕심을 내지 않는다. 대인관계가 늘 만나는 사람들로 한정되어 있다. **사주에 비견과 겁재가 모두 있으면,** 다양한 불특정 다수의 전 국적 인적 교류나 단체, 요즘은 SNS(Social Network System) 등에 서 관계를 넓힌다. 집에서 가족과 밥 먹을 시간조차 부족할 정 도로 사람 만나는 걸 좋아한다.

### ❖ 겁재의 사회적 성향

사주 천간에 겁재가 있으면, 정치인이나 사회운동가처럼 선봉 에 서는 걸 좋아한다. 앞장서 리더십을 보이고, 빠른 추진력으 로 맡은 일을 열심히 한다. 명령받는 일은 하기 싫어하고, 자신 이 주도하는 파벌을 만들거나 절대 권한을 갖고자 한다. 상사 의 권위적 명령이나, 명분 없는 간섭에는 복종하지 않아 상하 간에 갈등이 일어난다.

모임에서도 자신이 중심이 되어 조명받기를 원한다. 그렇지 않으면 잘 참여하지 않는다. 생활비 지출에는 인색하지만, 사람 들과 많은 교류를 하다 보니 낭비벽이 심해서 경제적으로 어려 움을 느낀다. 특히 겁재가 많은데 일간을 자제시키는 관이 없어 신태왕해진 경우, 낭비벽이 심해 경제적으로 어려움에 빠질 수 있으니 될 수 있으면 재산 명의를 가족이나 믿을 수 있는 사람 앞으로 하는 게 좋다. 겁재가 있는데 운에서 관운이 오면, 자신을 돌아보고 그동안 맺었던 불필요한 인간관계를 정리하는 계기가 된다. 올바른 판단력을 갖는 기회이자, 현실을 직시하는 성숙함을 갖게 되고 후회의 아픔을 겪는 시기이기도 하다.

겁재가 과다하고 관까지 약할 때는 재물로 인한 유혹이 끊이지 않아 욕심이 생긴다. 탈재(奪財) 현상으로 손해를 보게 되니 투자 등에 유의해야 한다. 성격은 지나치게 급하면서 욕심 때문에 사람을 보는 분별력도 약해져 자신에게 호의를 베푸는 사람에게 쉽게 속을 수 있다. 사기나 손재수를 당하기 쉽다. 체력이 좋고 대인관계를 잘하므로 몸을 쓰는 운동선수, 개인사업, 프리랜서, 자유로운 방송인이나 선거운동 조직 관리, 인력사무소 등의 직업에 잘 맞는다. 사람들을 몰고 다니며 과시하는 것을 좋아해서 부녀회, 동창회, 동네 축구회, 노인협회 등 각종 단체의 장이나 명예회장으로도 활약한다. 직위나 직급은 높지 않지만 사람을 관리하고 다루는 분야에 많이 종사한다.

　겁재가 많아서 신태왕한 사주에 일간을 억제하는 관성이 없을 때는 사람에 대해 옳고 그름의 객관적 판단을 내리기가 어렵다. 자기중심적 사고가 강해 '자신보다 유능한 사람은 없다'라는 자만심을 갖게 된다. 군겁쟁재란 동업이나 금전 관계로 얽힌 인간관계의 배신으로 재물의 손해를 많이 입는 것을 의미한다.

　타인이 조금만 추켜세워도 의도를 파악하지 않고 허영심과 허세를 내세우고 싶어 한다. 모임이나 회식 등을 할 때 자신이 계산하는 일이 많아지니 재물을 모을 새가 없다. 주변 사람들이 보기에는 당당하고 카리스마가 넘치며, 머뭇거리지 않고 지갑을 열어서 베푸니 좋은 사람, 멋진 사람으로 환영받는다. 그러나 처나 가족에게는 베푸는 게 인색해서 불만을 품게 하는 요인이 된다. 겁재는 끊임없이 유혹이 들어오니 투자를 권유하는 자들을 경계해야 한다. 재물 유혹에 약한 자신도 결국은 금전 관계로 상대에게 피해를 주게 된다.

　학생의 경우에도 경쟁자를 파악하지 않고, 싸워보지도 않았는데 이겼다고 자만해서 경쟁에서 밀리게 된다. 자만과 독선으로 사회생활에서도 규칙이나 도리를 지키지 않으려 한다. 조직에 적응하지 않고 자신이 주도할 수 있는 사적인 관계에 치중한다. 관이 없이 신태왕할 때 운에서 재성이 오면, 겁재의 본능인 재물에 대한 욕심이 더욱 커진다. 자신이 가진 것에 만족하지 못하고 불만이 생기기 시작한다. 중심을 잡지 않고 모든 일을 확장하려고 해서 사기 사건 연루 등 재물과 명예가 크게 손상되는 일들이 벌어질 수 있다. 이럴 때 타인을 원망하지만, 겁재라는 자신의 탐욕이 과도한 욕심을 불러들인 결과라는 것을 알아야 한다.

운에서 일간을 자제시키는 관운이 오면, 그동안 참아왔던 주변 사람들이 따가운 질책과 충고를 하기 시작하는 때이다. 이를 받아들이면 인생의 터닝 포인트가 될 수 있다. 군겁쟁재의 배우자는 경제적 곤란을 겪으며 생활비 부족을 메우기 위해 쉬지 않고 일한다. 연애할 때는 박력 있는 멋진 남자지만, 결혼 후에는 재를 극하는 본능으로 여자나 처의 의견을 무시하고 억압하려는 처세로 가정이 평화롭지 않을 수 있다.

**천간에 겁재가 있으면, 다른 사람과 교류를 많이 하면서도 자신과 다른 면을 관찰하고 비교를 많이 한다. 늘 경쟁의식을 갖는다.**

# 3. 식신(食神)

## ❖ 식신의 성격과 특성

식신은 일간이 상생하며 일간과 음양이 같은 오행 육신(육친)이다. 안정적이고 평온한 삶을 살고자 하는 성향이 강하다. 사주에 식신이 있으면, 자식이나 아랫사람을 돌보듯이 타인에게 베푸는 자애로운 심성이 있으며 성실하다. 눈썰미가 뛰어나서 어깨너머로 본 것도 자신의 기술로 개발하는 능력이 탁월하다. 손재주가 뛰어나고 어려운 일을 쉽게 해결하는 재능이 있다. 음식에 대한 미각이 발달하여서 맛있게 먹는 것을 즐겨, 체형이 비만형이 많다. 긍정적인 성격 탓에 낙천적이고 서두르지 않으며 안락함을 추구한다.

식신의 궁극적인 목적인 의식주를 해결하기 위해 타고난 재능을 기술화하고 성실한 삶을 산다. 주변의 어려운 사람들을 돕고 봉사활동에도 참여한다. 싫은 일은 되도록 하지 않으려 하며 타인에게도 불편을 주지 않으려 한다. 지나치게 편안함만 추구하고 게으르며 행동이 느린 면도 있다.

**사주의 구성이 신왕하면,** 의식주가 풍요롭고 경제적 여유를 즐기며 살게 된다. 개인적으로는 재능 계발을 꾸준하게 하며, 먹고사는 의식주는 무엇이든 해결할 수 있는 능력이 있다. 자신의 재능을 전문 기술화하는 과정을 지치지 않고 꾸준하게 발전시킨다. 성실하며 몸과 마음도 건강하고 남녀 모두 건강한 육체미가 있다.

**사주의 구성이 신약하면,** 자기 일을 스스로 해결하기보다는 남에게 미루려고 한다. 일의 계획을 세워도 꾸준하게 추진하지 못하고 쉽게 포기할 수 있다. 그로 인해 뛰어난 기술력보다는 낮은 기능을 보유하게 되어, 직업도 자주 바꾸는 경향이 있다. 주변의 일에 관여하지 말고 자기 일에 전념해야 가치도 높아지고 건강에도 도움이 된다.

**년지에 식신이 있으면,** 선행을 베풀거나 화목한 가정을 이루고 사는 부모님의 혜택이 있다. **월지에 식신이 있으면,** 평안한 삶을 살아가며 의식주가 풍요로운 사회적, 가정적 여건을 이룰 수 있다. **일지에 식신이 있으면,** 미각이 뛰어나고 먹는 것을 즐기며 여유롭다. **시지에 식신이 있으면,** 노후를 대비하기 위해 연금이나 보험을 많이 든다. 맛집이 있으면 몇 시간이고 찾아가서 줄을 서서 기다리더라도 먹고 싶은 건 꼭 먹고야 만다. **사주에 식신이 없으면,** 유연함이 부족하고 권위적인 성향을 드러낸다. TV를 보더라도 예능프로는 즐기지 않는 특성이 있다.


## ❖ 식신의 사회적 성향

식신이 월지에 있으면 뛰어난 재능을 본능적으로 타고나 조금만 배워도 남들보다 앞서나간다. 획일화된 조직문화에서도 자신의 실력을 우선 내세우게 된다. 실용적이며 계획적이고 체계적이어서 미래를 위한 준비나 연구를 철저히 한다. 원만한 성품으로 대인관계에 마찰이 없고 부드럽다. 식신이 있으면 건강관리에 철두철미하며, 위험이 따르는 모험은 하지 않는다.

식신이 3개 이상 되고 일간이 신약하면, 남들의 요구를 거절하지 못하고, 꾸준하게 한 가지 일에 집중하지 못한다. 이일 저일 하고 싶은 일이 많아 박학다식하지만 전문성을 갖추기는 어렵다. 자격증을 많이 취득하지만 제대로 사용하는 경우가 별로 없다. 주어진 업무에 집중하지 않고 게임이나 잡기 등 취미생활에 몰두해서 만성피로에 시달리고 체력이 약해질 수도 있다. 내 일보다는 남의 일에 관여하게 되어 성품은 욕심이 없고 착하나, 의욕 없는 귀차니즘에 젖게 된다. 자신의 내면을 채울 생각 없이 남들에게는 정성을 쏟지만, 자신은 잘 돌보지 못하게 된다.

타고난 손재주가 있는 식신은 음식솜씨가 남다르게 뛰어나다. 요리를 좋아해서 은퇴 후에는 음식점 개업이나 의식주 생활에 필요한 장사를 많이 하게 된다. 제조·생산, 요리사, 관광산업, 농업이나 식자재 관련 산업, 학원 강사, 의식주 관련 산업 등의 식생활이나 의식주 관련 분야의 직업에 많이 종사한다. 신약한데 식신이 3개 이상 있는 엄마는 식신이라는 자녀의 요구가 힘들고 부담스럽게 느껴질 수 있다. 운에서 비견운이 오면 자신의 감춰진 끼를 알아주고 후원해주는 좋은 인연을 만나게 된다.

**식신생재(食神生財)**　　식신(특기·재능) + 재성(돈·경제)

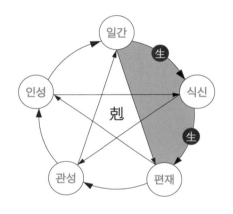

식신생재란 식신의 타고난 재능을 기술화해서 재성(돈)을 벌어들이는 과정이다. 꾸준히 경제활동을 해서 의식주에 필요한 재물을 벌어들여 풍요롭고 여유로운 삶을 살아간다. 주부 역시 일간이 신왕하면 시장경제에 관심을 두게 되며 부동산 임대업, 땅 투자, 사업 등에서 성공을 거두며 부를 이룬다. 자식을 잘 양육하고 자리를 잡을 수 있게 독립시킨다. 신약해도 의식주에 필요한 풍요는 누리며 산다.

식신생재 구조는 사업수완이 뛰어나, 일간이 신왕하면 자신의 기술을 브랜드화해서 사업에 뛰어들어 재물을 쌓을 수 있다. 창의성과 독창성이 필요한 분야에서 남들보다 끼 있는 재능을 보인다. 사교성이 좋아서 여자도 가정에만 안주하지 않고 적극적으로 사회활동을 한다. 재성이 없으면, 식신의 능력이 재성의 결과로 이어지지 못하니 투자에 비해 결과가 작게 나타날 수 있다. 사업을 하게 되면 거래처와 고객들이 원하는 시대적 변화와 흐름에 부합하지 못하고 자신의 아이디어와 품질성만 내세우다가 상품의 가치를 인정받지 못할 수 있다.

| 도식(盜食) - 월지 식신 기준 | 식신 << 편인 |
| --- | --- |

도식이란, 정신적이며 감성 위주의 편인이, 의식주에 필요한 기술을 만들어서 활동하는 식신을 상극해서 생기는 현상이다. 도식이 되면, 자기 일에 만족하지 못하고, 때때로(수시로) 비현실적인 생각을 한다. 이로 인해 일도 하기 싫어지고 생산성도 떨어지게 된다. 또 자신의 삶이 불만스럽고 주변 사람들과 대인관계를 하는 데 있어 감정조절이 어려워 인연을 오래 이어가지 못한다. 편인의 특성인 정신적인 외로움을 심하게 느낀다. 특히 식신이 약한데 편인이 운에서 강하게 들어오면, 마음이 분산되고 자기 일에 더 집중하지 못하여 하던 일이나 직업도 그만둘 수 있다.

식신은 식상생재로 돈을 버는 행위를 하며, 풍요로운 삶을 위해 경제활동을 하는 정신이다. 이런 식신이 가진 여유로움을 편인이 극하면, 게으르고 말투가 퉁명스럽고 불친절한 언행을 하게 된다. 일 또한 취미생활 하듯이 대충대충 한다. 당연히 먹고사는 기본이 흔들리게 되며, 경제적으로도 어려워진다.

만약 식당을 하는데 운에서 도식운을 만나면, 맛에는 신경쓰지 않고 놀 생각만 하니 음식이 맛이 없다. 또 손님들에게도 관심이 없고 불친절하니, 단골손님도 발길을 돌린다. 사업하는 사람의 경우는, 도식운때 직원들이 문제를 일으켜서 휴업하는 사태가 발생하기도 한다.

여자는 도식이 되면, 자녀의 일에 지나치게 관여하게 된다. 자녀에게 지나치게 엄격하며 감당하기 힘든 과제를 주거나, 압박해서 자녀와 갈등을 일으키기도 한다. 학생은 운에서 도식되면, 진로를 고민하게 되고 휴학을 하거나 전공까지도 바꾸고 싶어 한다. 의욕이 없고, 나의 일을 다른 사람이 대신해주기를 바란다. 창업을 해도 서비스 정신이 박약하여 고객의 발길이 끊기며 쉽게 폐업할 수 있다. 독립해서 사업을 하거나 자기 일을 확장하기보다는 소속되기를 권한다.

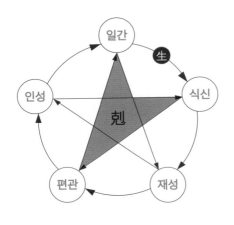

식신제살은 일간의 뛰어난 일 처리 능력을 의미한다. **월지에 식신이 있으면,** 자신의 재능을 발휘할 수 있는 직업을 선택하여 삶을 풍요롭고 편안하게 살게 된다. 반면에 편인은 편관이 주는 책임과 의무, 불편한 요구조차도 받아들이고 적응해간다. 식신은 편관의 요구에 그대로 적응하기보다는 편관이 주는 난관을 해결하기 위해, 실력을 갖추고 오랫동안 충분히 준비하는 과정을 거친다. 가정과 사회, 단체 등을 편관(殺)이라는 위험으로부터 보호하기 위해 국가나 단체에서 인정받는 자격조건을 갖추는 것을 식신제살이라고 한다.

졸업 후 취업과 진로에 필요한 자격증을 미리 취득하는 준비성이 철저하다. 의사·간호사나 보건소, 의료장비, 병원 등 질병·방역 분야에서 근무하는 경우가 많다. 또 검찰·경찰을 비롯해 경호원·마약단속반 등 사회에 해악을 끼치는 행위 등을 미리 조사하고 해결하는 직업군에 많다. 주식, 채권 등 증권이나 선물거래, 부동산 투자 등의 위험한 거래를 막을 수 있게 리스크관리를 담당하는 분야에서도 발군의 실력을 뽐낸다.

　개인적으로는 위생이나 자신의 건강관리에 철저하고, 위험하다고 생각되는 일에는 관여하지 않는다. 상대에게 불편을 주지도 않지만, 불편한 요구도 잘 받아주지 않는다. 사주에 편인이 있는 여자의 경우 허물이 있는 남자도 이해하고 수용하지만, 식신이 있는 여자는 남자를 선택할 때 장단점을 파악해서 사랑보다는 현실적이고 경제 안정을 중요시한다. 식신제살이 된 사주의 구조는 개인적으로는 불편함을 해결하려는 완벽한 성향을 보인다. 개인위생에도 철저하고 직업적으로는 자신의 능력을 끊임없이 개발한다.

　**월지에 편관이 있을 때** 사주에 식신이 있어서 식신제살 하면, 통솔력과 명예가 있는 삶을 살아가려 한다. **월지에 식신이 있을 때** 사주에 편관이 있어서 식신제살 하면, 개인의 행복 만족도가 높은 삶을 추구해서 어떤 일이든 미리 준비하는 철저함이 있다.

| 제살태과(制殺太過) | 식신 >> 편관 |
| --- | --- |

　식신제살은 편관(殺)의 리스크를 대비하고 어려움을 해결하기 위해서 자격요건을 갖추는 것이다. 그런데 사주에 식신이 지나치게 많으면 태과불급(太過不及)의 상황이 일어날 수 있다.

◎태과불급 : 지나치게 반응해서 오히려 역효과를 내는 것을 말한다.

예를 들어, 식신이 3개 이상인데 편관(殺)이 약하면 제살태과가 된다. 이렇게 되면 편관(殺)의 어려움을 극복하는 것이 아니라 아예 편관을 못 쓰게 해서 기능을 마비시킨다. 빈대 한 마리 잡겠다고 집 한 채를 불태우는 현상과도 같다. 지나칠 정도로 민감하고, 작은 일에도 흥분해서 참지 못하며 조금만 어려워도 쉽게 포기해 버린다. 사회 적응력이 떨어져 직장이동이 많고 한량처럼 한가하게 쉬운 일만 찾게 된다. 여자는 남편을 무시하거나 무능력하게 만들고, 남자는 자녀를 지나칠 정도로 혹독하게 다룬다. 인내심이 없으니 조금만 힘들어도 포기하려고 하여 신분 상승이 어려울 수 있고, 대체로 불성실하며 불만 불평이 많아지고 자기만족을 못 할 수 있다.

**(제살태과의 예)**

| 식신 | 일간 | 편관 | 식신 |
|---|---|---|---|
| 乙 | 癸 | 己 | 乙 |
| 亥 | 亥 | 卯 | 亥 |
| 겁재 | 겁재 | 식신 | 겁재 |

편관(살)이 식신의 과도한 방어에 제살태과가 되었다.

재성이 없어서 재성의 도움(재생관)을 받지 못한 약한 편관(살)을 식신이 과도하게 제살태과를 시켜서 무력하게 만들었다. 인성조차 없어서 상사의 지시에 순응하지 않고 업무와 상관없는 일에 집중하며 불만 불평을 입에 달고 산다. 사표를 썼다가 접었다가를 반복한다. 직급이 낮고 직장 이직률이 높아 생활이 안정되지 못할 수 있다. 이런 사주라도 어려움을 견디는 습관과 인내심을 키우게 된다면 성실하고 책임감 있게 살아갈 수 있다.

**천간에 식신이 있으면 일간은 상대에게 매우 협조적이며, 뭐든 같이 하려고 하지만, 불편한 상황엔 잘 참여하지 않는다. 또 자신의 위치나 영역을 잘 지키며 새로운 시도보다는 안정적인 생활을 추구한다. 개인 관계에서는 자세를 낮춰 상대를 최대한 예우하는 모습을 보인다. 조직에도 충성을 다하여 윗사람으로부터 믿음을 얻는다.**

# 4. 상관(傷官)

## ◈ 상관의 성격과 특성

상관은 일간이 상생하며, 일간과 음양이 다른 오행 육신(육친)이다. 즉흥적이고 충동적이면서 감수성이 예민하고 본능적이다. 상관의 특징은 특권층이나 강자에게는 소신을 굽히지 않으며, 약자에게는 온정을 베푼다. 솔직하면서도 언행에 거침이 없어서 상사나 조직의 잘못된 점을 그냥 지나치지 않고 지적한다.

시시비비를 가리는 입바른 소리를 잘해서 직장 상사에게는 미운털 박힌 대상이 될 수 있지만, 동료들에게는 사이다 같은 존재로 인식된다. 개혁적이고 혁신적인 성향으로 자칫 안정에서 불안정한 상황으로 가려 한다.

천간에 상관이 있으면 강한 개성을 드러내며 마음을 숨기지 않고 솔직하다. 눈앞에서 일어나는 일에 대한 상황인식이 빠르다. 즉각적이고 돌발적인 행동이나 말실수로 인해 구설에 휘말릴 수 있다.

**사주의 구성이 신왕하면서 상관이 2개 이상이면,** 다재다능하며 총명하다. 호기심 천국으로 궁금하면 그냥 지나치지 않고 즉석에서 표현한다. 구속과 규범을 싫어하고 자신이 원하는 것은 반드시 갖고자 한다. 인내심이 없으면 상대하기 힘든 상대다. 상관은 정관을 상극하는 육신(친)이기 때문에, 신중하고 권위적인 정관에 반항하기도 한다. 참을성이 부족해서 시비와 구설에 휘말리고 가볍다는 말을 듣기도 한다.

상관이 3개 이상이면 조용한 날이 없고 근거 없이 떠도는 소문의 진원지 역할을 한다. 말을 신중하게 가려 해야 한다. 정인이 없는 상관은 반복되는 일상에는 권태를 느끼면서 어디로 튈지 모르는 예측 불가능한 행동으로 나타난다. 정인은 고요한 마음의 상태와 같아서 상관의 튀는 행동을 자제시키는 안정됨과 같다.

식상은 일간의 생각이나 감춰진 본능을 밖으로 뱉어내고 행위를 하는 아웃풋(output)의 전령이다. 식신은 관계를 맺으면서 솔직담백하게 싫고 좋은 의사표시를 분명히 하여, 늘 같은 모습으로 안정감을 준다. 반면, 상관은 자기 생각과 달라도 상황과 필요에 따라서 상대에게 친절하게 맞추다가도 싫증을 자주 느끼게 된다. 인내심이 약한 상관의 특성상 짜증이 나면 돌발적인 발언이나 행동을 보일 수 있다. 내 마음과 다르게 상대에게 맞추다 보니 감정이 한꺼번에 폭발하여 분노 조절이 되지 않는 경우가 자주 발행한다. 식신이 상대의 마음에 귀 기울인다면, 상관은 상대의 말에 귀를 기울인다. 감정선이 변화무쌍하므로 상대에게 당혹감을 주기도 한다. 상대가 원하는 행동이나 언어를 구사하여 행복감도 주는 매혹적이며 다재다능한 끼가 가득하다. 야누스와 같은 양면의 이중성이 있다. 특히 천간에 상관이 있으면, 입을 다물고 있어도 강렬한 눈빛 때문에 감정이 그대로 드러난다. 주변 상황에 예민하게 반응하며, 말하는 것을 좋아해서 구설의 원인 제공자가 되기도 한다.

**사주의 구성이 신약하면서 상관이 과다(2~3개 이상)하면,** 자신을 포장하며 보여주기식 허세를 부린다. 실속이 없는 일을 하거나 감당할 수 없는 일을 추진할 수 있다. 공손하지 못한 언행 때문에 신경질적으로 보이고, 남의 일에 관여해서 늘 바쁘게 생활한다. 자신에게 집중하지 않고 자기관리를 못 해 몸이 허약해지고 잦은 질병에 시달릴 수 있다. 직장에서도 상사에게 잘잘못을 따지려 들고 불만을 나타내어 잦은 이직이나 퇴직 등의 변화가 많을 수 있다.

여자가 상관이 과다해지면 남편보다 주도권을 가지려 하고 자신의 주장을 강하게 내세워서 남편을 무력하게 만들 수 있다. 자녀를 남들과 비교하면서 전전긍긍하고 근거 없는 근심·걱정을 많이 하기도 한다. 무엇을 하든지 중간에 포기하는 일이 발생하며, 한 가지 일에는 만족을 못 느끼고 다양한 일들을 시도해야 행복을 느낄 수 있다. 자녀를 보면 부족해 보이고, 남편을 봐도 늘 만족스럽지 못하다. 내 가족을 옆집과 비교하고 경쟁 관계를 스스로 조성하며 자신의 조건이나 환경에 불만족을 느낄 수 있다.

상관의 저돌성을 억제하는 인성이 없이 상관이 3개 이상이면, 자기 일에 집중하지 않고 남의 일에 적극적으로 나서게 된다. 이로 인해 소득 없는 시비에 휘말린다. 또 자신이 아닌 상대에게 집중하다 보니 잘하다가도 짜증을 내기도 한다. 나를 못 챙겨 정신과 체력 모두 탈진해서 행동보다는 립서비스에 치중하는 일이 많아져 믿음을 얻지 못할 수 있다. 동정심이 많아 어려운 사람을 보살펴주지만 대가를 바라지는 않는다. 예술적이며 독특한 발상으로 개성이 뚜렷하고 혁신적이라는 평가를 받는다. 주변 사람들의 호불호가 갈린다.

반면에 상관의 끼를 자제시키는 정인이 3개 이상이면, 상관의 표현력을 압박해서 자신감이 약해진다. 실력은 있으나 쉽게 발휘하지 못하며 소심하고 조용하다. 남의 일에 관여하지 않으며 사회적응 능력도 떨어진다. 상관이 있는 사주에 정인은 준비된 실력이다. 행동하기 전에 철저한 준비를 하는 것으로 나타난다. 식신이 자기 일에 열중한다면, 상관은 타인의 일에 대신 나서는 일이 빈번하여서 남을 위한 봉사활동을 하면 정신적으로 만족을 얻을 수 있다.

**년주에 상관이 있으면** 어린 시절 한 번쯤 집안이 소송 등에 휘말렸거나, 부모님이 사업 등으로 실패한 경험이 있다. 자신도 취업이나 입시 등에 첫 번째는 합격이 되지 않고 한두 번의 고배를 마신 후 합격할 수 있다. **월지에 상관이 있으면** 누구도 생각하지 못하는 아이디어로 전광석화처럼 빛나는 순발력을 발휘해서 예능과 창작을 접목하는 직업군에 잘 적응한다. **일지에 상관이 있으면** 집에 있지 않고 밖으로 잘 나가는 특성이 있다. **시간에 상관이 있으면** 노후에 자유롭기를 원하며 여행을 좋아한다.

**사주에 상관과 식신이 모두 있으면**, 다방면에 소질이 있어서 한 가지에 집중하지 않고 하고 싶은 것이 많아 다양한 능력을 갖추려 하나, 깊이 있는 전문성은 떨어질 수 있다. **사주에 상관이 없으면** 보수적이고, 새로운 변화보다는 고정되고 유지되는 환경을 선호한다.

상관이 있으면 제도권 내의 안정적이지만 획일적이고 권위적인 정관이라는 고정관념을 개혁하려는 변화를 선호한다. 다양한 삶을 추구하고 약자를 보호하면서 개혁하고 혁신하려는 현대사회의 문화적 아이콘(icon)이기도 하다. 그동안 상관에 대한 명리학계의 평가는 구시대적인 사회적 분위기를 반영한 악평이 주류를 이루어 왔다. 필자의 개인적 생각은, 지나치지만 않다면 한발 앞서서 폭넓은 다양한 의견들을 제시하고 반영해서 개혁하는 시대정신이라고 생각한다. 시민단체, 노동조합, 환경운동가, 전교조 등 관의 통제에서 벗어나 개혁을 요구하는 단체에서 많이 활동한다.

### ◈ 상관의 사회적 성향

상관의 시각은 한곳에 머물지 않고, 여러 곳을 상하좌우로 관찰하는 카멜레온과 같다. 새로운 시도를 하면서 다양성을 갖추고, 직업도 바꾸고 직장도 옮기는 경우가 많다. 상대를 설득하는 화술에 능하며 상대가 무엇을 원하는지를 본능적으로 느낀다. 상황을 빠르게 파악하여 영업이나 홍보, 계약 등에 반영한다. 호기심이 많아 무엇이든 관심이 가는 것이 있으면 꼭 한번 실행해봐야 직성이 풀린다. 또 친절하게 상대를 추켜세우는 말솜씨로 호감을 주기도 한다.

하지만, 비밀을 지키지 못하고 지나치게 솔직하게 표현하다 보니 신뢰를 얻지 못하기도 한다. 임기응변이 뛰어나 순간적인 위기에서 벗어나는 재치가 있고, 발상의 전환이 빠르다. 획일화된 구조에서 과감하게 벗어나서, 마케팅 기획 분야 등에서 필요한 획기적인 아이디어를 내거나 창조적 발상을 하는 능력이 뛰어나다. 유행에 민감하거나 신기술 개발 등 창조적 자질이 필요한 사업을 하면 커다란 성공을 거둘 수 있다.

상관은 시대를 읽는 안목과 현실 파악 능력이 뛰어나지만, 돌발적이며 누구에게도 매이지 않으려는 자유로운 영혼이다. 규제나 규범, 안정을 내세우는 보수적인 정관을 대하면 답답함에서 자유롭게 벗어나고 싶어 한다.

천간에 상관이 있는 사람은 언변이 뛰어나지만, 독설적으로 상대를 공격하기도 하고 립서비스를 하기도 한다. 스트레스를 받으면 낭비로 분출하는 경향이 있다.

여자 사주에 상관이 많고 정인이 없으면, 가족과 상의 없이 계약, 투자 등을 독단적으로 추진해서 남편이나 시댁과 다투거나 불만을 사기도 한다. 집에 있는 것보다 사회생활을 하면 압박감의 감정 해소에 도움이 된다.

직장인이 정인이 없이 상관이 3개 이상이면, 업무능력은 없으면서 타 직장과 비교를 하면서 불만을 표하는 것과 같다. 또 상대와 대화를 하면서도 기승전결 없이 자기 자랑에 여념이 없어 가볍고 산만해 보인다.

　운에서 들어오는 상관은 안정된 정관을 상극해서 일간(나)으로 하여금 일탈을 꿈꾸게 한다. 지금 상황이 답답하고 벗어나고 싶은 마음이 생겨 새로운 도전을 하려고 한다. 직장이나 현재 사람들과 이별하고 새로운 관계를 맺고 싶은 마음의 변화가 일어날 수 있다. 특히 천간에 상관이 있으면, 무심히 던진 말로 각종 루머와 구설의 실마리를 제공할 수 있다. 이로 인해 조직에 위해를 끼칠 수 있으니 조심해야 한다. 겸손과 순응을 미덕으로 삼지 않으면 주변과 심한 갈등을 일으켜 다툼을 제공할 수 있다.

　상관운은 갑작스러운 일의 진행이나 느닷없는 발탁이 되는 운이기도 하다. 연예인의 경우는 예상치 않게 팬들의 주목을 받기도 한다. 비평가나 평론가, 시민운동가, 노조 위원, 변호사, 연예인, 사회자, 아나운서, 엔터테인먼트, 예술인, 패션산업, 창작자 등 표현능력이 필요한 직군에 적합하다.

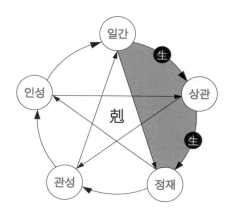

## 상관생재(傷官生財)　　　상관(활용) + 재성(재물)

식신생재는 끊임없는 노력으로 타고난 재능을 기술화해서 경제활동을 한다. 그에 비해 상관생재는 시장이나 주변의 반응을 보며, 모방과 창조를 통해 그때그때 활용이 가능한 경제활동을 한다.

벤치마킹을 통해서 새로운 아이디어를 개발하고 상품화하는 능력이 뛰어나다. 또 돌발적인 위기 상황에 처해도 순간적으로 잘 대처한다. 남들이 미처 생각하지 못한 기발한 방법으로 시장이나 현 상황에 맞춰 새로운 상품개발로 인기를 주도하는 역할을 많이 한다.

상관이 생재되면 기술을 홍보하고 포장하는 유통경로를 이용하여 영업적 이익을 극대화한다. 자율적으로 능력 발휘하기를 원해서 특정 조직에 소속되기보다는 프리랜서로 자유롭게 활동하기를 원한다. 남자의 경우 상대방에게 호감을 주는 서비스와 친절한 언행으로 여자에게 자상하다는 인상을 주고 호감을 산다. 여자의 경우는 재치 있는 언변으로 남자의 매력을 끈다. 식신생재가 꾸준한 관계를 지속한다면, 상관생재는 새로운 변화를 시도하면서 헤어짐과 새로운 만남을 이어간다.

## 상관견관(傷官見官) - 월지 상관 기준    상관(자유) > 정관(법·규칙)

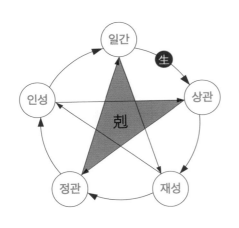

상관의 눈에 비친 정관의 모습은 판에 박힌 구태의연한 관습에 얽매인 답답한 세상으로 보인다. 이런 정관을 자신에 맞게 변화를 주면서 다양함으로 바꾸려 하는 것을 상관견관이라고 한다. 유통 질서 파괴, 다양한 거래처, 퓨전요리, 경매 등 기존의 사회와 시장 질서를 파괴하고 새로운 형식으로 변화시킨다. 인테리어, 유통, 영업망, 기발한 상품 패션화 등 획기적인 상품을 개발하는 직업에 흥미를 느낀다.

정인 없이 정관이 있는 사주가 상관이 2~3개 더 많으면 짝퉁 사업, 불법, 편법, 무허가 영업 등 법망을 교묘하게 피해 가는 분야나 수의 계약, 아파트 분양권 확보 등에서 남다른 재능을 보인다. 상·하 관계를 벗어나 다양하게 인간관계를 맺어나간다. 여자는 결혼상대가 평범하지 않고 개성이 있다. 파격적인 조건이나 배경 등으로 부모가 반대하더라도 이를 무릅쓰고 자신이 택한 상대와 결혼을 하는 경우가 많다. 사주에 상관의 힘이 정관을 압도할수록 일간(나)은 자신이 원하는 건 포기하지 않으려 한다.

## 상관패인(傷官佩印)   상관(비판·자유) + 정인(교육)

비판적이며 반항적인 상관은 정인이 있어서 조절하면 스스로 자제하는 정신과 교육적 자질로 능력을 발현하게 한다. 일하기에 앞서 상대에게 먼저 동의를 구할 정도로 겸손하다. 윤리와 도덕을 중요시하며, 베풂을 통해서 국가나 공공기관 근무에 필요한 자격이나 실력을 갖추는 것을 상관패인이라고 한다.

정인은 없는데 정관보다 상관이 많아지면, 공직자는 품위와 체면을 지키지 못하고 불성실한 자세로 맡은 임무를 태만시 하게 된다. 주부는 자신이 결정권을 행사하며, 집안일을 상의하지 않아 남편과 갈등을 일으키기도 한다. 정인이 없으면, 상관운에 학생은 시험에 합격하기가 어렵다. 학교 급수를 낮추거나 조정해야 한다. 상관패인이 되면, 강의나 컨설팅, 진로·진학 상담과 같은 배움과 교육에 관한 직업에 종사한다. 주부는 신사임당처럼 지혜로운 어머니의 기준이 되며 자녀의 교육에 헌신적으로 관여한다. 덕을 갖춘 부인으로 남편을 내조하며 가정을 평온하게 이끌어 간다.

사주 원국에 정인이 없는데 정인운이 오면 자신의 의지대로 살지 못하며, 가족이나 사회의 일원으로 인정받고 소속되는 일이다. 그동안 자유롭게 생활했다면, 정인운이 오면 전체를 위하고 공적인 마음으로 임하게 된다.

| 상관상진(傷官傷盡) | 상관 < 정인 |
| --- | --- |

정인이 3개 이상으로 상관보다 지나치게 많은 현상을 상관상진이라고 한다. 상관의 재기발랄한 끼와 행동이 정인이라는 체면과 체통, 교육적 사고의 압박감으로 자신의 개성과 재능을 드러내지 못하게 될 수 있다. 상관의 개성이 억눌리게 되어 웃음과 친절 대신 말투는 퉁명스럽고 자신감 없이 무력함으로 나타날 수 있다. 많이 배웠어도 자신감 부족으로 활용을 못 하고, 박사학위 받고 유학까지 다녀와서도 전공을 전혀 못 살리며 집에서 살림만 하는 주부와 같다. 남들보다 실력이 월등해도 크게 쓰이지 못하는 아쉬움이 있다.

**천간에 상관이 있으면 일간의 시선은 한곳에 머물지 않고 대자유를 꿈꾼다. 또 타인의 시선에도 아랑곳하지 않고 4차원적 생각도 깊게 한다.**

# 5. 정재(正財)

## ◈ 정재의 성격과 특성

일간이 상극하고 일간과 음양이 다른 오행 육신(육친)을 정재라고 한다. 정재는 경제적 안정과 물질, 재물의 소유에 첫 번째 목적을 둔다. 정재가 있는 사람은 재산을 잘 관리하고 정당한 대가를 원한다. 욕심을 내지 않고 땀과 노력을 기울여 재산을 늘려나간다. 정확한 업무능력으로 맡은 일을 성실하게 잘 수행하면서, 자신의 자리를 지킨다. 안정적인 환경과 미래를 위해서 재물을 보유한다.

계산과 실리에 밝고 치밀해서 가치가 없는 일에는 돈과 시간을 투자하지 않는다. 정직하고 고지식해서 주변으로부터 인색하다는 평도 듣는다. 일할 때 준비가 철저하고 자기 페이스를 잘 유지하며 해나가서 좀처럼 실수하지 않는다. 이재에 밝고, 투자를 결정할 때 지나칠 정도로 안정된 수익을 따지며 계산하는 고지식함이 있다. '티끌 모아 태산'의 정석이기도 하다.

사주 천간에 정재가 있으면, 남의 것에 욕심내지 않고 건실하게 안정된 생활을 유지한다. 지지에 있는 정재는 재산이나 소유물이 남들에게 노출되지 않지만, 천간에만 정재가 있을 때는 재산이 잘 지켜지지 않을 수 있다(단, 구조에 따라 차이는 있다).

천간과 지지에 정재가 힘이 있으면서 일간도 근(根)이 있으면 부유하게 지낸다. 또 관이 있으면 재산을 잘 지켜낼 수 있다.

교육과 학문(정인)에 집중해야 할 학생이 여자, 현실, 돈(정재)에 우선순위를 두게 되니 학업을 멀리하고, 학교 밖의 아르바이트 등 돈 버는 일에 재미를 느낀다. 입시에서도 무난하게 합격하기 어렵고, 예비번호를 배정받거나 재수를 하게 된다. 열심히 해도 시험운이 따라주지 않을 수 있다. 이럴 때 목표를 낮추고, 잠시 숨 고르기를 하면서 다시 준비하는 시간이 필요하다.

**사주의 구성이 신약하면**, 조직이나 단체에 잘 적응하면서 경제적으로 무난하게 산다. 신약하면서 재성만 3~4개 이상이면 '재다신약(財多身弱)'이라고 한다. 재다신약 사주를 가진 사람에게는 자신의 재산이 아닌 공공의 재산이나 영역을 지키는 역할이 주어진다. 부잣집 금고지기와 같이 큰 회사의 총무나 공공기관과 나라의 재산을 지키는 공무원으로 일하는 경우가 많다.

남자의 경우 중요한 결정을 할 때도 처가 자신의 권한을 대신하게 한다. 여자의 마음을 잘 이해하고 자상해서 남자보다는 여자들과 잘 어울려 지낸다. 신약할 때 운에서 비견·겁재가 오면 재산의 증식에 관심을 두게 된다. 이때 주변의 투자 제의나 동업의 요청이 많아진다.

**사주의 구성이 신왕하면**, 자신이 직접 경영에 참여하고 장사나 사업 등을 확장하려고 한다. 정재가 있을 때 일간이 신왕하면서 식상이 있으면, 사업수완이 뛰어나고 돈을 잘 벌어들이고 능란한 처세술로 주변과 친화력을 발휘한다.

**년지에 정재가 있으면** 집안의 가풍이 근검절약을 생활화한다. **월지에 정재가 있으면** 직장이나 가정생활의 최우선 순위를 재물이나 경제에 둔다. 월급이나 정기적인 수입을 선호하며 경제적 모험은 웬만해서 잘 시도하지 않는다. **일지에 정재가 있으면** 여자는 현모양처가 많고 남자는 가정적이며 처복이 있다. **시지에 정재가 있으면** 적금이나 노후연금 등을 젊은 시절부터 준비한다. **사주에 정재가 없으면**, 계획을 세우는 데 치밀하지 못하며, 작은 일에는 무신경하게 대응한다.

## ♣ 정재의 사회적 성향

조직이나 단체에서 자신이 주체가 되기보다는 2인자로서 몸을 낮추는 처세술로 재생관을 잘한다. 안정된 고정수입이 보장되는 직업을 선호한다. 정확하고 빈틈없는 수학적 사고력이 필요한 통계, 은행, 증권 전망, 미래가치 투자 컨설팅, 펀드 운용, 경영, 세무, 회계 등에서 탁월함을 보인다. 좌우, 높낮이, 거리, 넓이 등 수리 계산이 요구되는 대형 크레인, 특수 중장비 운전, 드론 비행사, 행글라이더, 사격, 투수, 골프 등에서 발군의 기량을 펼칠 수 있다. 식상까지 있으면(식상생재) 쉬지 않고 꾸준하게 경제활동을 하며, 직장에서도 최선을 다해서 자신의 역량을 발휘한다.

단체나 개인 모임에서도 총무나 회장 등의 책임을 맡으며 회원들 간 가교 역할을 원활하게 수행해나간다. 상대를 존중하며 자신의 의견을 먼저 내세우지 않고 상대를 배려한다. 하지만 많은 노력과 성과에도 인정받지 못하면, 냉정하게 단절하고 뒤돌아서며 다시 돌아오지 않는다.

| 재생관(財生官) - 부부의 경우 (육친의 역할) | 정재 + 관성 (남편과 부인) |
|---|---|

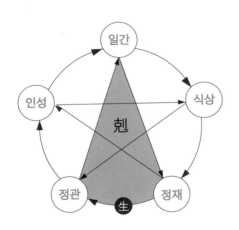

사주를 해석할 때 육신(사회관계)이 아닌 육친(인간관계)의 해석으로 부부 관계를 볼 때, 정재는 결혼한 주부를, 관성은 남편을 의미한다. 재생관이란 부인이 남편에게 내조하는 모습을 의미한다. 남녀 모두 재생관이 되면, 부부가 서로

화합하며 존중하게 된다. 이상적이고 서로에게 열과 성의를 다하는 부부 사이다. 사주의 구조가 재생관 된 며느리가 들어오면 집안이 화목하고 재산도 늘어나며 고부 관계도 평화롭게 유지된다. 관보다 정재가 많으면 남편보다 부인의 발언권이 크며 남편을 주도하게 된다.

| 재생관(財生官) - 사회적 해석 (육신의 역할) | 정재 + 관성 |
| --- | --- |

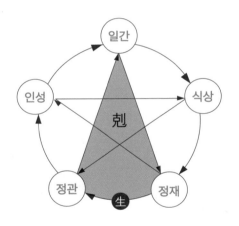

사주의 구조가 식상과 재성이 있는 식상생재가 되면 자신의 재능을 발휘해서 자유롭게 사회활동을 한다. 반면에, 재생관이 되면 단체나 직장 등에 소속되기를 원하며, 자신이 속한 직장이나 상사에게 최선을 다하는 충성심을 보여준다. 사주의 구조가 재생관이 되면 서열을 분명히 하며 사심 없이 공적인 자세로 처세한다. 재성이 일을 하는 자신의 위치라면, 관은 일을 시키는 상사와 같다. 따라서 재생관이란 금융과 소득 또는 자신의 위치를 보장받기 위해 참모처럼 충성한다

는 의미이다. 재생관 된 사주를 가진 직원을 발탁하면, 최선을 다해 성실하게 일하여 회사가 번창하고 확장된다. 개인사업을 할 때도 재생관 된 종업원을 뽑으면 열심히 일한다. 단, 월급만 큼은 다른 곳보다 많이 지급해야 한다.

재생관이 되면, 명령을 잘 수행하고 겸손하며 착실하다. 젊어서는 윗사람에게 인정받으며 나이 들어서는 부하들의 의견을 잘 받아들인다. 모범적이고 바르게 처신하여 존경받는다. 정재가 식상생재가 되면 생활비에 필요한 정도의 벌이 활동은 한다. 재생관이 되면 여유로운 재물의 보유도 할 수 있다.

| 재극인(財剋印) - 사회적 해석 | 정재 > 정인 |
| --- | --- |

정인이 늘 배우는 자세로 지적 자질을 직업화하며 학자 같은 생활을 추구하는 반면, 정재가 있으면 지향하는 삶의 목적을 경제적 실리에 둔다. 정재가 운에서 오면, 경제적 실리를 추구하는 데 마음을 뺏겨 업무에 집중하지 못한다. 이처럼 재물 때문에 마음이 안정되지 못한 상태를 재극인이라 한다.

사주에 재성이 있으면, 재산을 늘리기 위해 무리한 재테크를 시도한다. 부동산 임대업, 땅, 증권 중개로 보유자산을 늘려나가며 투기나 이권 개입을 통해서 재산을 늘려나가려고 한다. 재산을 안전하게 오래 보유하려는 성향의 정인보다 재성이 많으면, 돈에 대한 욕심을 과하게 부린다. 인성이 재성보다 힘이 있어야 물욕을 자제하며 안정적인 투자를 한다. 사주에 식상이 있으면 재산의 증식 규모가 커지게 된다.

| 식상생재(食傷生財) | 식상 + 정재 |
|---|---|

식상생재는 정재의 궁극적 목적인 재물을 취득하기 위해 식상(식신·상관)으로 자신의 기술을 활용하여 경제활동을 한다는 의미다. 식상이 없으면 자신만의 노하우나 재능 계발을 하지 않아 경제적 이득이 크지 않을 수 있다.

**천간에 정재가 있으면, 일간은 자신의 위치나 영역에 집중하며 안정적인 생활을 추구한다.**

# 6. 편재(偏財)

### ❖ 편재의 성격과 특성

일간이 상극하고 일간과 음양이 같은 오행 육신(육친)을 편재라고 한다. 정재와 편재 모두 재물이나 자신이 속해 있는 위치, 차지하고 있는 영역의 의미가 크다. 정재가 가정에 충실한 반면에 편재는 좀 더 사회적인 성향으로 간다. 정재는 불필요한 지출을 자제하면서 알뜰하게 저축하며 철저하게 미래를 대비하는 정신 무장을 한다. 반면에 편재는 통이 큰 기분파로 호탕하면서 유흥도 잘 즐긴다. 분위기가 좋으면 지출도 아낌없이 한다.

남자의 경우 정재가 가정에 충실하고 부인을 자상하게 챙긴다면, 편재는 마음과 시선이 밖을 향해 있다. 다양하고 폭넓은 대인관계를 맺고 수완도 좋아, 필요한 사람이 있으면 물량 공세를 펼쳐서라도 자기 편으로 만든다. 정·편재 모두 재물에 대해서는 수학적 계산이 빠르고 이재에 밝아 실리를 추구한다. 현실감각이 뛰어나고 분위기 파악도 잘한다. 사주에 재성이 없으면 상대 의도를 파악하는 감이 느리다.

**사주의 구성이 신약하면**, 편재는 새로운 곳에 투자하거나 확장해서 판을 키우려는 속성이 있다. 그런데 일간이 신약하면 자신의 능력을 넘어서는 확장으로 경제적 곤란을 겪을 수 있다. 혼자서 사업을 하면 오래 유지하기가 벅찰 수 있다. 일정한 고정수입이 있는 직업이나 봉급생활을 하는 게 잘 맞는다.

**사주의 구성이 신왕하면**, 편재가 2~3개 있는 경우 안정된 투자보다는 한 번에 큰 이득을 남길 수 있는 투자를 선호한다. 일간의 근(根)이 있고 신왕하면, 재를 다루며 보유할 수 있는 능력이 있다. 이성에게도 위풍당당하고 리드할 줄 알며, 멋있게 행동하는 남자다운 모습이 있다. 여자 역시 주변을 이끌어가는 여장부의 면모를 보인다.

**년지에 편재가 있으면,** 부모가 부유하거나 주변에 경제적으로 성공한 사람들이 많다. **월지에 편재가 있으면,** 남녀 모두 직업을 선택할 때 경제적 부유함을 우선시한다. 매우 현실적이고 부유한 환경에서 생활한다. **일지에 편재가 있으면,** 남녀 모두 배우자가 경제활동 하기를 원하며 재물의 축적을 중요시한다. **시지에 편재가 있으면,** 노후에도 풍요로운 환경을 유지, 확대하기 위해 주식투자 등의 취미생활을 한다. 편재가 있을 때는 식신도 같이 있어야 사회진출이 원활하며 경제적 소득 또한 높아진다. **편재가 사주에 없을 때**는 도전보다는 자신의 영역에 안주하려는 조심스러움이 있다.

## 식신생재(食神生財) - 월지 편재 기준　　식신 + 편재

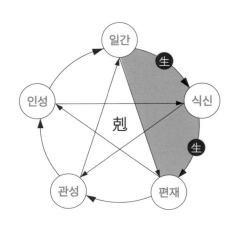

월지에 식신이 있는 일간(나)이 생활하기 위한 경제활동을 한다면, **월지에 편재가 있는 일간에게는** 투자를 기본으로 하는 사업적 마인드가 내재하여 있다. 월지에 식신이

나 편재가 있으면서 식신생재가 되면, 두 경우 모두 사회와 직장에서 자신에게 맡겨진 업무 파악 능력이 탁월해서 남들보다 앞서가며 부를 이루며 산다. 근이 있거나 비겁이 있어서 신왕한데 운에서도 근이 오면, 소속에서 벗어나 자신의 이름을 브랜드로 내세워 창업하려고 하며 많은 돈도 벌어들일 수 있다.

식신과 편재는 세팅이 되어야 경제적 부를 이룰 수 있는 좋은 여건과 환경을 갖추게 된다. 신약할 때 운에서 오는 근은 나에게 도움이 되는 좋은 배경을 펼쳐주는 귀인과 같은 역할을 한다. 천간의 비견·겁재는 나의 일을 도와주고 협력하는 인력과도 같다. 편재는 시장이나 세상을 보는 시각이 넓고 할 일을 만들어내며 바쁜 생활을 한다. 내가 가진 재산에 만족하지 않고, 더 많은 재물을 벌어들이기 위해 투자하는 본능이 있다. 정재가 있는 사람은 돈 자체를 보유하는 걸 중요하게 생각하지만, 편재가 있는 사람은 돈을 이리저리 굴리고 키워가는 걸 즐긴다.

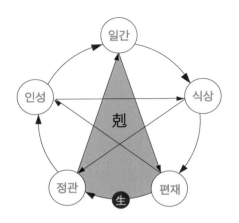

재생관이란 자신이 속해 있는 소속이나 사람에게 협조와 충성을 한다는 의미다. 월지에 정재가 있는 일간(나)은 경제적 안정과 자신의 위치를 보장받기 위해 협조와 충성을 한다면, 월지에 편재가 있는 재생관은 자신이 결재권을 가지고 조직을 운영하는 통솔자가 되려고 한다. 편재는 일간이 신약하면 직접 사업체를 운영하지 말고 조직에 소속되어 제자리를 지키면 정년퇴직이 보장된다. 비견이나 겁재운이 오면 자신감이 생기면서 내가 가진 것이 초라해 보이고 부족하게 느껴진다. 남의 것은 값비싸 보여, 자칫 힘겨운 창업 전선에 나서려고 한다.

## ❖ 편재의 사회적 성향

편재가 있으면, 투자를 통해서 자신이 직접 경영하려는 사업적 마인드가 있다. 사업을 해도 정재는 투자금을 보수적으로 운용하여 내 사람, 내 가족을 지킬 수 있는 안정적 투자를 하려고 한다. 또한 리더십과 통솔력이 뛰어나고 사업적 수완도 탁월해서 적은 수입에 만족하지 못하는 성향이 있다. 오래 걸리지 않고 크게 이득을 거둘 수 있는 과감한 투자를 한다. 간혹 무리한 욕심으로 리스크가 발생하기도 하지만, 투자 대비 많은 이익을 남기는 운용 능력이 월등하다. 일간이 신왕하면서 편재도 2개 이상으로 힘이 있으면 식상운이 올 때 부자의 반열에 오른다.

정재가 있는 사람이 창업을 하면, 소매, 단골, 정찰제, 현금 장사 등 자신의 영역을 지키면서 믿을 수 있는 안전한 방식을 선호한다. 반면, 편재가 있는 사람은 자신의 영역을 크게 확보하려 한다. 새로운 고객을 끌어들이기 위해 통 큰 세일을 하거나 물량 공세, 리스크가 발생할 수 있는 사업 등에 관심을 기울인다. 이처럼 편재는 배포가 큰 사업가의 기질을 발휘한다. 정재가 재물을 모아 가족과 함께 소비하는 데 행복을 느낀다면, 편재는 벌어서 많은 사람과 함께 소비하는 데 기쁨을 느낀다. 정재의 눈과 발길이 늘 가정으로 향한다면, 편재의 귀와 마음은 밖을 향해 열려 있다. 펀드매니저, 조직 관리자, 컨설팅 업무, 부동산 임대업, 투자자문, 세무, 회계, 사업가, 은행, 자영업자 등 재물이나 이권에 관련된 분야에서 탁월한 능력을 발휘한다.

## 재극인(財剋印)                    정재 > 정인

　사주에 재성이 3개 이상 있으면서 인성이 1개 정도만 있을 때는 재성이 인성을 극(재극인)한다. 이때 일어나는 현상은 가까운 지인에게 서운한 감정을 느끼고 외로움과 갈등으로 인한 번뇌가 있다. 재극인은 어린 시절 부모와 불화를 겪기도 한다. 나이 들어서는 사람에 대한 믿음이 약해지며 누구든 의심하는 증세가 생겨 마음의 번민이 깊어질 수 있다.

## 탐재괴인(貪財壞印)                재성(원국) >>> 재성(운)

　근과 비겁도 없어서 신약할 때, 인성은 일간에게 큰 도움을 주는 귀인이면서 안정을 주는 마음이다. 이런 구조에 정·편재가 3~4개 이상 많거나 운에서도 재성운이 또 오게 되면, 마음의 안정이 무너진다. 이를 탐재괴인이라고 한다. 이런 상황이 되면, 은인을 배신하며 고마움을 잊는다. 또 승마, 경륜, 스포츠 도박, 카지노 등 승자독식 도박에 빠져서 쾌감을 느끼며, 어리석은 선택의 길에 들어서기도 한다. 돈만 눈에 들어와서 창업을 하기 위해 인성에 해당하는 소중한 어머니를 불안하게 하는 생활 태도로 일관하면서 사업자금을 요구하는 등 힘들게 한다. 자신의 한계를 모르고 확장하므로 재산을 탕진하게 될 수 있다.

관직, 공무원, 관리자의 위치에 있을 때, 검은 커넥션의 제안이 들어오는 일도 많아지게 된다. 여자와 재물에 마음을 뺏겨 청탁을 들어주는 탐관오리의 전형과도 같은 인물로 전락할 수 있다. 사업가는 눈앞의 작은 이익에 악수(惡手)를 두고, 학생은 책을 멀리하여 학업능력이 저하된다. 또 이성에게만 눈이 가고 인성에 해당하는 소중한 어머니에게 고통을 주게 된다. 사사로운 개인사를 중요하게 챙기며 관직에서도 물러나 낙향 선비가 되는 것과 같다. 이런 운에는 정당한 방법으로 재물을 취득해야 한다. 거절하기 힘든 부탁을 가장한 청탁을 받아들이면 뒤탈이 일어날 수 있으니 청렴함을 지켜야 한다.

## 재다신약(財多身弱)  신약한 사주 + 편재 多

일간이 비견·겁재가 없어서 신약할 때, 편재가 월지에 있으면서 다른 곳에도 2개 이상 있으면 재다신약이라고 한다. 재다신약은 많은 재성을 일간이 감당하기 벅차므로 자신의 업을 일으키기에는 힘들다. 많은 재성을 재생관으로 소속에서 몸담으며 타인들의 재산이나 이권, 권리를 지켜주는 직업군에 알맞다. 공무원, 비서나 참모형 등 주변에 돈 있고 권력 있는 사람들과 친분을 유지하며 2인자의 처세술로 인맥을 잘 활용한다. 사주의 구조가 재다신약일 경우, 사고의 중심에는 돈 버는 방법, 투자, 이권에 개입해서 부를 이룰 거라는 계산방식으로 차 있다. 대부분 누군가의 도움이 있다면 언젠가는 반드시 크게 비상한다는 생각에 젖어 있다. 이때 운에서 근이나 비견운이 오면, 근거 없는 자신감과 유혹이 들어와 감당하기 힘들 만큼 융자를 받거나 지인에게 돈을 빌려서 투자하는 과욕을 부린다. 그러나 생각만큼 수입이 따라주지 않아서 경제적인 압박이 가중될 수 있다.

결혼생활은 처가 주도권을 갖게 되는데, 처의 처지에서는 동생처럼 보살펴야 하는 남편과도 같다. 남자는 자상하며 여성스러워서 여자들에게 편안함을 느끼게 하지만, 막상 동반자가 되기에는 믿음직스러운 남편이기보다는 자상하고 섬세해서 여성스러운 면이 많다. 여자의 상황을 잘 이해하고 챙겨주어서 남자들보다 주변의 여자들과 친하게 지낸다. 성품이 부드럽고 착해서 고정급여를 받으면서 착실하게 생활하면 주변에서 인정받을 수 있다. 여자의 사주가 재다신약은 남편이나 시댁의 뒤치다꺼리에 고단한 일상을 보낸다.

**천간에 편재가 있는 일간은 지금 현재에 집중하기보다는 확장해가고, 새로운 것에 대한 도전 의식이 강하다. 사업이나 투자 역시 도전이라는 생각으로 시도하려고 한다.**

# 7. 정관(正官)

## ♦ 정관의 성격과 특성

정관은 일간을 상극하며 일간과 음양이 다른 오행 육신(육친)이다. 정관이 일간을 극한다는 뜻은 해로움을 끼친다는 의미가 아니다. 자기 절제(剋)를 통해서 한 개인이 아닌 사회구성원으로 살아가기 위해 마땅히 지켜야 하는 법과 원칙, 규범과 질서를 정관이라고 한다. 정관이 있으면 안정된 생활을 보장받기 위해 대기업 등 조직 등에 소속되려고 한다. 정관은 품위를 지키려 하며, 체면을 중요시한다. 또 평온한 가정생활과 사회생활을 추구하며 살아간다. 매사에 좌우를 살피고 돌다리도 두드린다. 보수적이며 타인의 눈을 의식하게 되고 품위와 명예를 소중하게 지키려고 한다.

일간인 '나'의 경쟁 상대인 겁재를 경계하는(정관은 겁재를 상극한다) 특성상 타인을 쉽게 믿지 않는다. 지나칠 정도로 법과 원칙을 지키며 모범적으로 살아간다. 법에 어긋나는 잘못을 하거나 정도를 벗어나는 사람들은 잘 품지 않는 냉정함이 있다. 정관이 3개 이상 있다면, 나이가 들수록 (특히 은퇴 후) 불필요하다고 생각되는 사람 정리를 해서 주변에 만날 지인이 많지 않아 외로움을 느끼게 된다. 사사로운 감정에서 벗어나 대의명분을 중요시하는 대인관계를 맺는다. 사주에 정관이 있으면, 남자는 모범적인 가장의 역할에 충실하며, 여자는 남편의 보호 아래 주부의 역할에 최선을 다한다. 남자에게 육친으로 정관은 자녀를 뜻하며, 여자에게는 남자나 남편으로 해석한다.

**사주의 구성이 신왕**(일간의 근이 2개 이상)하고 정관이 1개 정도로 일간보다 힘이 없으면, 단체나 조직문화에 순응하지 않으려 한다. 자만심으로 상사의 명령이나 업무 지시에 따르지 않고 무시하거나 불만을 드러내게 된다. 명령받는 단체생활에 적응하기 힘들어 하며, 조직에서의 독립을 꿈꾼다. 결국은 퇴사 후 회사를 창업해 자신이 직접 주인공이 되어 조직을 이끌어가거나 프리랜서 등에 나서게 된다. 이때 사주에 관이 약하면서 비견이나 겁재가 3~4개 정도 있으면 생각보다 쉽게 재물이 따라주지 않는다. 여자의 경우 남자를 존중하지 않고 아랫사람 대하듯 해서 남자(또는 남편)의 자존감을 낮게 만들 수 있다.

일간도 왕(일간의 근이 있으면)하고 정관도 2~3개 있으면, 자신을 잘 조절해서 사회생활을 원활하게 한다. 정인까지 있으면 능력을 갖추게 되며 인품과 품위까지 갖추어 주변의 존경을 받는다. 단, 정관이 3~4개 이상이면 원칙을 내세워 자신에게 엄격하며, 상대에게도 압박을 가한다.

**사주의 구성이 일간이 근이 없어서 정관보다 약하면**, 조직에 적응해가고 업무 지시에 따르며 겸손하여 가정과 직장생활을 무난하게 한다. 정년을 보장받는 직업을 선호하며, 사업 등의 모험에 쉽게 뛰어들지 않는다. 돌다리도 두드리는 조심스러운 생활을 하려 한다.

**년간의 정관**은 명예와 전통을 중시하는 집안 출신에 많다. **월주의 정관**은 안정된 직업과 임무를 위해 스케줄에 맞추어 자신을 관리하고, 이름있는 회사나 공공기관에 소속되어진다. **일지에 있는 정관**은 자녀와 가정을 위해 충실하게 생활한다. 시주의 정관은 노후를 위해 낭비하지 않고 대비를 한다. **천간에 정관이 있으면** 사회적 명예와 지위를 대단히 중요시한다. **사주에 정관이 있으면** 공적인 마인드로 공인의 자세를 갖추려 한다. **정관이 없으면** 대외적인 명분보다 사적인 인간관계를 우선시한다.

## ❀ 정관의 사회적 성향

사주에 정관이 있으면, 일간(나)이 가장 소중하게 아끼는 소유물과 같은 정재를 노리는 겁재(경쟁자)를 물리친다. 항상 경쟁자나 적을 이기기 위해 상대에 대한 치밀한 정보 수집을 한다. 장단점을 파악해서 적과 아군을 구분하는 판단력은 누구도 따라갈 수 없다. 국가관이 투철하며, 자신이 속해 있는 사회와 조직의 위계질서를 잘 지켜간다.

좌고우면하지 않고 목표를 세웠으면 다른 길을 가지 않는다.

타인의 의사를 존중하지만, 사적인 만남보다는 공적인 업무를 우선시한다. 자신에게 맞는 실력을 꾸준하게 준비하며 청렴결백해서 공무원, 행정직, 법조계, 임명직, 관리직 등에 발탁되는 기회가 주어진다. 정의로우며 공명정대하게 공무수행을 잘하며, 소속과 조직을 책임지고 이끌어가는 국가나 사회의 중요한 역할을 하게 된다. 국가에 충성하고 부모에게는 효도하며 부하직원을 잘 이끌어가는 리더십을 발휘한다.

개인적으로는 가정, 재산 등 나의 소유물을 지키면서도 명분을 중요시한다. 타인으로부터의 불필요한 기대도 하지 않고, 대가 없는 일에 잘 나서지 않는다. 이직이나 새로운 변화에 적응하기보다는 고정된 수입이나 일자리를 선호한다. 타의 모범이 되는 생활을 하므로 취직이나 승진의 기회에서 경쟁자보다 한 발 앞서간다. 사업가는 무리해서 투자하지 않고, 안정되게 회사를 관리한다. 단순노동과 기능 등 명예가 없는 일은 선택하지 않으려고 한다. 월급보다는 품위와 명예를 소중하게 여기는 정관의 특성상, 사람들이 알아주는 회사에 다닌다는 자부심이 있어야 한다.

## 관인상생(官印相生) - 월지 정관 기준 　　정관(일·업무) + 정인(실력)

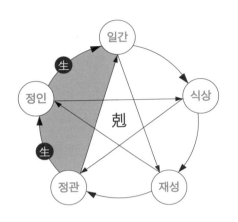

정관이 월지에 있으면 명예나 직위 위주의 직업적 환경에 소속된다. 관이 주는 명예라는 자리를 지키기 위해서는 무엇보다 정인이라는 업무능력이나 기본적인 실력을 갖추어야 한다. 정관이 주는 임무를 수행하기 위해 지적인 교육을 통해서 배우고 익혀서 전문능력화하는 과정을 관인상생이라고 한다.

　사주에 정관이 있을 때 정인까지 있으면 관인상생이라고 한다. 관인상생이 되면 정관의 명예와 직위를 지키고 관리하며 업무에 필요한 실력과 능력을 갖춰 맡은 일에 책임을 다한다. 자신에게 주어지는 공적인 일 이외의 사사로운 유혹 등에 흔들리지 않는다. 완고하면서도 공명정대한 관직자나 사회인의 모습이기도 하다. 자기 일에만 열중하고 규범을 지키지 않는 타인의 실수나 잘못은 규정에 따라 원칙적으로 처리해 나간다. 믿음은 갈 수 있으나 권위적이고 법의 잣대로만 해결하려고 해서 인간미가 없고 이기적으로 비칠 수 있다. 평범한 소시민의 모습이며, 샐러리맨의 삶과 같다. 공직이나 획일적인 조직문화에 잘 적응한다. 자기 일이 아니면 남의 일에 책임지는 무리한 일에 나서지 않으려 한다.

　재생관이 되면 조직에 충성하고 상대를 존중하며, 주부는 남편에게 내조한다. 관인상생이 되면 노력하고 일한 만큼 권리를 인정받는다. 재생관이 상대를 위해서 하는 행위나 협조 의무라면, 관인상생은 나의 권리를 지키는 것이다. 여자 사주가 관인상생이 되면 남편의 수입에 대한 권리를 자신의 것으로 보장받을 수 있는 권리가 주어진다. 재생관과 관인상생 모두 서로 믿고 의지하는 부부의 아름다운 모습이다. 재생관은 안 되는데 관인상생만 되면 조직이나 상대에 대한 배려보다는 자신의 이권이나 권리를 우선시한다.

**재생관(財生官) - 월지 정관 기준**　　　재(금융) + 관(일·권한)

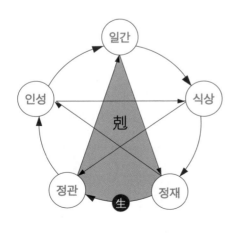

정관이 월지에 있으면, 안정된 가정과 사회생활을 유지하기 위해 대기업, 공공기관, 공무직 등 남들이 알아주는 권위 있는 사회적 환경을 점하게 된다. 사주에 정관과 재

성이 있으면 재생관이라고 한다. 재생관이란 자신의 권익을 보호해주고 보장해주는 상대와 조직을 위해서 최선을 다하는 충성심과 협조하는 관계를 의미한다.

월지에 재성이 있을 때, 일간인 내가 하는 재생관의 역할은 자신에게 이득이나 금융의 혜택을 줄 수 있는 인물을 따르게 된다. 월지에 정관이 있을 때 일간인 내가 하는 재생관의 역할은 명예와 실권을 얻기 위해 조직에 충성한다. 명예를 소중하게 생각하고, 상사에게 최선을 다하고 상대의 요구를 수용한다. 두 경우 모두 겸손을 미덕으로 삼아서 윗사람에게는 머리 숙여 따르고 아랫사람에게는 의견을 묻고 존중한다. 가정생활 역시 남들의 부러움을 사는 부부의 모습이다. 서로의 의견이 맞지 않고 사랑이 식어도 체면 때문에 쇼윈도 부부처럼 이별 없이 결혼생활을 유지하기도 한다. 나이 들어서는 그동안의 충성심을 인정받아 조직으로부터 결재권이 주어진다. 단, 재성이 3개 이상으로 지나치면 재극인이 될 수 있다. 정관은 재극인이 되면 재생관의 반대 개념으로 실력을 인정받지 못해 상사에게 항명하게 될 수 있다. 부하들에게도 품위를 지키지 못해서 존중받지 못하게 된다. 재생관이 상대에게 최선을 다하는 의무라면 관인상생은 상대에게 받을 권리를 의미한다.

## 재극인(財剋印) - 월지 정관            재 > 인

정관이 월지에 있으면 권위와 명예로운 자리이며 정인의 실력을 갖추고 자신의 업무를 수행하게 된다. 정관의 명예를 지키기 위해 실력을 갖추는 인성을 정재가 상극하면 재극인이라고 한다. 정관이 재극인이 되면 정관에게 꼭 필요한 정인의 지적 능력과 실력을 갖추려는 마음보다 재물이나 이권을 챙기려는 속성으로 변모하게 된다. 특히 재성이 3개 이상이 되면, 자신에게 맡겨진 공(관+인)적인 임무보다 사(돈, 이권)적인 일에 더 관심을 두게 된다. 승진에서는 불성실함이 드러나 밀리게 된다. 후배에게는 실력으로 밀리게 되어 어린 상사를 모시게 되는 일이 일어날 수 있다.

재극인이 되는 것은 정관이 원하는 인성이라는 학문과 준비를 게을리하고 조직을 위해서 재생관(협조와 최선을 다함)을 하지 않을 때 일어나는 현상이다. 특히 재가 지지에 있으면 문제를 일으키지 않는데, 천간에는 관이 없고 재성과 인성만 있을 때 재극인 현상이 일어난다. 정관의 권위를 지키려는 마음보다 실리를 목적으로 현실과 타협하는 자세가 앞선다. 남자의 경우에는 가정에서 아내의 발언권이 자신을 넘어서는 불편한 상황이 연출된다. 처가 주도적 역할을 하면서 경제활동까지도 왕성하게 하게 된다.

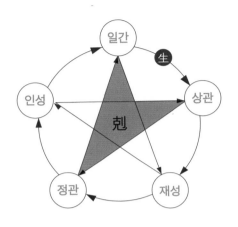

정관이 월지에 있으면 '모든 길은 법과 규칙에 있다'라는 원리원칙주의자다. 공적이고 획일적이면서 바른길이 아니면 가지 않으려고 한다. 공적인 마인드로 생활하며 예상 가능한 행동으로 믿음과 확신을 준다. 공동체에서 공적인 직업이나 흔들리지 않는 공직에 맞추는 구조다. 국가의 보직이나 행정기관, 공무원, 법무, 사법기관 등에 많이 등용된다. 이처럼 정해진 길이 아니면 눈길조차 주지 않는 공적인 삶을 추구하는 정관(규칙, 법, 일정함)에게 상관이 있는 것을 상관견관이라고 한다. 사주의 구조가 상관견관이 되면 일간인 나에게 다양한 생각의 변화가 일어난다. 시선이 이곳저곳으로 분산되고, 주어진 업무 이외의 사적인 일에 치중하게 되고 주변 상황에 민감하게 반응한다.

사회의 일원으로서 지켜야 하는 정관이라는 규범과 가치를, 상관이 있으면 규제나 속박이라는 생각이 들어 바꾸고 싶어진다. 사주가 상관견관이 되면 일간인 '나'는 권위적이고 낡은 틀을 바꾸는 개혁과 혁신이라는 생각이 든다. 하지만 잘못되면 삶이 안정에서 불안정한 상황으로 흘러갈 수 있다. 정관의 입장에서는, 상관을 조직과 가정의 질서를 위협하는 불안한 사람이라 생각하여 경계한다. 상관견관이 되어 있으면, 사회나 가정에서 지켜야 할 기존 관행이나 규칙을 인정하지 않으려 한다. 자신의 주장을 굽히지 않고 불협화음을 내며 갈등하는 일들이 발생할 수 있다.

국가, 사회, 개인사 등의 평범하고 상식적인 범주에서 벗어나 자신만의 생각이나 기준으로 세상을 변화시키려고 하는 것과 같다. 비판적인 표현의 독설가, 반항아, 반대파, 이적단체라는 등 믿음이 가지 않는 불안한 평가를 받게 된다.

상관견관이 된 사주의 일간은 권위적이고 상명하복을 요구하는 조직의 제도를 참지 못하고 개혁하려는 시도를 하려 한다. 정관은 변화를 하지 않고 안전하게 내부를 지키는 것인데 상관의 변화에 대한 욕구와 외부에 대한 호기심은 정관이라는 조직에게는 위협이 될 수 있다. 권위에 대한 항명과 논쟁이 끊이지 않아 주변으로부터 불편한 주목을 받게 된다. 모양을 바꾸는 인테리어업자, 철거업자, 유행을 선도하는 자, 시민운동가, 노동조합, 혁명가 등의 인물과 같다. 직장의 이직률도 높고 계약직이나 비교적 출퇴근이 자유로운 직장인이 많다. 주변에 힘든 일이 있으면 내 일처럼 해결해주면서도 대가를 바라지 않고 어려운 사람에게 온정을 잘 베푼다. 입바른 말을 거침없이 해서 상대를 불편하게 하는 면모도 있다.

## 상관패인(傷官佩印) - 월지 정관 기준 　상관(비판·자유) < 정인(교육)

월지에 정관이 있을 때 사주에 상관도 있으면, 자기 일에 집중하지 못하고 자리에도 불만스러워하는 상태를 상관견관이라고 한다. 이곳보다 저곳에 관심이 가고 자신의 자리에 만족하지 않는다. 이런 상관의 자유롭고 호기심에 가득찬 다양성을, 정인이 있으면 배움과 교육을 통해서 자기 절제를 하게 된다. 정관이 요구하는 법과 윤리에 맞게 행동하며 타의 모범이 되는 지적 인품으로 사회나 가정을 위해 자신을 낮추게 된다.

상관견관이 되는 사주에 정인까지 있으면 기품과 슬기로움의 상징이며 품위 있는 교양을 갖추려 한다. 교육, 행정, 공적 업무, 대학교수, 교사, 강사, 국회나 정치권의 대변인, 의사, 약사, 연구자 등 국가 자격증 급의 실력을 갖추고 공적 임무를 담당한다. 상관의 자유롭고 돌발적인 끼를 발산하지 않고 안으로 품고 있으니, 개인적으로는 인내심이 필요하고 행복 지수가 낮을 수 있다. 신사임당과 같은 어머니의 모습이며, 가정적으로는 남편을 내조하는 전형적인 부창부수 부부의 모습이다. 남녀 모두 교양과 기품을 갖추며 품위를 지키는 생활을 한다.

천간에 정관이 있는 일간은 나와 상대의 처지를 잘 구분한다. 사회나 개인 관계 역시 상명하복의 계급의식이 강하다. 자신을 잘 컨트롤 하며 명예와 직위를 소중하게 여긴다.

# 8. 편관(偏官)

## ❖ 편관의 성격과 특성

편관은 일간을 상극(억제)하며 일간과 음양이 같은 오행 육신(육친)이다. 경쟁 상대인 겁재를 상극(억제)해서 자신의 권리를 지키는 정관과는 달리, 편관이 있는 사주는 일간인 자신(억제)을 극하기 때문에 책임져야 하는 고단한 일이 많다. 도전과 시빗거리도 자주 발생하는 특성을 지니고 있어 편관을 살(殺)이라고도 한다.

정관이 있으면 비교적 일간이 감당할 수 있는 일이 주어지는데 반해, 편관은 개척하고 극복해야 하며, 목표 달성까지의 과정이 험난한 일들이 주어진다. 편관이 있는 사람은 힘들고 벅찬 일을 해결하기 위해 권모술수와 편법을 교묘하게 사용하게된다. 정관이 내부를 지키는 업무라면 편관은 외부의 적들로부터 내부를 보호하는 역할을 한다.

이런 이유로 편관은 상대에게 위협적으로 보이기도 한다. 카리스마가 있으나 참을성이 약해서 성격이 불같이 급하다. 의협심이 대단하여 불의를 보면 참지 않고 내 일처럼 해결해준다. 상황에 따라서 자신의 권리를 쉽게 포기도 한다. 목적을 이루기 위해서는 불법과 편법도 동원해서 일을 처리해 후환을 남기기도 한다. 강자에게는 진검승부를 펼치고 약자에게는 항복을 받아 끝을 내고야 만다. 희생정신도 있고 담대할 뿐 아니라 배짱도 두둑하여 빠르게 판단하는 결단력이 있다.

재성까지 있어서 재생살이 되면, 따르는 사람도 많고 조직에도 충성하게 된다. 남자는 여자에게도 인기가 있다. 특히 월지에 편관이 있으면 일간은 비견·겁재의 근이 있어야 자신감을 갖고 상대와 당당하게 맞선다. 사주에 편관이 없으면 어렵고 힘든 일은 되도록 피하면서 살게 된다.

**사주의 구성이 신약**(일간이 근도 없고 비견·겁재 또한 없음)**한데 편관이나 정관이 3~4개 있으면,** 자신감 부족으로 강박관념에 시달린다. 자신이 주도권을 행사하지 못하고 상대의 눈치를 살피게 된다. 자기 일에 대한 만족감이 낮고 소심하다. 주어진 일이 조금만 힘들어도 기댈 곳을 찾게 된다. 여자는 스스로 일 처리를 하지 않고 남편이나 시댁에 의지하지만, 남편에게 받는 고달픔 또한 많아진다. 편인이 있으면, 편관이 주는 부당함과 어려움을 받아들이고 적응하고 인내하면서 살아간다. 신약한데 편인까지 없으면, 대처 능력이 부족하고 불만은 쌓여서 과중 과로에 시달릴 수 있다. 스트레스가 심하고 체력관리를 하지 못해서 몸이 쇠약해질 수 있다.

**사주의 구성이 신왕**(일간이 근이 있으면서 비견·겁재로 신왕)**하면** 자신감이 넘치고 자신의 의도대로 조직을 통솔한다. 힘든 상황인 편관(殺)을 잘 극복하고 어려운 일 또한 해결할 능력을 갖추게 된다. 재성(재생살)까지 있으면, 솔선수범하여 힘든 일을 처리해 하늘 높은 줄 모르는 인기를 끈다. 편관보다 일간의 근이 2~3개로 지나치면, 조직에 들어가지 않고 독자적인 일을 스스로 개척해 나간다.

**년주 편관은** 무관 집안 출신이 많다. **월지 편관은** 일간에게 맡겨진 책임과 임무가 크고 주변에 도와야 하는 사람이 많은 환경이다. **일지 편관은** 힘들게 하는 배우자일 수 있다. **시간 편관은** 나이 들어서도 쉬지 않고 일하려 한다.


### ◈ 편관의 사회적 성향

정관은 펜을 잡고 업무를 보면서 영역을 안정되게 관리하는 **문관**의 직업에 맞는다. 편관은 외부의 적들로부터 도전을 받으며 칼과 방패를 무기 삼아 영역을 지켜내는 변방의 장수와 같아 **무관**의 직업에 맞는다. 정관은 자신에게 주어진 업무에 충실하면서도 조직에 맞게 자기관리를 한다. 반면에 편관은 모험심이 있어서 개척하는 일을 좋아하고, 남의 일도 내 일처럼 몸을 아끼지 않아서 스스로 고단한 일을 많이 한다. 협상이나 계산하기보다는 행동으로 보여준다. 편협한 면이 있어서 시비가 잦고 잘 참지 못해 갑작스러운 사건, 사고에 얽히는 일이 발생한다. 눈빛만으로도 상대를 압도하며, 자신이 원하는 것을 얻기 위해서는 위협을 가하기도 한다. 정관이 안정된 조직을 관리한다면, 편관은 외부의 리스크로부터 조직을 지켜내는 책임을 수행한다.

외부적으로 충격이 오는 리스크 관리 등을 하는 업무에 잘 맞는다. 편법이나 잘못된 관행, 미성년자 불법 고용 등의 특수 범죄를 다루거나 법을 어기는 자들을 색출하여 죄를 묻는 사법 기관 등에 많이 종사한다. 새롭게 개척하는 거래처, 영업지점, 대내·외 업무, 무역 외교관, 강직한 법을 집행하는 경찰, 군인 등 국가를 상대로 공적 업무를 수행한다. 공직에 있으면 결단 있는 일 처리로 인정받는다.

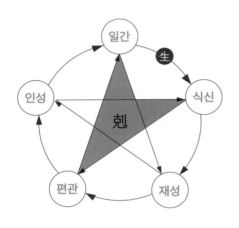

월지에 편관(殺)이 있거나 편관이 2~3개 있으면, 어렵고 책임을 지는 힘든 임무가 주어진다. 이때 식신이 있으면, 일간은 편관이 주는 어려움을 해결할 수 있는 실력을 갖추게 된다. 오랜 시간 형설의 공을 쌓으며 공인화된 국가자격증을 취득하는 실력이 식신제살이다. 편관이 있을 때 식신이 있어서 식신제살이 되면, 개인적으로는 어려움이 없는 삶이며, 사회적으로는 실력자로 인정받게 된다.

식신제살이 되면 일 처리 능력이 뛰어나다. 일간의 근이 있으면 식신으로 자신의 재능을 능력화해서 편관(殺)을 해결한다. 근이 없이 신약하면, 지구력이 약해 시간이 오래 걸리는 급수 높은 자격을 갖추지 못한다. 직급이 낮으며 계약직이나 별정직과 같은 일이 주어지게 된다. 식신이 없는 편관은 자신을 통제하지 못해 거만하고 만용을 부리며 공격적이고 위협적이다. 편관이 있는 여자가 식신이 없으면, 남편이나 시댁의 부당함에도 반발하지 않는다. 식신제살이 되면 남의 어려움을 내 일처럼 챙기면서 공인으로 산다. 제도권에서 CEO, 관리자급, 사회복지사, 자산관리사가 많다. 강단이 있고 경제적으로도 풍요롭다.

## 살인상생(殺印相生) - 월지 편관 기준 　　편관 + 편인

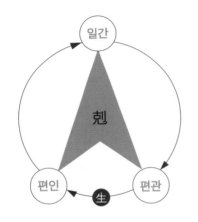

월지에 편관이 있거나 사주 전체적으로 2~3개 이상 있으면, 그때그때 처리해야 되는 급박하게 촌각을 다투는 고달픈 업무가 주어진다.

편인이 있으면, 권리보다는 자신의 희생을 당연시하며 고달픔을 숙명처럼 받아들인다. 이를 살인상생이라고 하는데, 편인이 편관(殺)에게 주어진 어려운 의무를 이해하고 수용하는 강한 정신력을 말한다. 편인이 없으면, 편관에 대한 의무감이 없고 불만으로 가득할 뿐 제때 필요한 실력을 갖추지 않는다. 또한 일간의 근이 지지에 있어야 스스로 의지력을 키워, 자신감을 갖고 오랜 세월을 인내하며 어려움을 견뎌낼 수 있다. 그런데 지지에 근이 없으면, 주어진 일에 잘 대처하지 못하고 조금이라도 힘든 일은 회피하려고 한다.

월지에 편인이 있는 살인상생 구조는 교육이나 특수 업무 등 정신적 특기를 활용하는 직업적 선택을 한다. 월지에 편관이 있는 살인상생은 외부의 적으로부터 조직의 리스크를 관리하는 직업을 선호하게 된다. 잘못된 관행이나 편법을 바로잡고 집행하는 기관의 직업이 많다. 감찰관, 마약·폭력배 단속, 즉결심판관, 야전사령관 등이나 급한 환자를 치료하는 응급실, 소방대원 등의 직업군이나 야근과 철야로 쉴 틈 없는 업무 분야에 종사하는 경우가 많다. 살인상생이 되는 구조에서 편인이 잘못된 관행이나 개인의 일탈행위 등에 대한 조사를 담당한다면, 편관은 강제적으로 법을 집행한다.

월지에 있는 편관이나 편인의 살인상생 모두 정신적이면서 권위적이고 명예를 매우 소중하게 생각하므로 사업이나 장사는 잘 맞지 않는다. 만약 장사를 하면 그때그때 처분해야 하는 생선, 두부, 야채, 고기, 우유 등 유통기한이 지나면 급하게 처리해야 되는 힘든 일을 하게 된다. 이익이 많이 나지 않고 몸은 고단한 사업을 주로 하게 된다.

정관과 정인의 관인상생이 권리를 챙기는 반면, 편관과 편인의 살인상생은 의무와 책임을 다해야 하므로 노력을 많이 하며 산다. 정관의 관인상생이 정관이라는 주어진 임무를 수행하는 업무라면, 편관의 살인상생은 책임지고 해야 하는 일이나 의무적으로 수행해야 하는 혹독한 업무와도 같다. 여자 사주의 살인상생은 남편이나 시댁의 부당함을 이해하며 살아가는 고달 픔이 있다.

## 제살태과(制殺太過)　　　　　편관 < 식신

　국가급 실력자 또는 뛰어난 업무처리 능력으로 국가나 사회 등의 재난이나 고통 등의 어려움을 해결하는 것을 식신제살 이라고 한다. 이때 식신이 3개 이상 되면 제살태과가 된다. 제살 태과가 되면, 식신이 살을 지나치게 제거해서 편관이 주는 책 임과 의무를 게을리하고 자신이 하고 싶은 것만 하려고 한다. 나태한 생활 태도로, 하고 싶은 것도 없고 해야 할 일도 없이 무 미건조한 일상생활을 보내게 된다. 작은 일에도 호들갑스럽게 대응하고 조금만 아파도 고통을 호소하며 잘 참지 못한다. 사 람에 대한 경계심도 많고 이기적이며, 건강 염려증이 심하게 나타난다. 쉬운 일만 하려 하고 어려움을 피해 다니는 한량의 기질이 다분하며, 책임 의식이 약하다. 사회성이 부족하며 자기 일 외에는 관심을 보이지 않는다.

　남자는 업무에 태만하고 취미생활이나 여행 등의 일탈을 꿈 꾸며, 여자는 남자의 권위를 무시하고 작은 일에도 참지 못하 여 다툼을 벌인다.

정관의 재생관이 결재권이라면, 편관의 재생살은 통제권과 통솔력이다. 편관과 재성(편재, 정재)이 있으면 편관의 특별임무를 수행할 수 있게 뒷받침해주는 강력한 배경과 지위를 갖춘 것이다. 근엄한 카리스마로 조직을 리드하고 아랫사람의 의견도 경청하지만, 정관에 비해 강제성이 있다. 여자는 남자의 뜻을 거절하지 않고 가정과 남편을 위해 최선을 다해 내조한다. 연예인도 관이 있을 때 재성이 있어야 팬클럽이 결성되고 인기를 누릴 수 있다.

정관이나 편관 모두 재성이 없으면, 장군이 부하가 없고, 선생님이 따르는 제자가 없는 외로운 고관무보(孤官無補)의 신세와 같다고 할 수 있다.

**천간에 편관이 있을 때 신약하면 상대를 지나치게 의식하거**

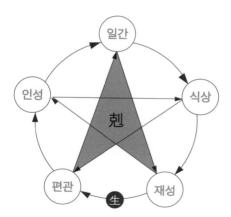

**나 부담을 갖는다. 일간이 신왕하면 상대를 제압하는 리더십과 카리스마로 상대를 압도한다. 남자의 경우는 여성을 믿음직스럽게 이끌어간다.**

# 9. 정인(正印)

## ✿ 정인의 성격과 특성

정인은 일간을 생하고 일간과는 음양이 다른 오행 육신(육친)이다. 정인은 육신 중 가장 논리적 사고력이 깊으며 지성을 추구한다. 사려 깊고 지혜가 있으며, 자애로운 어머니와 같다. 품위와 예절을 지키며 고결한 성품으로 학문을 늘 배우고 익혀가는 학자와 같은 자세로 생활한다. 서두르지 않고 미리미리 준비하고 교육에 중점을 두며, 가정생활 역시 충실하여 부부간에도 존중하며 믿고 의지한다. 남의 일에 휩쓸리지 않고 자신의 일에만 전념하니, 구설이나 다툼에 휘말리는 일이 없다. 고지식하고 보수적이어서 법과 원칙에서 벗어나거나 옳지 않다고 생각되는 일은 협상하지 않고 단호히 거절한다. 그래서 고집불통이란 평가도 받는다.

정해진 스케줄대로 일이 진행되지 않으면 다른 방법으로 수정하려고 시도하지 못해 스트레스를 많이 받는다. 사회와 가정생활에서 자신의 권리를 우선시하며 상대에게 무리한 요구를 하지 않는다. 직장, 인간관계 모두 이동이나 변화가 없는 안정을 우선시한다. 여자는 남편에게 순응하며 가정을 편안하게 잘 유지한다. 남·여 모두 선비처럼 도덕과 윤리를 지키며 산다. 학생은 인성운이 오면 원하는 학교에 합격할 수 있는 실력을 갖추게 된다.

**사주의 구성이 신약하면** 겸손을 미덕으로 삼으며 교양과 예의를 지켜 주변의 존경을 받는 인물이 된다. 재산상속, 권리나 이득에 대한 혜택을 본다. 근이 없어 신약한데 정·편인이 지나치게 3~4개 이상 섞여 있으면, 기대려는 성향이 강해 자신보다 힘이나 권력이 있는 사람의 주변에 있으려 한다. 새로운 일을 할 수 있는 기회가 와도 생각이 너무 많아 결정을 쉽게 내리지 못해 좋은 기회를 놓치게 된다. 어려운 일은 자신이 해결하지 않고 가족이나 주변의 가까운 지인들을 통해 해결한다. 여자는 남자에게 많이 의지하며 자립심이 약하다. 사회생활보다는 가정에서 살림을 주로 하며 살아가는 경우가 많다. 남자는 부인이나 주변의 상황에는 무관심하며 자기 일에만 전념한다. 누군가와 다툼이 생겨도 평소에 겸손한 모습으로 호감을 받는다. 주변 사람들도 모두 자신의 편이 되어 도움도 많이 받지만, 자기중심적인 사고로 이기적인 측면도 강하게 나타난다.

**사주의 구성이 신왕(일간의 근이 있음)하면,** 교육을 받지 않은 사람을 무시하고 지적 우월감을 드러내며 거만하게 보인다. 배운 것을 단체나 소속에서 활용하지 않고 자신의 개인기를 살려서 독립하려고 한다.

**년주에 정인이 있으면** 집안의 가풍이 교육적 배경을 갖춘 자손이 많다. **월간에 정인이 있으면** 관이라는 사회, 국가, 직장에서 원하는 교육적 자질을 직업화하기 위해 꾸준히 실력을 준비하며 자격을 갖춘다. **일지에 정인이 있으면** 고상하고 늘 책을 가까이 두며 학문적이다. **시주에 정인이 있으면** 노후에도 뭐든 배우고 익히기 위해 교육센터에 다닌다. **사주에 정인이 없으면** 지적인 사고보다는 상관의 특징인 감각적인 면이 나타날 수 있다.

### ◈ 정인의 사회적 성향

명예와 품위를 지키기 위해 배움과 책을 가까이하고 교육적이며, 인생의 목적 중에 배움을 최우선으로 한다. 공공기관에 소속되거나 정부 산하단체의 연구직, 공무원, 교수, 학교 선생님, 학원 강사, 컨설팅, 교육, 문화, 출판, 방송패널, 평론가, 각종 자문단, 작가 등의 지적 업무를 담당하는 직업에서 재능을 발휘한다.

기술자가 되어도 몸으로 하는 노동을 기피하며 쉽게 익히는 기능이 아닌 지식으로 기본실력을 갖춘다. 새로운 시도는 모험이라 경계하며 되도록 감행하지 않으며 추진력보다는 자신의 권리를 지키는 일 중심으로 생활한다.

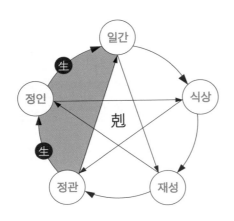

사주에 정관과 정인이 있으면 관인상생이라고 한다. 관인상생이 되면, 직업에 필요한 전문 스펙이나 국가자격증 등의 실력을 갖추고 취직한다. 체계를 잘 갖춘 직장이나 공직 등의 직업에서 실력을 인정받는다. 정관이 없이 정인만 있으면 사회나 공공기관에서 활용하는 실력을 준비하기보다는 자신의 개인기나 특기를 살리는 직업을 선택한다. 문화예술, 예능, 방송 드라마 작가, 시나리오 등의 프리랜서로 활동하면 탁월한 재능을 발휘할 수 있다. 남·여 모두 관인상생이 되면, 자신의 위치에서 벗어나지 않으며 인간관계와 사회생활도 잘 유지한다.

## 재극인(財剋印) - 월지 정인 기준

정재가 현실적으로 필요한 생활자금이나 재물, 장소적(영역) 의미라면, 정인은 교육, 명예, 품위를 뜻하는 정재의 반대 개념이다. 사주에 재성과 정인이 있으면(재극인) 정인의 순수한 학문적 사고와 지식을 배워서 경제 위주의 현실적인 삶을 선택한다. 학문을 배워 순수학문 계통으로 가지 않고 경영이나 경제에 활용하고 주식분석, 사업, 마케팅, 개업의사, 변호사, 세무사, 회계사의 길을 많이 간다. 지적 자질이 뛰어나지만 돈과 현실에 집중하는 삶을 살아간다.

## 인비식(印比食)

월지에 정·편인이 있거나 사주 전체에 인성, 식상, 비·겁은 있는데 재·관이 없으면 인비식 구조라고 한다. 재·관이라는 사회가 요구하는 공공을 위한 자격이 아닌 개인적으로 좋아하고 잘할 수 있는 지적 능력을 습득한다. 식상의 기술력을 갖추어 독보적인 전문가의 반열에 들어서는 구조다.

명예나 직위에는 그다지 관심이 크지 않으며, 개인의 행복과 경제에 삶의 목표를 두는 자유로운 프리랜서 등이 많다. 고정 수입이 보장되는 관인상생보다는 자신의 능력에 따라서 수입이 유동적이다. 게임프로그래머, AI 설계자, 제품설계, 신기술, 신소재 개발, 보험 설계사, 드론 조종사, 자동차 설계, 학원 강사, 컨설팅, 투자자문단 등의 직업에서 탁월한 재능을 보인다. 명예와 직위에 상관없는 전문 기술력으로 경쟁하며 자유로운 삶을 추구한다. 혼자서도 잘 살아가며 개성이 강하다. 단체에 속하려 하지 않고 이기적인 스타일로 타인의 눈을 의식하지 않는다.

사업을 할 경우 일간의 근이 있으면 자신이 독자적으로 주도하고 경쟁력을 갖춘다. 근이 없으면 되도록 크게 확장하고 모험하지 않는 것이 바람직하다. 일간의 근이 없을 때 대운에서 (10~20년) 비견·겁재가 오거나, 근이 오는 해에는 준비해두었던 계획을 실천할 수 있게 용기를 주는 주변 여건이 형성된다. 근이 없이 신약할 때 세운(1~2년)에서 근이 오는 해에는 자신의 꿈을 성취하고 싶은 마음에 조급하게 서두르게 될 수 있다. 이럴 때 좀 더 신중하게 접근해야 리스크가 발생하지 않고 좋은 결과를 얻을 수 있다.

**천간에 정인이 있는 일간은 학문이나 지적 탐구심에 심취한다. 논리적이면서 지식인을 선호하며 상대에게도 지적 우월감을 나타낸다.**

# 10. 편인(偏印)

## ❀ 편인의 성격적 특성

편인은 일간을 상생하고 일간과 음양이 같은 오행 육신(육친)이다. 정인은 지적 자질을 갖추고 늘 배움을 추구하는 학문적 자세로 무엇이든 배우고 익히며 산다. 편인은 취미와 개성 위주의 정신적 배움을 선호한다. 정인이 싫고 좋고의 구분 없이 현실에 필요한 학문을 배우고 익힌다면, 편인은 자신이 좋아하는 배움만 집중적으로 받아들인다. 정인의 출발점이 자신에게서 나와 중도를 지키는 마음이라면, 편인은 상대한테서 나와 나에게 이르니 상대와 내 생각이 다르면 편협함을 보인다.

지성적이고 보수적인 정인과 다르게, 편인이 있으면 발상의 전환이 빠르다. 또 재치가 넘치며 임기응변이 뛰어나다. 대화할 때도 정인은 자신의 얘기로 지루함을 주지만, 편인은 상대의 생각이나 마음을 알아주며 톡톡 튀는 화술로 재미있게 대화한다. 몸은 이곳에 있지만, 정신은 무한대로 뻗어 머무름이 없이 변화에 적응한다. 상대의 마음을 잘 이해하며 눈치가 빨라 배려심도 깊다. 반면에 중간이 없이 싫고 좋고의 흑백 논리가 심하고 편 가르기를 한다(내편 네편). 자신과 생각이 일치하지 않으면 인간관계를 정리하지만, 맞는 상대와는 오랫동안 관계를 이어간다.

자존심이 강하고 지기 싫어하지만, 목적을 위해서는 참고 인내하는 참을성이 강하다. 두뇌 회전이 전광석화같이 빠르게 움직이며 상대를 분석한다. 편인이 3~4개 이상이면, 생각이 지나치게 많다. 잔격정과 과거의 트라우마에서 벗어나지 못하고 집착하게 된다. 좋은 일이든 나쁜 일이든 마음속에 쌓아두고 기억한다. 원수도 잊지 않지만, 은혜 또한 절대 잊지 않고 챙긴다. 오래된 낡은 물건을 버리지 못하고 추억처럼 간직한다. 인간관계도 오래된 인연을 소중히 하지만 처음에는 낯을 많이 가린다. 정인이 정관에게(관인상생) 모든 권한과 권리를 받는다면, 편인은 편관(살인상생)에게 의무와 책임을 요구받는다. 편인이 있으면 극복해야 하는 일이 고비마다 발목을 잡으니 반드시 일간이 근이 있어서 극복하고 인내하면 노력을 보상받게 된다.

편관이 없이 편인만 있으면, 상상력과 비현실적인 4차원의 정신적 소유자가 많으며 힘들거나 고단한 일은 하지 않으려고 한다. 편인이 있으면 규칙적인 정인과 달리 시간을 잘 지키지 않고 감정에 따라서 움직인다. 정인이 사람의 인품과 행동을 보며 평가한다면, 편인은 처음 대하는 사람이라도 순식간에 평가를 해 네 편과 내 편으로 나눈다. 정인은 정관(관인상생)으로부터 권리와 안정을 보장받는 혜택이 있으나, 편인은 편관(殺)으로부터(살인상생) 의무와 책임을 위임받으니 고달픈 일이 많아진다. 정인에 비해서 많이 노력해야 한다. 참고 인내하면서 살아 간다면 노후에는 반드시 보상을 받게 된다.

**사주의 구성이 신왕**(일간의 근이 있음)**하면,** 어려움을 인내하며 극복한다. 편관이 1개 정도로 힘이 약할 때 편인이 3개 정도 있으면, 실력(편인)에 비해 맡겨진 업무(편관)의 중요도가 높지 않다. 지위 또한 만족스럽지 않을 수 있다. 여자의 경우 남편의 일을 대신하거나 맞벌이로 생활비를 감당한다.

**사주의 구성이 신약**(일간의 근이 없음)**한데 편인이 많으면,** 정신적 안정을 못 하며 깊은 외로움으로 스스로 고독한 나날을 보내게 된다. 계획과 작전은 잘 세우지만, 실천력과 추진력이 부족하여 제대로 성사시키는 일이 없게 된다.

**년주에 편인이 있으면,** 어머니가 아버지를 대신해서 가장 역할을 하는 집안이 많다. **월주에 편인이 있으면,** 편관이 요구하는 특별한 임무를 수행하기 위해 특수한 자격과 기술을 갖추기 위해 준비한다. 오랜 세월을 인내로써 노력하는 장인이 많다. **일지에 편인이 있으면,** 독특한 사고와 개성으로 대인관계를 재미있게 이끌지만, 싫은 사람에 대한 편 가르기를 하는 특성도 있다. **시주에 편인이 있으면,** 노후에도 생각의 틀을 바꾸지 않는 고집스러움이 있다.

## ◈ 편인의 사회적 성향

정인이 학문적 재능을 교육 등에 필요한 직업 활동을 하는 데
비해, 편인은 다양한 방면으로 특기와 끼를 발휘하며 정신적 스
승이 많다. 종교단체에서 신도들을 이끄는 교주도 많이 나온다.

공자가 제자들을 훈육하는 것이 정인의 모습이라면, 제갈공
명이 적군을 이기기 위해 전략을 세우며 모사를 꾸미는 것은
편인의 모습과도 같다. 편인이 있으면, 전략과 전술에 능하며
기발한 상상력과 기획력이 탁월한 직업에 알맞다. 정인이 전통
문화, 역사, 학문과 같은 분야의 교육에 어울린다면, 편인은 판
타지나 추리 작가, 정신과 의사 등 정신을 다루는 분야의 교육
에 관심이 높다.

공무를 수행할 때도 현장형이 아닌 탁상머리형으로 주로 기
획 분야를 담당한다. 창조적인 발상으로 게임 프로그래머, 개
그나 코미디 분야, 패션 디자이너, 첨단 자동차 설계, 건축 설계
등의 분야에서 한발 앞서가며 빛을 발한다. 작전참모, 애널리스
트, 시사평론가, 입시와 진로상담, 부동산 임대업 등에도 소질
을 보인다.

재치가 있어서 대화를 잘 이끌어가며, 인연을 소중히 여겨
영업활동을 할 때는 새로운 고객보다 오래된 인연을 연결해서
실적을 올린다. 반복적인 업무에는 쉽게 싫증을 내며, 육체노동
을 기피한다. 게으른 면이 많으며 낮잠도 많이 잔다. 밤에 잠을

자지 않고 공상과 상상력을 동원해서 글을 쓰는 작가, 만화가 등이 많다.

편인이 3개 이상 되면, 타인에게 지나친 관심을 두고 충고나 조언을 하며 정신적으로 위로하는 일이 많아진다. 원칙을 준수하며 권리를 챙기는 정인에 비해서 편인은 괴팍한 면도 있지만, 잔 인정도 많고 상대의 아픔을 이해하고 하소연을 들어준다. 정인이 있는 학생이 모범적이고 복습과 예습을 반복하며 착실히 시험 준비를 한다면, 편인은 시험 직전에 밤을 새우며 벼락치기 공부를 한다.

정관과 정인은 실수하는 일이 거의 없으며 사과에 익숙하지 않지만, 편관과 편인은 실수하는 일이 많아서 자신을 낮춰야 원만한 관계를 이어간다. 정관과 정인은 관계를 정리하면 다시 연결하지 않지만, 편관과 편인은 이해하고 용서해서 또다시 만나고 또다시 상처받는다.

## 살인상생(殺印相生) - 월지 편인 기준      편관 + 편인

월지에 편인이 있으면 편관이 요구하는 혹독함, 책임과 의무를 받아들여 적응하면서 극복한다. 이처럼 어려운 임무를 수행하는 것을 살인상생이라고 한다. 그러기 위해서는 반드시 일간의 근이 있어야 오랜 인고의 세월을 견디고 극복하며 누구든 알아주는 전문가의 반열에 오른다. 늘 변화하는 편관의 불안정한 조직에 맞춰 그때마다 필요한 편인이라는 기술력을 또다시 업그레이드해야 하는 노력이 필요하다. 일간의 근이 있으면 참고 또 참으며 견뎌낸다.

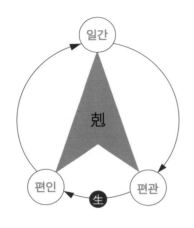

편인의 최대 고통이며 장점은 편관의 열악한 처우와 부당한 요구를 수용하는 것이다. 여자의 경우는 남편과 시댁의 부당함도 받아들인다. 살인상생이 되면 전략과 전술, 권모술수가 뛰어나 편법에 능하고 목적달성을 위해서는 언제든지 적군과도 협상한다. 편인이 편관이 없으면 공인의 삶이 아닌 자기가 좋아하는 일을 취미 삼아 직업 활동을 하게 된다.

월지에 편인이 있거나 월지가 아닌 곳에 3개 이상 있을 때 일간이 근이 없으면 심신 미약자와 같다. 늘 정신적 의지처를 찾고, 과거의 트라우마에서 헤어나지 못하고 우울증세와 스트레스에 시달린다.

살인상생 구조는 명예를 소중히 생각해서 사업, 프리랜서, 장사 등을 선호하지 않으며, 사회적 위치가 확고한 자리를 원한다. 기획, 디자이너, 암행업무, 작전참모, 특수부서, 조사과, 내사과, 정신과의사, 상담사 등의 업무에 종사할 확률이 높다.

| 인다관설(印多官洩) | 정관 < 편인 |
| --- | --- |

정관이 있을 때 편인이 3개 이상 되면 정관의 힘이 약해지고 힘이 빠진다는 의미이다. 직무와 관계없는 개인적 일에 몰입하기도 하며, 상사의 업무 지시나 명령을 자신의 임의대로 처리한다. 정관의 혜택인 대기업, 공공기관, 사회적 지위 등의 근무 여건이 잘 주어지지 않는다. 실력에 비해 직위가 낮고, 배움에 비해 주어지는 일이 하찮다고 생각하는 마음이기도 하다. 하버드대 졸업하고 박사까지 됐으면서도 대학교수가 아닌 학원 강사나 과외교사를 하게 되는 경우가 많다.

이럴 때 사주에 재성이 있거나 운에서 재성이 오면, 재생관으로 사회성을 발휘할 기회가 주어진다. 이때 더 많은 노력을 하면, 충정을 인정받으며 직급이 오르고 지위가 확고해진다.

**천간에 편인이 있으면, 상대와 정신적인 교류를 매우 중요하게 생각한다. 오래된 인연을 중시하며 새로운 상대와 적응하면서 친숙해지는 데 시간이 걸린다. 종교, 사상, 철학 등 정신적인 학문에 심취한다.**

사주를 해석할 때 가장 중요도가 높은 월지는 자신의 근본이 되며, 천간은 자신이 지향하는 방향성과 정신을 담고 있다. 월지를 차지하고 있는 육신은 일간에게 삶의 방향 제시를 하며 개인이 아닌 공적인 마인드를 갖게 한다. 천간의 육신에는 사적이고 일간의 감정이 드러나며 자신을 알리고 싶어하는 정서적 방향성이 드러난다.

# 제4장

# 격국(格局)

# 1. 격의 의미

격(格)이란 사회적 역할과 지위, 그리고 일간에게 주어진 임무를 수행하는 직업의 틀을 의미한다. 격은 정식격인 8정격(八正格)과 2개의 특별격(=外格)을 포함하여 10개의 격으로 나뉜다. 비견과 겁재는 격으로 정하지 않는다. 격은 사회적 역할과 공적 사명감을 우선하는 데 반해, 비견·겁재는 조직의 명령을 수행하기보다는 개인적인 권한과 사적인 마음가짐으로 살아가려는 의지가 우선하기 때문이다.

○ **격(格)** : 일간에게 주어지는 사회적 역할이자 직업에 대한 임무

○ **격국(格局)** : 격이라는 사명이 일간에게 주어지고, 그에 대한 임무를 수행하는 일간의 의지인 상신(相神), 구신(救神), 기신(忌神)을 갖춘 구조

○ **일간(日干)** : 사주의 주인공으로서 격의 사회적 임무를 준비하고 수행하는 역할

○ **월지(月支)** : 격의 출발점이자 공적인 임무나 재능을 준비하는 배경이며, 일간이 타고난 배경과 환경이 속해 있다. 사회성을 준비하는 공적인 장소의 의미가 크다.

○ **성격(成格)** : 격이라는 직업적 틀과 사회적 역할을 수행하

기 위해서 꾸준한 노력과 도전을 통해 얻을 수 있는 성공의 조건을 갖춘 것을 말한다. 성격이 되면 운의 영향에도 흔들리지 않고 자신의 임무를 수행한다. 개인이 아닌 공적인 마인드로 직업과 사회적 틀에 우선 맞추며 살아간다. 성격을 이루기 위해서는 상신(相神)과 구신(救神)의 역할이 중요하다. 대체로 완벽한 성격을 이룬 사주는 많지 않다. 사주가 격은 있는데 상신과 구신의 역할이 불분명한 사주가 대부분이다. 특히 주부, 자영업자, 프리랜서, 예체능, 은퇴자 등의 사주는 격의 해석보다 육신의 상생상극 위주로 해석을 해도 충분하다.

○ **파격(破格)** : 상신(相神), 구신(救神)이 불분명한 반면, 기신(忌神)의 역할은 분명하게 나타나는 것을 말한다. 직업의 변화가 많고, 운의 영향에도 민감하게 반응한다. 직업적 일에 대한 포기가 빠르고 직업적인 방향 전환을 손쉽게 할 수 있다. 사회적 목적을 우선시하는 공인으로 살아가기보다는 개인적인 목적을 이루며 살게 된다. 파격이 되었어도 경제적이나 개인적인 삶의 만족도에 큰 영향을 주지는 않는다. 단지 공적인 명예나 임무에 대한 뚜렷한 책임 의식은 약하다.

## ◈ 10정격의 종류 ◈

| 8정격 (八正格) | | | |
|---|---|---|---|
| 정 관 격 | 정 인 격 | 식 신 격 | 정 재 격 |
| 편 관 격 | 편 인 격 | 상 관 격 | 편 재 격 |

| 외격 (外格)=특별격 | |
|---|---|
| 건 록 격 | 양 인 격 |

　격은 길신(吉神)격과 흉신(凶神)격으로 나뉜다. 길신격의 특징이 재능을 준비하여 실력을 발휘한다면, 흉신격은 도전과 개척을 통해 자신의 입지를 넓히며 쉬지 않고 노력해야 하는 특징이 있다. 길신격이 업무를 수행하기 위해 사전에 미리 능력을 준비해 나간다면, 흉신격은 외부적 상황에 맞춰 업무를 수행하고 삶을 개척해야 하는 고단함이 있다. 길신격에 비해서 인내와 노력으로 발전해간다. 흉신격 사주의 주인공인 일간이 근이 있으면 온갖 어려움을 극복하는 정신력과 의지력이 있다.

　한편, 명리학계에서는 편인격에 대해 흉신격으로 봐야 하는지 아니면 길신격으로 봐야 하는지를 두고 논쟁이 벌어지고 있다. 아직 이에 대한 논쟁이 결론이 나지 않은 상태로 진행 중에 있다. 필자의 개인적 생각으로는 편인격을 사회적 용도로 해석할 때는 길신격으로 분류하고, 격이 아닌 육신으로 해석할 때는 흉신의 작용으로 분류하는 게 좋지 않을까 싶다. 편인격은 편관이 주는 어려움과 고통을 인내하는 정신력이다(살인상생). 특수한 공적 임무를 수행하는 직업적 구조를 갖추게 되지만, 개인적으로는 지나치게 참고 인내하는 자세를 갖게 된다. 길신격의 특징은 자신에게 주어진 임무에 최선을 다하며, 불편한 일에는 관여하지 않고 안정된 삶을 추구한다. 흉신격의 특징은 상대의 어려움이나 불편함에 관여하여 자신의 희생도 감수하고 이를 해결해야 하는 일이 많아진다.

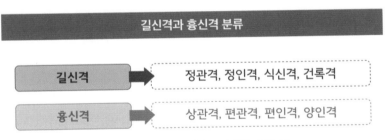

**길신격과 흉신격 분류**

**길신격** ➡ 정관격, 정인격, 식신격, 건록격

**흉신격** ➡ 상관격, 편관격, 편인격, 양인격

※ 정재격과 편재격은 특별히 길, 흉신의 영향을 거의 받지 않는다.

# 2. 격을 정하는 방법

## ◈ 월지를 기준으로 격을 정하는 방법

격의 출발점은 월지에서 시작한다. 월지 속에는 천간의 기운(天地人)이 담겨 있다고 하여 지장간(地藏干)이라고 한다. 즉 하늘의 기운, 땅의 변화에 따라서 사람이 살아가는 모습과 드러나지 않은 정신이 담겨서 언제든 능력을 발휘하려고 준비된 저장상태를 의미한다.

월지 속 지장간에는 모든 만물과 사람들이 시간의 흐름에 의해서 변화하는 모습이 들어 있다. 이런 월지 속 지장간에 들어 있는 육신이 천간으로 투간(透干 ; 드러난다)되면 격으로 정한다.

이렇게 **격이 투간**되면 일간은 자신에게 주어진 사회적 책임감을 회피하지 않고 맡겨진 의무를 다하며 살아간다. 또 적극적으로 사회에 참여하며, 직업적 역할을 수행하기 위한 준비능력을 갖춘다. **격이 천간에 투간되지 않고 지장간에만 존재**하면 자신에게 주어진 공적인 역할을 미리 준비하기보다는, 시간의 변화에 따라 자신이 경험하고 배운 것을 토대로 사회에 적응해 나간다. 월지 지장간의 육신이 투간되지 않으면 때를 기다리며 발현되지 않은 실력과도 같다. 격으로 정해져서 천간에 투간되면 남들도 인정하는 뚜렷한 직업적 구조를 갖게 된다.

○ **천간 투간** : 목적을 정하고 계획을 미리 세운다. 직업에 대한 방향성이 뚜렷하며, 주어진 임무를 능동적으로 처리하고 자신의 역량을 브랜드화 한다.

○ **지장간에만 암장** : 몸에 밴 습관처럼 주어진 업무를 실무적으로 처리한다. 자신의 가치를 드러내 브랜드화하는 데 수동적이고, 시간이 오래 걸린다. 지장간이 지하실에 저장된 의미라면 천간은 옥상에 네온사인을 켜둔 것과 같은 의미라 할 수 있다.

## ❀ 지장간(支藏干)의 의미

격은 태어난 달의 지장간을 기준으로 정한다. 모든 만물은 4계절(12달)의 흐름에 따라 변화하며, 인간 역시 생로병사의 과정을 거치며 변화해간다. 사주에서는 이처럼 변화하는 모습을 오행(木火土金水)으로 표현한다.

월지는 4계절의 환경이면서 일간(사주의 주인공)에게 주어진 주변의 모든 여건이 담긴 삶의 배경과도 같다. 지장간은 4계절(봄·여름·가을·겨울) 중 기본적으로 일간이 태어난 달 - 1달(약 30일) - 에 해당하는 계절에 맞게 살아가는 데 필요한 모든 준비과정이 담겨 있는 저장고와 같다. 지장간은 이런 월지에서 태어난 일간에게 삶의 방향과 목적을 제시해주는 안내판처럼 작용한다. 월지 속에 저장된 지장간의 오행이 천간에 투간되면 일간은 자신의 목표를 달성하기 위해 목적 지향적인 삶을 선택하고 꿈을 이루기 위해 나아간다.

지장간 안에는 여기·중기·정기가 암장(저장)되어 있다. 여기가 속한 날에 태어났으면 여기 사령이며 격으로 정한다. 단, 寅申巳亥 월의 경우 戊土 여기는 과거이므로 戊土가 투간되어도 격으로 잡지 않는다. 중기가 속한 날에 태어났으면 중기 사령이며 격으로 정한다. 정기가 속한 날에 태어났으면 정기사령이며 격으로 정한다.

- **여기(餘氣)** : 전 달의 기운(과거)이 약하게 모습으로만 남아 있는 기운이다. 寅申巳亥 월에 태어나서 여기(사령)에 해당하는 오행인 戊土가 천간에 투간되어도 격으로(지나온 과거) 정하지 않는다(이월 상품처럼 해석해도 된다).

- **중기(中氣)** : 여기(과거)와 정기(현재)를 이어주며 미래로 향하는 기운이다.

- **정기(正氣)** 또는 본기 : 현재 속해 있는 달(현재)의 기운으로 강력한 힘을 갖고 중추적인 작용을 하는 기운이다.

- **사령** : 일간에게 주어진 임무나 사명감과 같은 의미이며, 실무적 역할을 수행해간다. 지장간 속의 여기·중기·정기에 해당하는 날짜에 태어나면 사령했다고 한다. 사령한 날짜에 해당하는 오행이 천간에 투간되면 격으로 우선 정한다.

## 지장간 구분(1달 30일 기준)

| 월 | 절기 | 여기 | | | 중기 | | | 정기 | | |
|---|---|---|---|---|---|---|---|---|---|---|
| | | 사령 | 날짜 | 기간 | 사령 | 날짜 | 기간 | 사령 | 날짜 | 기간 |
| 寅월 | 입춘 | 戊 | 2/4~2/11 | 7일 | 丙 | 2/12~2/19 | 7일 | 甲 | 2/20~3/5 | 16일 |
| 申월 | 입추 | 戊 | 8/7~8/14 | 7일 | 壬 | 8/15~8/23 | 7일 | 庚 | 8/24~9/7 | 16일 |
| 巳월 | 입하 | 戊 | 5/5~5/12 | 7일 | 庚 | 5/13~5/20 | 7일 | 丙 | 5/21~6/5 | 16일 |
| 亥월 | 입동 | 戊 | 11/7~11/14 | 7일 | 甲 | 11/15~11/21 | 7일 | 壬 | 11/22~12/6 | 16일 |
| 子월 | 대설 | 壬 | 12/7~12/17 | 10일 | | | | 癸 | 12/18~1/4 | 20일 |
| 午월 | 망종 | 丙 | 6/6~6/16 | 10일 | 己 | 6/17~6/19 | 3일 | 丁 | 6/20~7/6 | 17일 |
| 卯월 | 경칩 | 甲 | 3/6~3/16 | 10일 | | | | 乙 | 3/17~4/4 | 20일 |
| 酉월 | 백로 | 庚 | 9/8~9/18 | 10일 | | | | 辛 | 9/19~10/7 | 20일 |
| 辰월 | 청명 | 乙 | 4/5~4/14 | 9일 | 癸 | 4/15~4/17 | 3일 | 戊 | 4/18~5/4 | 18일 |
| 戌월 | 한로 | 辛 | 10/8~10/17 | 9일 | 丁 | 10/18~10/21 | 3일 | 戊 | 10/22~11/6 | 18일 |
| 丑월 | 소한 | 癸 | 1/5~1/14 | 9일 | 辛 | 1/15~1/17 | 3일 | 己 | 1/18~2/3 | 18일 |
| 未월 | 소서 | 丁 | 7/7~7/17 | 9일 | 乙 | 7/18~7/21 | 3일 | 己 | 7/22~8/6 | 18일 |

o **여기 사령**(여기 사령이 격으로 정해지는 경우)은 왕지·고지 월지
가 해당된다. 단, 寅申巳亥 생지 월지의 여기에 해당하는
戊土는 격으로 정하지 못한다.

o **중기 사령**(중기사령이 격으로 정해지는 경우) : 천간에 투간되면
격으로 정한다. 업무능력을 바탕으로 직업적 활동을 통해
서 지위를 높여 간다. 단, 辰戌丑未 월지의 중기에 해당하
는 날짜에 태어나고 천간에 투간되어도 격으로 인정하지
않는다(辰戌丑未 월의 중기는 삼합을 이루어야 격으로 정한다).

○ **정기 사령**(정기사령이 격으로 정해지는 경우) : 사회적, 직업적인 자기 일에 자부심을 갖고 주도적으로 이끌어가는 역할을 하게 된다. 천간에 투간되지 않아도 월지 자체를 격으로 정한다. 천간에 투간되면 대외적이며 직업적 틀이 크고 사회적 지위 상승의 기회가 많아진다. 천간에 투간되지 않고 지지에만 있는 격의 역할은 전체를 총괄하기보다는 자신이 일하는 틀인 영역을 관리한다.

○ **제화(制化)** : 흉신이나 강한 오행을 극해서 자신을 제대로 알아 분별력을 갖게 하고 현실감각을 갖추게 하며 들고날 때를 현명하게 판단하는 것을 제화(制化)라 한다. 제화(制化)는 흉신인 편관, 상관, 겁재, 편인의 작용을 바르게 선도하여 올바른 정신력을 갖추게 하며, 최선을 다해 실력을 발휘하여 사회의 발전에 기여하게 한다. 이를 위해 자신을 갈고닦는 인고의 세월이 필요하다.

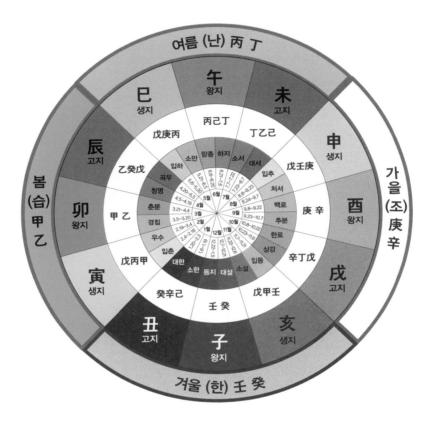

월지는 일간이 태어난 계절이며 환경을 의미한다. 한, 난, 조, 습의 영향으로 월지는 4계절을 탄생시켰다. 지장간은 그런 월지라는 계절에 태어난 일간이 해야 될 목적의 방향성을 표기한 매뉴얼과 같다.

## ❖ 월지 기준 격의 종류

격을 정하는 기준이 되는 월지는

① 四旺地 (子午卯酉) 월지

② 四生地 (寅申巳亥) 월지

③ 四庫地 (辰戌丑未) 월지*

* 고지(辰戌丑未) 월은 모든 것이 섞여 모여져 있다고 하여 잡기 월지라고도 한다.

### ○ 子午卯酉 왕지 월지의 격을 정하는 순서

子午卯酉 월지는 4계절의 중심이며 4계절의 특성을 가장 완벽하고 왕성하며 힘있게 드러내는 계절의 중심축이어서 왕지(旺地)라고 한다.

- 월지가 子午卯酉 월이면 그 자체를 격으로 정한다.
- 子午卯酉는 계절의 중심이 되므로 투간되든, 되지 않든 격으로 정한다.
- 여기와 정기가 모두 투간된 경우에는 사령한 육신을 우선순위로 정한다.
- 午달의 경우 己土 중기사령은 투간되어도 격으로 정하지 않는다.

### ○ 寅申巳亥 생지 월지의 격을 정하는 순서

지난 과거를 정리하고 현실에 적응하며 새로운 미래를 열어가는 절기 - 寅(입춘), 申(입추), 巳(입하), 亥(입동) - 를 생지 월이라고 한다.

- 정기 사령을 우선 격으로 정한다.
- 그 다음, 중기 사령은 투간되면 격으로 정한다.
- 여기 사령인 戊土는 투간되어도 지난 세월 과거의 기운으로만 있으므로 격
  으로 정하지 않는다.

## ○ 辰戌丑未 고지 월지의 격을 정하는 순서

과거의 활동했던 경험과 이력을 만들고 저장했다면 현재에
서도 자신의 가치로 활용하며 미래를 준비하는 계절

- 辰戌丑未를 고지라고 하는 이유는 지난 계절을 저장하는 기운이기  때
  문이다.
- 辰 : 봄을 마무리하며, 봄의 기운을 저장하는 땅의 기운
- 戌 : 가을을 마무리하며, 가을의 기운을 저장하는 땅의 기운
- 丑 : 겨울을 마무리하며, 겨울의 기운을 저장하는 땅의 기운
- 未 : 여름을 마무리하며, 여름의 기운을 저장하는 땅의 기운
- 지난 세월(계절)을 거쳐 온 경험과 현재에서 미래로 가기 위한 기운이
  모두 섞여 있는 잡기 월지이므로 지장간에 암장(저장)된 육신 모두를
  격으로 정할 수 있다.
- 여기 사령은 당령이므로 투간되면 우선 격으로 정한다.
- 중기 사령은 투간되어도 격으로 정하지 않는다. 단, 삼합을 이루면 그동
  안의 과거로부터 잠재된 능력을 개발시키므로 격으로 사용할 수 있다.
- 정기 사령(土)도 투간되면 격으로 정한다.

## ⬦ 왕지(子午卯酉) 월지의 격 정하기

子午卯酉 월은 월지 자체의 기운이 왕해서(힘이 있어서) 사회적
으로 쓰여질 준비가 되어 있으므로 격으로 정할 수 있다.

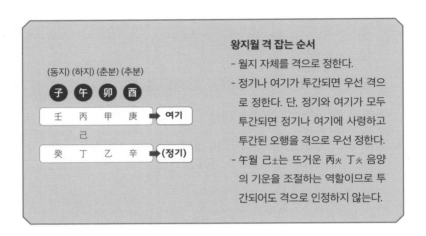

**왕지월 격 잡는 순서**
- 월지 자체를 격으로 정한다.
- 정기나 여기가 투간되면 우선 격으로 정한다. 단, 정기와 여기가 모두
  투간되면 정기나 여기에 사령하고 투간된 오행을 격으로 우선 정한다.
- 午월 己土는 뜨거운 丙火 丁火 음양의 기운을 조절하는 역할이므로 투
  간되어도 격으로 인정하지 않는다.

예)

일간

월지
(壬 癸)

子월 지장간의 壬水와 癸水가
모두 투간되었다. 12월 7일
~ 17일에 태어난 기간은 땅
속이 얼어붙어 있으며 壬水가
사령하므로 격으로 정하여

정인격이 된다. 12월 18일~1월 4일 에 태어났으면 땅 위는 맹
렬히 추우나 땅속은 얼었던 壬水가 녹으면서 癸水가 사령하므로
격으로 정하여 편인격이 된다.

<table>
<tr><td></td><td>일간</td><td></td><td></td></tr>
</table>

일간

| | 庚 | | |
|---|---|---|---|
| | | 子 | |

월지
(壬 癸)

庚金 일간 子월은 왕지 월지이므로 子水 자체를 격으로 정하여 상관격이 된다.

일간

| | 甲 | | |
|---|---|---|---|
| | | 午 | |

월지
(丙己丁)

왕지 월지이고 투간이 되지 않아도 월지 자체를 격으로 정한다. 상관격이 된다.

일간

| | 甲 | 丙 | |
|---|---|---|---|
| | | 午 | |

월지
(丙己丁)

왕지 월지라도 천간에 투간된 丙火를 우선 격으로 정해 식신격이 된다.

일간

| | 壬 | | 丁 |
|---|---|---|---|
| | | 午 | |

월지
(丙己丁)

왕지 월지이며 천간에 투간된 丁火를 격으로 정한다. 정재격이 된다.

일간

| 甲 | 庚 | | 乙 |
|---|---|---|---|
| | | 卯 | |

월지
(甲 乙)

왕지 월지면서 지장간 甲木·乙木이 모두 투간되었다. 3월 6일~16일에 태어났으면 甲木이 사령하므로 편재격으로 정한다. 3월 17일~4월 4일에 태어났으면 乙木을 격으로 정하여 정재격이 된다.

### 양인격(특별격)을 정하는 방법

겁재는 격으로 잡지 않으나, 왕지 월지(子午卯酉)의 겁재는 우선 양인격으로 정한다. 왕지 월지는 계절의 기운이 가장 왕(旺)한 곳으로 겁재라도 격으로 정한다. 다만 태어난 날이 월지 지장간 속의 비견에 해당하고 천간에 투간된 경우는 건록격으로 정한다.

○ 戊土와 己土 일간은 양인격의 조건이 안된다.

○ 양인격은 子午卯酉 월지만 인정한다.

○ 寅申巳亥 생지 월지와 辰戌丑未 고지 월지는 양인격으로 인정하지 않는다.

예)

일간

| | 甲 | | 甲 |
|---|---|---|---|
| | | 卯 | |

월지
(甲 乙)

甲木이 천간에 투간되었다. 3월 6일~16일에 태어났으면 (사령), 甲木(비견)을 격으로 정하여 건록격이 된다. 다만, 3월 17일~ 4월 4일에 태어났으면(사령) 투간되지 않았어도 양인격이 된다.

일간

| | 甲 | | |
|---|---|---|---|
| | | 卯 | |

월지
(甲 乙)

월지의 卯木은 겁재지만 왕지 월지이므로 격으로 정하여 양인격이 된다.

일간

| | 丙 | | |
|---|---|---|---|
| | | 午 | |

월지
(丙己丁)

왕지 월지의 午火를 격으로 정하여 양인격이 된다.

일간

| | 丙 | | 丙 |
|---|---|---|---|
| | | 午 | |

월지
(丙己丁)

丙火(비견)가 투간되었다. 6월 6일~16일에 태어났으면(사령) 丙火를 격으로 정하여 건록격이 된다. 다만 6월 20일 ~ 7월 6일에 태어났으면(사령) 丁火가 투간되지 않아도 양인격으로 정한다.

일간

| 辛 | 庚 | 辛 | 庚 |
|---|---|---|---|
| | | 酉 | |

월지
(庚 辛)

庚金 辛金 모두 투간되었다. 辛金을 격으로 정하여 양인격이 된다.

일간

| | 戊 | | 己 |
|---|---|---|---|
| | | 未 | |

월지
(丁乙己)

고지 월지의 겁재다. 격으로 정하지 못한다. 겁재 월지라 칭한다.

일간

| | 乙 | | |
|---|---|---|---|
| | | 寅 | |

월지
(戊丙甲)

생지 월지의 겁재다. 격으로 정하지 못한다. 겁재 월지라 칭한다.

### 건록격(특별격)을 정하는 방법

비견은 격으로 잡지 않으나, 子午卯酉월 왕지 월령의 비견은 우선 건록격으로 정한다. 왕지 월지는 계절의 기운이 가장 왕(旺)한 곳으로 비견이라도 격으로 인정한다. 다만 태어난 날이 월지 지장간 속의 겁재에 해당하고 천간에 투간된 경우는 양인격으로 정한다.

○ 戊土와 己土 일간은 건록격의 조건이 되지 않는다.

○ 건록격은 子午卯酉 월지만 인정한다.

○ 寅申巳亥 생지 월지와 辰戌丑未 고지 월지는 건록격으로 인정하지 않는다.

예)

일간

|   | 乙 |   |   |
|---|---|---|---|
|   |   | 卯 |   |

월지
(甲 乙)

월지는 비견이지만 왕지월이라 卯木을 격으로 정하여 건록격이 된다.

일간

|   | 乙 | 乙 | 甲 |
|---|---|---|---|
|   |   | 卯 |   |

월지
(甲 乙)

甲木 乙木이 모두 투간되었다. 왕지가 차지한 월지를 우선 격으로 정하여 건록격이 된다.

일간

|   | 丁 | 丙 |   |
|---|---|---|---|
|   |   | 午 |   |

월지
(丙己丁)

丙火(겁재)가 투간됐다. 6월 6일~16일에 태어났으면(사령) 丙火를 격으로 정해 양인격이 된다. 다만 6월 20일~7월 6일에 태어났으면 丁火가 투간되지 않아도 건록격이 된다.

일간

| 庚 | 辛 |   | 辛 |
|---|---|---|---|
|   |   | 酉 |   |

월지
(庚 辛)

庚金 辛金 모두 투간되었다. 왕지가 차지한 월지를 격으로 정하여 건록격이 된다.

일간

| | 癸 | | 壬 |
|---|---|---|---|
| | | 子 | |

월지
(壬 癸)

壬水(겁재)가 투간됐다. 12월 7일~17일에 태어났으면(사령) 壬水를 격으로 정해 양인격이 된다. 12월 18일~1월 4일에 태어났으면 癸水가 투간되지 않아도 건록격이 된다.

일간

| | 己 | | 己 |
|---|---|---|---|
| | | 未 | |

월지
(丁乙己)

고지 월지를 차지한 비견은 격으로 인정받지 못하고 비견 월지로 정한다.

일간

| | 甲 | | |
|---|---|---|---|
| | | 寅 | |

월지
(戊丙甲)

생지 월지를 차지한 비견은 격으로 인정받지 못하고 비견 월지로 정한다.

일간

| | 庚 | | |
|---|---|---|---|
| | | 申 | |

월지
(戊壬庚)

생지 월지를 차지한 비견은 격으로 인정받지 못하고 비견 월지로 정한다.

일간

| | 戊 | | 戊 |
|---|---|---|---|
| | | 戊 | |

월지
(辛丁戊)

고지 월지 비견은 투간되어도 격으로 인정받지 못하고 비견 월지로 정한다.

격을 이루지 못한 비견·겁재 월지는 사회나 국가에 대한 기대감이 낮고 공인의 삶보다는 자신이 주도하는 창업이나 사조직 등을 결성하고 자유로운 생활을 추구한다.

### ❖ 생지(寅申巳亥) 월령의 격 정하는 방법

인신사해(寅申巳亥) 월지에는 모두 戊土가 저장되어 있다. 천간에 戊土가 투간되어도 격으로 정하지 않는다.

- o 인신사해(寅申巳亥) 월(생지)은 정기를 우선 격으로 정한다. 정기는 현실에서 실천하는 데 뜻을 둔다는 의미로 록지(祿地)라고도 한다.

- o 중기(미래)는 투간되어야만 격으로 잡는다. 투간되지 않으면 사령이라도 격으로 잡지 않는다. 중기는 미래의 계획을 세우므로 장생지(長生地)라고도 한다.

- o 寅申巳亥 월지의 정기는 투간되지 않아도 월지 자체를 격으로 정해도 된다(왕지 월지보다는 격이 크게 드러나진 않는다).

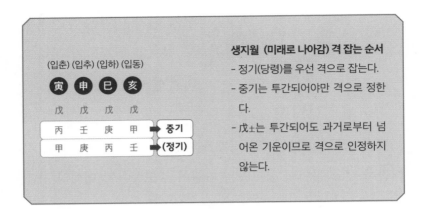

생지월 (미래로 나아감) 격 잡는 순서

- 정기(당령)를 우선 격으로 잡는다.
- 중기는 투간되어야만 격으로 정한다.
- 戊土는 투간되어도 과거로부터 넘어온 기운이므로 격으로 인정하지 않는다.

예)

寅木 월지의 지장간 속 戊土가 투간되어도 제외시키고, 甲木을 격으로 정하여 편재격이 된다.

亥水 월지 지장간 속의 戊土가 투간되어도 제외시키고, 甲木을 격으로 정하여 식신격이 된다.

<table>
<tr><td colspan="4" align="center">일간</td></tr>
<tr><td>壬</td><td>己</td><td></td><td>甲</td></tr>
<tr><td></td><td></td><td>亥</td><td></td></tr>
</table>

월지<br>(戊甲壬)

亥水 월지 지장간 속의 壬水(정기)를 甲木보다 우선 격으로 정하여 정재격이 된다.

<table>
<tr><td colspan="4" align="center">일간</td></tr>
<tr><td>丙</td><td>辛</td><td></td><td>庚</td></tr>
<tr><td></td><td></td><td>巳</td><td></td></tr>
</table>

월지<br>(戊庚丙)

巳火 월지 지장간 속의 庚金(비겁)이 투간됐지만 생지월은 격으로 정하지 않는다. 丙火를 격으로 정해 정관격이 된다. 사령이 庚金이라 해도 정기가 우선이다.

<table>
<tr><td colspan="4" align="center">일간</td></tr>
<tr><td>辛</td><td>壬</td><td>戊</td><td>庚</td></tr>
<tr><td>亥</td><td>午</td><td>寅</td><td>戌</td></tr>
</table>

월지<br>(戊丙甲)

월지 지장간 속에서 투간된 육신이 없다. 寅木(정기)를 격으로 정하여 식신격이 된다.

<table>
<tr><td colspan="4" align="center">일간</td></tr>
<tr><td>丙</td><td>甲</td><td>乙</td><td>丁</td></tr>
<tr><td>寅</td><td>申</td><td>巳</td><td>酉</td></tr>
</table>

월지<br>(戊庚丙)

寅申巳亥 월지는 삼합(巳酉丑)이 되어도 격으로 정하지 않고 정기를 우선 격으로 정하여 식신격이 된다.

## ❖ 고지(辰戌丑未) 월지의 격 정하는 방법

○ 월지 지장간의 여기가 투간되면 우선 격으로 정한다.

- 辰월의 대표는 乙木이다. 乙木이 투간되면 우선 격으로 정한다.

- 戌월의 대표는 辛金이다. 辛金이 투간되면 우선 격으로 정한다.

- 丑월의 대표는 癸水다. 癸水가 투간되면 우선 격으로 정한다.

- 未월의 대표는 丁火다. 丁火가 투간되면 우선 격으로 정한다.

○ 진술축미(辰戌丑未) 월지 지장간의 정기 - 辰土중 戊土, 戌土중 戊土, 丑土중 己土, 未土중 己土 - 가 투간되어도 격으로 정한다.

○ 월지 지장간 속 중기에 해당되는 辰土중 癸水, 戌土중 丁火, 丑土중 辛金, 未土중 乙木은 투간되어도 격으로 인정하지 않는다. 중기가 격으로 인정받기 위해서는 월지가 삼합을 이루고 투간되어야 된다. 辰土중 癸水는 申子辰, 戌土중 丁火는 寅午戌, 丑土중 辛金은 巳酉丑, 未土중 乙木은 亥卯未로 삼합을 이루면 격으로 인정받을 수 있다. 오랜 시간 많은 경험을 통해서 자신의 재능을 끊임없이 계발하고 고통을 견뎌내며, 각고의 노력을 통해 자신만의 노하우를 갖게 되면 누구도 따라올 수 없는 실력을 갖추게 된다.

| (청명) | (한로) | (소한) | (소서) | |
|:---:|:---:|:---:|:---:|:---|
| **辰** | **戌** | **丑** | **未** | |
| 乙 | 辛 | 癸 | 丁 | ➡ (여기) |
| 癸 | 丁 | 辛 | 乙 | ➡ 중기 |
| 戊 | 戊 | 己 | 己 | ➡ 정기 |

**고지월 (잡기월령) 격 잡는 순서**
- 여기인 당령을 우선 격으로 정한다.
- 정기도 격으로 정한다.
- 중기는 삼합을 이루고 투간되어야 격으로 정한다.

## 辰월의 격 정하는 방법

1) 辰월의 기본체는 乙木이다. 辰월 지장간 속 乙木은 木의 기본 기운이므로 당령이 되며, 투간되면 우선 격으로 정한다.

2) 辰월은 甲木이 寅卯월을 지나면서 乙木으로 형체 변화를 하는 과정을 저장한 土다. 戊土가 투간되면 격으로 정한다.

3) 단, 중기인 癸水는 申子辰 삼합을 이루어야 격으로 用事(쓰여짐)한다. 辰土중 癸水는 亥월 한랭한 壬水로부터 발생한 기운이다. 子월을 지나면서 한습해지며 丑월에는 땅속에서 木의 뿌리 속에 스며든다. 여름(火)으로 넘어가기 직전인 辰월까지 자신의 역할을 다하게 된다. 현실에서는 지난 세월이다. 과거의 행적으로만 잠재되어 있는 기운이다. 따라서 辰土중 癸水를 현실에서 격으로 인정받으려면 申子辰 삼합을 이루어야 한다. 辰월 기준으로 申子辰이 모여 있으면 삼합이 이루어진다. 단 申子辰 3개의 오행 중 申子, 子

辰, 申辰 하나가 빠진 오행만 있어도 삼합으로 인정한다.

예)

일간

| 戊 | 癸 | 甲 | 乙 |
|---|---|---|---|
|   |   | 辰 |   |

월지
(乙癸戊)

辰土 월지 지장간 속의 乙木 戊土 가 모두 투간되었다. 木 의 体인 乙木을 우선 격으로 정하여 식신격이 된다.

일간

|   | 癸 | 甲 | 乙 |
|---|---|---|---|
|   |   | 辰 |   |

월지
(乙癸戊)

이 경우는 辰월 지장간 속의 乙木이 투간되었고, 甲木도 있 다. 辰월의 대표인 乙木을 격 으로 정하여 식신격이 된다.

일간

|   | 辛 | 壬 |   |
|---|---|---|---|
| 子 |   | 辰 | 申 |

월지
(乙癸戊)

辰土월 지장간 속의 癸水가 申子辰 삼합을 이루며 癸水 를 대신해 壬水가 투간되었 다. 壬水를 격으로 정하여 상 관격이 된다.

일간

| | 辛 | 壬 | 癸 |
|---|---|---|---|
| | | 辰 | 子 |

월지
(乙癸戊)

辰土 월지가 子辰 삼합으로 (壬水癸水가 모두 투간되면) 癸水 위주로 격을 정하여 식신격이 된다.

일간

| | 癸 | | 戊 |
|---|---|---|---|
| 申 | | 辰 | 子 |

월지
(乙癸戊)

월지가 삼합을 이루어도 정기 戊土가 투간되면 격으로 우선 정하여 정관격이 된다. 천간에 투간된 육신을 우선 격으로 정한다.

일간

| | 己 | | |
|---|---|---|---|
| 子 | | 辰 | 申 |

월지
(乙癸戊)

월지가 삼합을 이루고 지장간의 오행이 천간에 투간되지 않으면, 삼합 자체를 격으로 정하여(辰土 중 癸水 중심) 편재격이 된다.

일간

| 癸 | 丙 | 戊 | 乙 |
|---|---|---|---|
| | 子 | 辰 | |

월지
(乙癸戊)

子辰 삼합을 이루어도 辰土 지장간 속 乙癸戊 모두 투간되었으면, 乙木(여기)을 우선 격으로 정해 정인격이 된다.

일간

| 乙 | 丁 | 癸 | |
|---|---|---|---|
| | | 辰 | 申 |

월지
(乙癸戊)

申辰으로 삼합이 되어 辰土 중 지장간 속의 乙木 癸水가 투간되었으면, 辰土월의 기본체인 乙木을 우선 격으로 정해서 편인격이 된다.

일간

| | 甲 | 壬 | |
|---|---|---|---|
| | | 辰 | 申 |

월지
(乙癸戊)

辰申 삼합으로 辰土중 癸水가 천간에 壬水로 투간되어 편인격이 된다.

일간

월지
(乙癸戊)

이 경우는 申子辰 삼합으로 辰土중 癸水를 격으로 정하여 정인격이 된다.

일간

월지
(乙癸戊)

월지 辰土가 투간도 되지 않았고 삼합도 이루지 않았다. 辰土 자체를 격으로 정하여 편재격이 된다.

## 戌월의 격 정하는 방법

1) 戌월의 기본체는 辛金이다. 戌월 가을 지장간 속의 辛金은 金의 기운이므로 천간으로 투간되면 우선 격으로 정한다.

2) 戌월은 庚金이 申酉월을 지나면서 辛金으로 형체 변화를 하는 과정을 저장한 土다. 그러므로 戊土가 투간되면 격으로 정한다.

3) 단, 중기인 丁火는 寅午戌 삼합을 이루어야 격으로 인정 (用事)한다. 戊土중 丁火는 따스한 巳월에 발생하여 午未월의 뜨거운 열기로 온도가 변화하며 木을 건조시키고 申酉월을 지나면서 단단한 열매를 숙성시키는 과정을 거친다. 이런 丁火는 水의 기운인 겨울로 넘어가기 직전에 해당하는 戌월에 자신의 역할을 다하게 된다. 현실에서는 지난 세월, 과거의 행적으로만 잠재되어 있는 기운이다. 따라서 戊土중 丁火가 현실에서 격으로 인정받으려면 寅午戌 삼합을 하여 과거의 경험과 잠재력을 개발해야 한다. 寅午戌 3개의 오행이 모이면 삼합을 이룬다. 단 寅午, 午戌, 寅戌 2개의 오행만 모여도 삼합으로 인정한다.

예)

일간

| 戊 | 甲 | 丙 | 甲 |
|---|---|---|---|
| 辰 | 寅 | 戌 | 午 |

월지
(辛丁戊)

寅午戌 삼합이 되어도 戊土가 투간돼 戊土를 격으로 하여 편재격이다. 천간에 투간된 육신을 우선 격으로 정한다.

일간

| 丁 | 庚 | | |
|---|---|---|---|
| | | 戌 | 寅 |

월지
(辛丁戊)

戌월 午火가 빠진 戌寅도 삼합으로 인정한다. 寅戌 삼합을 이루고 丁火가 투간되어 격으로 정하여 정관격이다.

일간

| 丁 | 乙 | | 辛 |
|---|---|---|---|
| | | 戌 | |

월지
(辛丁戊)

戌土 지장간 辛金과 丁火가 투간되었다. 삼합이 안된 丁火는 격으로 정하지 않고 여기인 辛金을 격으로 정해서 편관격이다.

일간

| 辛 | 壬 | | 丁 |
|---|---|---|---|
| | | 戌 | 午 |

월지
(辛丁戊)

삼합을 이룬 戌土월 지장간 속 辛金, 丁火가 모두 투간되었다. 戌월의 대표인 辛金을 우선 격으로 정해서 정인격이 된다.

**일간**

| 丁 | 甲 | 丙 | 辛 |
|---|---|---|---|
|  |  | 戊 | 寅 |

월지
(辛丁戊)

戊土 월지 지장간 속의 辛金과 丁火가 투간되었고, 戊寅 삼합을 이루었다. 삼합을 이루었어도 여기 辛金을 격으로 정해 정관격이 된다.

**일간**

|  | 庚 | 戊 | 甲 |
|---|---|---|---|
|  |  | 戌 | 午 |

월지
(辛丁戊)

이 경우 지지 戊土월 午戌로 삼합을 이루었으나 戊土가 투간되어 우선 격으로 정한다. 편인격이 된다.

**일간**

|  | 壬 |  | 戊 |
|---|---|---|---|
|  |  | 戊 |  |

월지
(辛丁戊)

戊土월의 지장간 戊土가 투간되었다. 이 경우는 戊土를 격으로 정한다. 편관격이 된다.

**일간**

|  | 壬 | 丙 | 戊 |
|---|---|---|---|
|  | 寅 | 戌 | 午 |

월지
(辛丁戊)

이 경우 寅午戌 삼합을 이루었으나, 戌월 지장간 속의 정기 戊土가 투간되어서 편관격으로 정한다.

일간

| 辛 | 壬 |  | 戊 |
|---|---|---|---|
|  |  | 戊 |  |

월지
(辛丁戊)

이 경우는 戊土월 지장간 속 辛金(여기), 戊土(정기) 모두 투간되었다. 戊土월의 여기인 辛金을 우선 격으로 하여 정인격으로 정한다.

**丑월의 격 정하는 방법**

1) 丑월의 기본체는 癸水다. 丑월 겨울 지장간 속의 癸水는 丑월의 기본 기운이므로 천간으로 투간되면 우선 격으로 정한다.

2) 丑월은 壬水가 亥子월을 지나면서 癸水로 형체 변화를 하는 과정을 저장한 土다. 그러므로 己土가 투간되면 격으로 정한다.

3) 단, 중기인 辛金은 삼합을 이루어야 격으로 인정(用事)한다. 丑土중 辛金은 申월 건조한 庚金으로부터 발생한 기운이다. 酉戌월을 지나면서 딱딱하고 건조한 기운으로 변화하는 과정을 거친다. 이런 辛金은 땅이 얼기 시작하는 亥월부터 子水월(동지)을 지나면서 木의 기운인 봄으로 넘어가기 직전에 해당하는 丑월에 자신의 역할을 다하게 된다. 따라서 丑土중 辛金이 과거의 경험과 잠재력을 개발해서 현실에서 격으로 인정받으려면 巳酉丑 삼합을 이루어야 한다.

단, 巳酉, 酉丑, 巳丑 2개의 오행만 모여도 삼합으로 인정한다.

예)

일간

| | 辛 | 己 | 癸 |
|---|---|---|---|
| | | 丑 | |

월지
(癸辛己)

丑土 월지 지장간 속의 己土 癸水가 투간되었다. 丑土월의 여기인 癸水를 우선 격으로 정하여 식신격이 된다.

일간

| | 辛 | 辛 | 癸 |
|---|---|---|---|
| | 巳 | 丑 | |

월지
(癸辛己)

월지 丑土가 巳丑으로 삼합을 이루고 辛金이 투간되었으나 辛金 비견은 격으로 인정하지 않는다. 투간된 여기 癸水를 격으로 정해 식신격이 된다.

일간

| 辛 | 己 | 己 | 癸 |
|---|---|---|---|
| | | 丑 | |

월지
(癸辛己)

월지 丑土 지장간 속의 癸辛己 모두 투간되었다. 己土는 비견이므로 격으로 정하지 않는다. 투간된 여기 癸水를 격으로 정하여 편재격이 된다.

일간

| | 乙 | 辛 | 癸 |
|---|---|---|---|
| | 巳 | 丑 | 酉 |

월지
(癸辛己)

월지 丑土가 巳酉丑 삼합을 이루고 辛金이 투간되었으나, 투간된 癸水(여기)를 격으로 정해서 편인격이 된다.

## 未월의 격 정하는 방법

1) 未土월의 기본체는 丁火다. 未土월 여름 지장간 속의 丁火는 未월의 기본 기운이므로 투간되면 우선 격으로 정한다.

2) 未월은 木을 성장시키는 따스한 기운인 丙火가 午未월을 지나면서 丁火의 열기가 복사열로 변화하는 과정을 저장한 열기가 가득한 土다. 그러므로 己土가 투간되면 격으로 정한다.

3) 未월 지장간 속 乙木은 亥卯未 삼합을 이루어야 격으로 인정(用事)한다. 未월은 寅木의 한습한 기운에서 탄생한 甲木이 卯辰巳월을 지나면서 활짝 핀 꽃과 같은 乙木의 모습으로 변화한다. 그런 후 乙木은 午未월을 거치면서 열기로 가득한 땅의 복사열에 의해 맛있게 익어가는 과일과 열매로 변화한다. 乙木은 金의 기운인 가을로 가기 직전인 未월에 자신의 역할을 다함으로써 현실에서는 지난 세월, 과거의 행적으로만 잠재되어 있는 기운이다. 따라서 未土 지장간 속 乙木은 과거의 경험과 잠재력을 개발해서 현실에서

亥卯未 삼합을 이루어야 격으로 인정한다. 단, 亥卯, 卯未,
亥未 2개의 오행만 모여도 삼합으로 인정한다.

예)

일간

|  | 戊 | 癸 | 辛 |
|---|---|---|---|
| 卯 |  | 未 | 亥 |

월지
(丁乙己)

월지 未土 지장간 속의 丁乙
己 모두 투간되지 않았다. 亥
卯未 삼합된 乙木을 격으로
정하여 정관격이다.

일간

| 辛 | 癸 | 癸 | 辛 |
|---|---|---|---|
|  |  | 未 |  |

월지
(丁乙己)

월지 未土 지장간 속의 丁乙己
모두 천간에 투간된 오행이
없다. 월지 未土 그 자체를 격
으로 정하여 편관격이 된다.

일간

|  | 甲 |  |  |
|---|---|---|---|
| 亥 |  | 未 |  |

월지
(丁乙己)

월지 지장간 속의 丁乙己 모
두 천간에 투간된 오행이 없
다. 亥未가 삼합이 되었어도
卯木은 겁재이므로 격으로 정
하지 않는다. 未월 자체를 격
으로 정해서 정재격이 된다.

일간

| 丙 | 辛 |   | 丁 |
|---|---|---|---|
|   |   | 未 |   |

월지
(丁乙己)

월지 지장간 속의 未월 丁火가 투간되어서 편관격으로 정해진다.

# 3. 격국 용신(用神)

격이 성격을 이루기 위해서는 필요한 쓰임을 준비하는 일간의 정신적 의지이자 주변의 도움을 받는 배경과 혜택이 있어야 하는데, 이를 용신이라고 한다. 용신의 종류에는 상신(相神), 구신(救神), 기신(忌神)이 있으며 생극제화(生剋制化)를 통해서 자기의 임무를 수행해간다.

○ **생극제화(生剋制化)** : 길신의 장점을 활용하고 흉신의 단점을 보완하여 사주의 균형을 맞추며 자신을 몇 단계 업그레이드시키는 일간의 노력과 의지력

○ **상신(相神)** : 맡겨진 격의 임무를 수행하기 위해 성실하게 실력을 준비하는 과정을 거치며, 사주에 상신이 있으면 직업에 대한 의무나 자신의 역할을 감당하는 책임감과 준비력이 뛰어나다. 이런 노력을 주위에서 인정해주고 좋은

인연이 형성되며 사회적 혜택 또한 주어진다. 길신격은 격을 상생하는 육신이 용신으로 사용되는 반면, 흉신격은 격을 상극하는 육신이 용신으로 사용된다.

○ **구신(救神)** : 격에 대한 구신이 있는 일간은 준비된 능력을 발휘할 수 있는 배경과 경쟁력을 갖추려는 정신력이 높다. 지위·신분 상승 등의 기회를 극대화하기 위해 최선을 다한다. 어려움이 닥쳐도 포기하지 않으며 굳건한 정신력으로 극복하고 의지를 다시 세우는 정신자세를 갖춘다. 어려운 일이 생겨도 전화위복의 기회로 삼으면서 재도전을 준비하며 한단계씩 올라갈 수 있는 좋은 운의 영향도 받는다. 길신격의 구신은 격이 상생해주는 육신이 된다. 반면에 흉신격의 구신은 격을 상생하는 육신이 된다.

○ **기신(忌神)** : 격에 대한 기신이 있으면 자신의 일에 부정적인 마음이 들고, 불안감으로 인해 자신감이 없고 포기부터 하는 심약한 정신력과 같다. 마음의 갈등으로 인해서 진로 변경, 직업의 변화, 이동, 계획의 수정이 빈번해진다. 길신격은 격을 상극하는 육신이 기신 역할을 한다. 흉신격은 상신을 상극하는 육신이 기신의 역할을 하게 된다.

| 구신(救神) | 격(格) | 상신(相神) | 기신(忌神) |
|---|---|---|---|
| 정인 | **정관격** | 정재 | 상관 |
| 겁재 | **정인격** | 정관 | 정재 |
| 편재 | **식신격** | 비견 (일간의 근) | 편인 |
| 정관 | **정재격** | 상관 | 겁재 |
| 비견 | **편인격** | 편관 | 편재 |
| 편관 | **편재격** | 식신 | 비견 |
| 편재 | **편관격** | 식신 | 편인 |
| 겁재 | **상관격** | 정인 | 정재 |
| 정인 | **건록격** | 정관 | 상관 |
| 편인 | **양인격** | 편관 | 식신 |

※ 길신격은 격 자체를 상생해주는 오행을 상신으로 정한다.
  흉신격인 편관격, 상관격은 제화를 통해서 사회 적응력을 갖출 수 있게 격 자체를 상극
  하는 육신(역용: 逆用)을 상신으로 정한다.
  건록격과 양인격은 신왕한 일간을 제화시켜서 제도권에 정착하게 하는 작용으로 일간을
  상극하는 관살로 상신을 정한다. 건록격은 정관, 양인격은 편관으로 상신을 정한다.

  격에 대한 기신의 해결은 구신이 있으면 끊임없는 노력과 인
내로 극복하게 되는 정신력을 갖추게 된다. 어려움을 극복하며
기신이 없는 사주보다 몇 단계 뛰어넘는 능력을 발휘하여 성공
으로 이어진다. 격에 대한 기신이 없는 사주는 극복할 일이 많
지 않고 무리한 도전 또한 시도하지 않아 평범한 생활을 하게
된다. 격에 대한 상신이 있으면 자신의 사회적 역할이나 생활

에 혜택을 주는 행운과도 같다.

사주에서 격은 정해져 있으나 용신(상신, 구신, 기신)이 불분명하여 격국이 모두 잘 갖춰지지 않은 경우도 많다. 격만 있고 용신이 없으면, 주어진 일은 있는데 일간의 노력이 부족하거나, 실력을 갖추지 않게 된다. 직업이나 자신에게 주어진 임무에 대해 책임감이 부족하여 주변이나 사회의 인정을 받지 못하게 된다. 격은 사회와 국가가 일간에게 요구하는 것과 같으며 자신의 의무를 다해야 할 사회적 책임이기도 하다.

## ❖ 정관격의 역할과 용신

정관격의 역할은 공적인 사명감을 가지고 사사로움에 얽매이지 않으며, 자신이 속한 조직이나 사회단체의 안전을 지키는 것이다. 이를 위해 상신인 정재가 있으면 안정된 조직을 갖추게 된다. 정재에게 지원을 받은 정관은 재생관을 이루게 된다. 정관격이 재생관이 되면, 자신이 속한 조직이나 직장이 공적이고 체계적인 시스템을 갖추게 된다. 모든 행동과 말을 할 때 묵직함으로 느껴지고, 조직에서는 리더가 된다. 윗사람에게는 예의를 다하고 공경하며, 아랫사람에게는 명쾌한 인품으로 존경받는다.

기신인 상관이 있으면, 정관의 덕목인 모범적이고 믿음직함과 반대되는 가벼운 말과 일관성 없는 행동으로 인해 구설을 일으킨다. 사주내에 구신인 정인이 있으면 상관의 호기심과 일탈을 자제하는 정신자세로 자신의 업무나 역할을 잘 수행하는 관인상생이 되어 뛰어난 실력을 갖추게 된다. 명예와 지위가 주어진다.

상신이 격의 위상을 높이는 역할을 한다면, 구신은 외부, 주변의 유혹이나 사적인 일탈을 자제하며 품위와 실력으로 자신의 격을 잘 지켜내는 역할을 수행한다.

기신은 사회적, 가정적인 책임과 의무는 등한시하며 자신이 좋아하는 생활방식으로 살아간다. 사주 내에 기신이 2~3개 이상 되면 자기 일에 만족하지 않고 불만이 많아지고 몸은 이곳에 있어도 마음은 다른 곳에 머문다. 학생은 공부나 미래를 뒤로 하고 게임과 잡기에 빠지게 된다. 본인은 행복하게 지내지만 주변과 가족들이 자기 일과 역할을 대신하는 상황이 벌어진다.

격에 대한 기신의 문제는 구신이 있으면 피나는 노력으로 어려움을 극복하며 오히려 몇 단계 뛰어넘는 능력을 갖추고 성공하게 된다. 격에 대한 기신이 없는 사주는 대개 큰 위기나 긴장감 없이 살아간다. 도전 의식을 가지고 고통을 극복하며 발전해나가는 과정을 겪지 않으며 평범하게 살아간다. 각 격에서 기신이 있다는 것은 주변의 요구에 응하지 않는, 자기답게 사는 것과 같다. 어찌 보면 개인적 행복을 추구하는 자유와 같다.

## ❖ 정인격의 역할과 용신

정인격의 역할은 모든 사람이 지켜야 할 보편적인 가치라 할 수 있는 윤리와 도덕, 지혜로움을 근본 사상으로 가지며 국가나 사회, 가정에 기여하는 것이다. 상신인 정관이 있으면, 정인의 기질에 해당하는 배우고 익힌 학문적 자질과 지적 재능을 활용하여 교육적이고 연구하는 진로를 선택하게 된다.

기신인 정재가 있으면, 정인의 기질인 교양과 인품을 갖추고 배우는 자질은 뒤로 하고, 재물에 집착하고 현실과 경제를 우선시하는 삶을 선택한다. 최고의 전문의인 의사는 대학이나 대학병원으로 진로를 선택하지 않고 돈 많이 버는 개업의를 선호한다. 법조계라면 판사나 검사를 선택하지 않고 돈 많이 주는 로펌으로 진로를 정하게 된다.

구신인 겁재가 있으면 기신인 정재의 지나친 돈과 현실 참여를 자제시켜 정인격의 가치인 배움을 통해 자신의 인품을 드러낸다.


## ❖ 식신격의 역할과 용신

식신격의 기질은 편리하고 쉬우며, 가볍게 고민하지 않으면서 여유로운 삶을 누리는 데 모든 목표가 있다 해도 과언이 아니다. 이런 식신격이 풍요로운 삶을 살아가기 위해선 경제적 여유가 선행되어야 된다.

식신격의 상신인 비견이나 근으로 신왕하면, 자기 일에 적극적으로 협조해주고 후원해주는 조력자와 인맥으로 도움을 받게 된다. 구신인 편재가 있으면, 식신의 타고난 본능적이며 감각적인 말과 행동을 아름답고 부드럽게 잘 표현한다. 자신의 모든 재능을 탁월하게 기술화하여 부자의 반열에 오른다.

기신 작용을 하는 편인이 있으면 풍요롭고 낙천적인 식신의 충만한 행복함에 대해 만족하지 못한다. 주변의 모든 것이 못마땅하고 만족이 안 돼서 불만 불평을 입에 달고 산다. 직업이나 업무에 집중하지 못하고 개인 관계에서도 최선을 다하지 않으며 직업 또한 오래 유지하기가 어려워진다.

## ❖ 정재격의 역할과 용신

정재격의 역할은 사회적 위치와 가정을 잘 지키기 위한 사명감을 갖는다. 안전망이 갖추어진 테두리에서 잘 벗어나지 않고 성실하게 살아간다. 정재격이 상신인 상관을 갖추게 되면, 생활에 필요한 경제적 요건을 잘 갖추게 된다.

구신인 정관이 있으면 자신의 위치에서 벗어나지 않는 행동으로 가정과 자신의 사회적 위치를 잘 지키며, 경제적 여유로움을 누리며 살아가게 된다.

기신인 겁재가 있으면 가정이나 사회적인 위치에 만족하지 못하여 밖을 향한 사적인 탈선과 취미생활로 돈을 소비하게 된다. 적은 돈에는 만족하지 못하고 타인의 투자 유혹에 귀를 기울인다. 남들이 대박 나는 것에만 관심을 두게 되어 뱁새가 황새 따라가듯 낭비하고, 투자를 해도 손실로 이어지게 된다. 이럴 때 사주에 구신인 정관이 있으면 제자리로 돌려서 자신의 한계를 알게 되며 제자리를 지키게 하고 무리한 일에 관여하지 않게 된다.

## ❖ 편인격의 역할과 용신

편인격의 역할은 인성의 기질인 지식과 배움을 특별하게 재능화시켜서 특기나 기술로 발휘해야 하는 사명감이 있다. 정인격이 학문과 지식을 깊이 있게 연구한다면 편인격은 학문과 지식을 정신적으로 다루는 진로를 선택하게 한다. 종교, 사상, 철학, 정신과 의사, 상담 등 상대를 정신적으로 위로하는 역할을 하며 정신적인 스승이 되기도 한다.

상신인 편관이 있으면 늘 부담스럽고 벗어날 수 없는 책임과 의무를 다해야 한다. 시련을 겪으며 막중한 임무를 피하지 않고 해결한다. 검·경찰 특수통, 조사반, 감찰반 등 조직 내에서도 고되고 과중 과로하는 일을 피하지 않는다. 구신인 비견이 있으면 어려움을 같이 나누고 자신의 편이 되어 마음과 정신을 위로받는 따스한 인간관계를 맺어간다.

이때 기신인 편재가 있으면 공적인 책임감에서 벗어나 개인적으로 잘 살고 편안한 삶을 추구한다. 이때 역시 사주에 구신인 비견이 있으면 개인적인 평온한 삶보다는 공적인 사명감으로 돌아오게 한다. 사주에 격에 대한 기신이 있으면서 기신을 제화(고쳐서 개선)시키는 구신이 있으면 개인적인 삶이 아닌 매우 공적인 삶을 선택하게 된다.

## ◈ 편재격의 역할과 용신

편재격의 역할은 경제적 부를 쌓고 많은 사람들과 경제적 파이를 키우면서 혜택을 주는 목적이 있다. 정재격이 가정과 개인을 위해 벌어들이는 생활비에 비중을 둔 직장인에 많다면, 편재격은 가족이나 주변과 함께 생활할 수 있는 규모가 커다란 경제적 조건을 갖추고 싶어하는 사업가가 많다.

상신인 식신이 있으면 자신의 능력을 재물 축적을 하는 데 쓰는 사업적 마인드가 강하며, 배짱이 두둑해서 큰 베팅을 한다. 작은 재물에는 눈도 깜빡하지 않는다. 항상 커다란 재물을 꿈꾸며 투자를 일으키고 많은 사람들에게 혜택이 돌아가게 한다. 아낌없이 소비하고 주변에 경제적인 도움을 준다.

구신인 편관이 있으면 단순하게 돈만 벌어들이는 데 만족하지 않게 된다. 조직의 결재권과 경영권을 갖추고 운영하게 된다. 지위가 높아지며 주변에 팬덤이 형성된다. 기신인 비견이 있어도 편재격의 경우에는 적으로 돌리지 않고 동업 관계를 맺어나가며 사람들을 활용하게 된다.

## ⚜ 편관격의 역할과 용신

편관격은 격에서는 흉신격으로 분류된다. 편관격의 역할은 외부의 리스크로부터 내부를 지키는 사명감이다. 정관격이 조직을 안정되고 체계적으로 이끌어간다면, 편관격은 항상 예상치 못한 돌발 상황으로부터 지켜내야 하는 임무가 주어진다. 격이 일간에게 주어지는 사회적 역할과 사명이라면 그중에서도 편관격은 제일 힘들고 고통스러운 일을 극복해내야 한다. 정관격이 주어진 일을 하면서 자신이 속한 단체와 소속을 지키고 유지한다면, 편관격은 내외적으로 많은 일을 해결해야 하는 과중 과로에 시달린다.

상신인 식신이 있으면 자신에게 주어지는 모든 어려움과 리스크를 쉽고 간결하게 해결하는 능력을 개발시키게 된다. 실력을 갖추고 경제적으로도 여유롭다. 불편하거나 힘든 일을 단호히 거절해서 냉정한 면도 있다.

구신인 편재가 있으면 공적이며, 조직에 충성을 다하면서도 어려움을 피하지 않고 정면으로 맞서 해결하는 승부사의 기질이 있다. 믿음직하므로 주변의 인기몰이를 한다. 사회적 지위도 높아지고 카리스마로 좌중을 압도하며 남성적 기질로 나타난다.

기신인 편인이 있으면 쉽게 살 수 있는 여유로움을 즐기지

못하며 무거운 중압감으로 책임을 다하며 살아간다. 구신인 편
재가 있어서 편인을 제화시키게 되면 지나친 책임감의 압박으
로부터 벗어나서 행복한 개인적 삶에 비중을 두게 된다.

## ◈ 상관격의 역할과 용신

상관격은 편관격과 함께 흉신격으로 분류된다. 상관격의 역할
은 고리타분하고 구태의연한 사회적 굴레와 편견에서 벗어나
서 자유스러운 시각으로 세상을 바라보며 새롭게 변모시키는
것이다. 이성보다 본능적이고 육감으로 판단한다. 변화하지 않
는 주변에 답답함을 느끼게 되고 벗어나고 싶은 자유스러운 욕
구로 인해 돌발행위도 하게 된다. 매혹적이지만 안정에서 불안
정으로 가는 실수와 준비되지 않은 돌발적인 결정을 할 수 있
다. 관심은 늘 밖으로 향해 있으며 호기심과 도발적인 말과 행
위로 남들의 입에 오르내리는 소문의 진원지 역할을 하게 된
다. 자기 일보다 남의 일에 끼어들고 해결해주려고 이리저리
바쁘게 뛰어다니다 허탕만 치는 순진함도 있다.

상신인 정인이 있으면 밖을 향한 끝없는 호기심을 자제시키
고 자기 일과 가정에 좀 더 집중하게 된다. 누구도 따라올 수 없
는 실력을 갖추며 겸비하게 된다.

구신인 겁재가 있으면 주변의 인맥을 적재적소에 뛰어나게
활용한다. 또 최고의 수완가 기질로 넓은 대인관계를 맺으며

영업적인 멘트로 호감을 산다.

　기신인 정재가 있으면 열중하지 않게 되며 자신이 하고 싶은 개인적 취미생활에 몰두하게 된다. 소속형이 아닌 자유로운 업무를 수행하는 직업을 진로로 정하게 된다. 상관격 자체가 남들이 예상하지 못한 말과 행동으로 물의를 일으킬 소지가 다분하긴 하지만, 어려운 사람들을 돕고 위로하는 마음도 깊다.

## ◈ 건록격의 역할과 용신

건론격은 특별 외격으로 구분한다. 격은 사회적 역할인데, 비견을 격으로 정하는 건록격은 공적인 사명감이 아닌 사적이고 개인적인 사사로움으로 취급하기 때문이다. 건록격의 역할은 정관격과 거의 같다고 해도 무방하다. 건록격은 매우 신왕해서 자칫하면 규칙에 따르지 않고 사생활에 더욱 치중하게 된다.

　상신인 정관이 있으면 법과 원칙을 지키며 자신의 행동에 신중하여 배려심도 깊으며 믿음직한 생활로 정도를 지키게 된다.

　구신인 정인이 있으면 기신인 상관의 자율적인 행동을 조절해서 품위와 인품으로 주변으로부터 존경받게 된다. 교육직 공무원이나 학교나 교육기관의 교육자로 진로를 정하게 된다. 방송이나 신문, 출판사의 편집자, 기자, 작가 등에 종사하는 사람들이 많다.

　기신인 상관이 있으면 소속이나 단체에서 자기 뜻을 굽히지 않고 주장한다. 사업 전선에 뛰어들어 자유로운 프리랜서로 살아가게 된다.

### ♣ 양인격의 역할과 용신

양인격 역시 건록격과 함께 특별 외격으로 구분한다. 양인격의 역할은 편관격과 거의 같다고 해도 무방하다. 희생이나 모범을 보여주며 조직이나 사람들을 통솔해가는 사명이 주어진다. 전혀 녹록지 않은 일과 힘들고 열악한 환경적 특색이 강하게 작용한다. 양인격이 머무는 환경은 해결해야 할 과도한 업무가 쌓여 있고 자신이 나서서 깨끗하게 정리해야 될 일들이 나날이 이어진다. 긴박하게 사람을 구해내는 응급실에서 일하거나, 직장인의 경우에는 리스크에 처한 조직의 재건을 위해 온갖 어려움을 해결하는 일들이 주어진다. 양인격을 갖춘 일간은 당당하고 늠름하며 대범하여 주변의 어려움을 해결해주는 능력 또한 대단하다. 특히 여성이 양인격일 때는 가장의 역할을 도맡아 해야 되는 고달픔이 있다.

상신인 편관이 있으면 고통을 이겨내고 상대를 압도하는 카리스마로 박력이 넘친다. 단호한 결단력 또한 적재적소에 필요하게 작용한다. 신왕한 양인격의 기질인 호방하고 자신감이 넘치는 행동으로 자칫 법과 질서를 넘어서는 무책임한 행동을 조절하여 공인으로서 모범적인 삶을 살아가게 하는 작용을 한다.

양인격이 편관이 없으면 적과 아군을 구분하지 않고 편협한 행동을 하게 된다.

구신인 편인이 있으면 개인적인 사생활을 자제하고 공사를 구분하며, 사회속에서 지위와 명예를 갖추며 조직을 이끌게 된다. 기신인 식신이 있으면 공인의 틀에서 벗어나 마음껏 하고 싶은 대로 진로를 정하게 된다. 양인의 목적인 귀함을 버리고 부유함을 쫓게 된다.


# 4. 격국에 따른 일간의 자세


지장간 속의 육신이 천간으로 투간되어 격으로 정해지면, 일간인 나의 사회적 의무와 직업적 틀이 되며 역할이 된다. 격을 정할 때 월지는 내가 사는 사회적 배경이자 공적인 장소의 의미이고 직업의 출발점이 된다. 나의 역할은 격으로 정해진 사회적·가정적 사명을 수행해가는 것이다.

예를 들어, 월지에서 투간된 식신격은 꾸준하게 자신의 재능을 만들고 전문화시키는 임무가 주어진다. 사주내에 근이 있으면 자신의 재능을 꾸준히 개발하고 부를 이룬다. 일간이 (비겁이나 근이 없어서) 신약하면 지속적으로 유지하지 않고 중도에 포기하고 싶은 마음이 생기게 되니, 이를 극복해야 한다.

　월지에서 투간된 편관격은 부당하거나 어렵고 힘든 일도 개척하고 극복해야 하는 임무가 주어진다. 일간이 신약하면 자신감이 약해지고 상대의 요구를 거절하지 못하므로 많은 일을 감당해야 되는 과중 과로에 시달릴 수 있다. 일간의 근이 있으면 자신감 있게 힘든 일도 이겨내고 카리스마와 리더십으로 조직을 장악한다.

　월지에서 투간된 정관격은 안전하게 조직과 가정을 지키는 모범적인 삶을 살아간다. 일간이 신약하면 자신의 개성이나 의견을 무리하게 내세우지 않고 정숙하고 모범적이며 대의명분을 따라야 하는 임무에 충실하다. 일간이 신왕하면 자신이 속한 회사나 조직에서 공적인 업무보다 자신의 사적인 감정을 중요시해서 조직에 대한 충성도가 낮아진다.

　월지에서 투간된 정인격은 학문과 지식을 배우고 자격화하여 정관이라는 조직을 안정되게 이끌어야 하는 임무가 주어진다. 그러나 일간이 신왕하면, 조직에서 소속감을 느끼기보다는 지적 자격을 개인기로 특기화시켜 자유 직종으로 가게 된다.

## ❖ 정관격의 특성과 사회성

정관격의 근본은 자기 생각이나 개성을 드러내지 않고 공적인 마인드로 자신이 속해 있는 조직이나 단체를 지키고 안정을 유지하는 목적이 우선해야 한다. 정관격은 어떤 격들보다 믿음직스럽고 일 처리가 명확하며, 국가, 사회, 자신이 속한 그룹에 충성스럽다. 타인의 눈을 의식해서 모범적이고 절제된 말과 행위를 한다. 체면과 전통을 중요하게 여기며, 고지식하고 소신 있는 자세로 자기 일과 가정을 잘 지키고 유지한다.

정관격을 갖춘 일간이 신왕해지면, 충성과 일사불란함을 중히 여기는 조직사회에서 자신의 개성이나 주장을 과하게 드러낼 수 있다. 상하관계에서도 명령권자를 인정하기보다는 지나치게 자존심을 내세우며 반론하게 되어 조직 생활에 어려움을 겪을 수 있다. 특히 지지의 근이 2개 이상이어서 일간이 신왕해지면, 조직에 적응하기보다는 창업이나, 프리랜서 등 자신이 독립하는 출발점이 된다.

근이 없이 천간에만 비겁이 있으면 혼자서는 움직이지 않고, 무엇을 하든 주변의 인맥을 활용하여 협력 관계를 원활하게 이끌어간다.

운에서 식상이나 재성운이 오면 관이라는 자신이 속해 있는 사회나 단체에서 벗어나 새로운 일에 도전하고 싶은 강렬한 유혹으로 다가온다. 정관격은 일간이 신약해야 자신의 소속에 잘 적응한다.

## ❖ 정인격의 특성과 사회성

정인격의 근본은 겸손함을 갖추며 지적 자질을 직업화하는 진로를 선택한다. 남에게 피해를 주지 않으려는 도덕성과 윤리를 올바른 가치관으로 삼아 어른은 공경하고 전통을 지킨다. 사회의 잣대로 흐트러짐 없는 자세를 갖추며 주변을 조용히 이끌어 간다. 또 튀지 않는 언행으로 타인의 입에 오르내리지 않는 신중한 처세로 가정과 사회생활에서 신망받는다.

정인격은 일간이 신약해야 정인격의 미덕인 예의와 겸손으로 사랑받고 존중받는다. 만약 정인격을 갖춘 일간이 지지에 근이 2개 이상 있어 신왕해지면, 상대를 인정하지 않으려 하며 지나칠 정도로 자신감이 넘치고 거만해질 수 있다. 정인의 고상한 인품보다는 상대를 배려하지 않고 자신의 의도대로 모든 일을 결정하고 상대의 의견을 수용하지 않게 된다.

사주 내에 겁재가 있으면 상대를 이해하고 귀를 기울인다. 겁재를 생한 정인으로부터 상생을 받은 일간은 타인에 대한 깊은 이해심을 바탕으로 상대가 원하는 필요한 실력을 갖추며 인품 또한 잘 갖추고 존경받는다.

정인격은 신약하면서 정관으로 생을 받으면, 조직의 구조에 맞는 실력을 갖추게 되고 겸손하며 누구에게나 예의 바르고 지적 자질을 갖추게 된다. 정인격을 갖춘 일간이 지지에 2개 이상 근이 있으면 관이라는 소속에서 벗어나 지적 재능을 프리랜서, 창업을 통해 자신의 영역을 만들어가게 된다.

## ❖ 식신격의 특성과 사회성

식신격의 근본은 정인격의 지적 마인드와는 다르게 자신의 능력을 말로 표현하고 기술로 개발한다. 먹고사는 문제에 가장 중요한 가치 기준을 둔 식신격을 갖춘 일간이 의식주에 필요한 기술 능력을 오래도록 발휘할 수 있으려면 지지에 비견이나 겁재(근)가 있어야 한다. 식신의 본능인 편안하고 느긋한 삶을 살아가려는 목적을 이루기 위해선 남들보다 특별한 재능 한 가지를 갖춰야 한다.

식신이 생산을 목적으로 연구 개발하고 성실함을 내세워 진로를 정한다면 상관은 포장하고 영업과 유통을 하는 자유로운 진로를 선택한다. 배우지 않아도 식신의 특징은 특별한 재능 한가지는 가지고 있다. 이런 재능 기술 한 가지를 개발하기 위해서는 오랜 시간이 필요하다. 끈기를 갖기 위해서는 지지에 일간의 근인 비견이 필요하다. 근(비견·겁재)이 없이 신약하면, 기술과 재능을 준비하는 오랜 시간을 견디지 않고 중도에 포기하는 상황이 오기도 한다. 직업 활동에 필요한 자질이 아닌 개인적 특기를 살려서 게임이나 손기술, 잡기 등을 개발하는 경우가 많다.

일간의 근(비견·겁재)이 없이 천간에만 식신이 투간되면, 자신의 능력을 개발하기보다는 상대의 능력에 대해 협조하고 도움을 받기도 하는 원활한 사회적 성향으로 나타난다. 여성의 경우 배우자인 남편이나 주변에서 무엇이든 대신 해주기 때문에 편하게 살아가는 환경이 되기도 한다.

## ◈ 정재격의 특성과 사회성

정재격의 근본은 자신이 속해 있는 가정, 단체, 소속에 충실하며 새로운 도전에 쉽게 나서지 않는다. 자신이 속한 그룹이나 사회에 충성심이 깊으며 낮은 자세와 상대를 존중하는 처세로 신망을 얻으며 공무원 조직이나 일관성 있는 정부의 요직에 등용되는 인재가 많다. 부드럽고 편안하게 챙겨주는 안정감으로 윗사람에게는 자신의 의견을 잘 주장하지 않으며 상대의 의견에 반대하지 않고 적극적으로 호응해서 갈수록 신망을 얻게 된다. 아랫사람의 의견에는 귀를 열고 경청하고 반영하니 존경받고 인기가 식지 않는다. 정재격을 갖춘 일간은 경제적 안정을 바탕으로 가정이나 사회생활을 안전하게 유지하고 싶어 한다. 재물적 가치를 지향하는 정재는 자산을 몇 배로 키우는 것이 목적이 아니고, 안정되게 유지하고 지키는 것을 삶의 최우선으로 두고 살아간다.

일간의 근(비견·겁재)도 있고 인성으로 힘이 있으면 자산을 안정되게 관리하고 자신의 능력 밖의 무리한 재물 확장은 피한다. 직업 역시 공무원이나 안정된 자리를 원하고 사업을 하게 되어도 수익이 일정하게 보장되는 안전한 투자만 한다.

인성이 약하고 일간의 근이 2개 이상이면 정재의 안전적 보전보다는 단기간의 이익을 보려는 투자 또는 투기 성향으로 나타난다. 운에서도 비견·겁재가 오면 일간은 성급해지고 근거 없는 자신감이 지나치게 생긴다. 재물에 대한 탐심이 일어나게 되고 투자해서 많이 벌고 싶은 물리치기 힘든 유혹에 흔들리기도 한다.

## ❖ 편인격의 특성과 사회성

편인격의 근본은 자신의 사상이나 학문을 정신적으로 승화시켜 자기 재능으로 발전시키는 정신적 지주, 종교, 철학, 사상가의 진로를 선택하는 경우가 많다. 편협한 사상이나 자신의 정신적 우월성을 드러내며 상대를 무시하고, 대인관계를 할 때도 아집이 강해져 잘못을 인정하지 않는다. 변화하는 주변의 상황에 대처하는 머리 회전이 빠르다. 급박하게 처리해야 하는 생방송, 라이브, 기자, 경매 등 누구도 따라오지 못하는 자질을 발휘하는 직업군에서 행복을 느낀다.

정인이 상식적이고 일관성 있는 안정감이라면 편인은 상식보다는 개성이 우선하며 자기편이 아니면 비우호적인 관계성을 갖는다. 편인격을 갖춘 일간은 주변 지인들의 힘든 고통이나 하소연을 많이 듣고 위로하는 정신적인 교주나 스승 같은 역할도 많이 한다. 편관의 부당하고 어려운 요구를 받아들여 인내하며 이해하는 특징이 있다. 사주(지지)에 비견·겁재가 있으면 식신으로 자신의 능력을 특화해서 편관이 요구하는 힘든 업무를 감당하는 실력 발휘를 잘할 수 있다.

일간이 근이 없이 신약하면 자신감이 없고 쉬운 일만 찾게 되고 조금만 불편해도 피하려고 한다. 낯가림이 심하고 소극적이다. 모든 일을 자신이 책임지지 않고 기대려고 하고 외로움에도 적응하지 못한다.

여자는 자녀를 지나칠 정도로 엄격하게 훈육한다. 편인격은 편관이 있으면 자신의 의무를 다하며 업무를 잘 수행하고 특수직에서 뛰어난 능력을 인정받으며 장인의 반열에 오른다.

## ❖ 편재격의 특성과 사회성

편재격의 근본은 도전정신과 정복력이 왕성해서 자신이 가진 것에 만족하지 않고 크게 확장하고 싶어 한다. 편재격을 갖춘 일간은 자신이 속한 영역이나 재물에 만족하기보다는 도전해서 크게 판을 키우려는 속성이 있다. 일간이 근(비견·겁재)으로 힘이 있으면 용기와 자신감이 넘쳐서 자신의 입지를 키우고 확장해서 도전하고 개척해서 영역과 재물을 확보하며 부를 이룬다. 리더십도 출중하고 자신이 원하는 것을 얻기 위해 상대에게 아낌없이 투자하고 소비성향도 크다. 정재격은 자신의 재물과 영역을 지켜내려고 크게 확장하거나 도전하는 일에 소심함이 있다면, 편재격은 스케일이 크고 담대해서 남의 영역도 내 것처럼 차지하고 확장하고 늘 새로운 영역을 개발해 간다. 넓은 인맥으로 대외적 일에 잘 활용하며 업무에 알맞게 대응한다.

일간이 근이 약하고 인성으로만 힘이 있으면 확장의 기회가 와도 도전하지 못하고 지나치게 때를 기다린다. 실리 계산만 하다가 영역이나 재물 확장을 하지 못하게 되고 자신감이 결여되고 신중하게 처신한다. 신약하면 현실에 안주하며, 발전이 더디고 실익이 크게 부각되지 않지만 손실의 리스크 또한 크지 않고 안정적이다. 자신이 주체가 되는 창업이나 사업보다는 안전하게 소속되는 것이 알맞다.

## ✤ 편관격의 특성과 사회성

편관격의 근본은 인생을 무거운 짐처럼 극복하고 많은 책임과 의무를 해결하면서 살아간다. 주변에는 늘 시끄럽고 힘든 사람들이 많아서 자신이 대신 떠맡는 일이 많아 늘 과중 과로에 시달린다. 뭐든 익숙해질 만하면 또다시 낯설고 다시 적응해야 하는 고달픈 일이 연속으로 주어진다. 전쟁 속에 피어나는 꽃처럼 평화로운 조용한 생활은 무의미하며 재미를 못 느낀다.

편관격은 강한 눈빛과 근엄한 표정, 카리스마로 상대를 압도하고 끊고 맺음이 명확하다. 법의 테두리를 벗어나지 않으면서 편법을 동원해서라도 수단과 방법을 가리지 않고 자신에게 닥친 일들을 교묘하게 잘 해결한다. 권모술수가 탁월해서 강자에게는 기꺼이 무릎을 꿇을 줄 알며 약자에게는 위협으로 목적을 달성한다.

편관격을 갖춘 근(비견·겁재)이 없는 일간은 감당하기 벅찬 격이라 할 수 있다. 주변이 전쟁터와 같고 과중 과로하며, 낯설고 사건·사고나 급한 일들을 처리해야 되는 상황이 자주 벌어진다. 이런 편관(殺)의 어려움을 견뎌내기 위해서는 일간의 근이 매우 중요하다. 사주 내에 편인이 있으면 어려운 상황을 스스로 이해하고 받아들이는 정신력을 갖추게 된다. 일간이 근으로 왕하면, 편관이 요구하는 과중 과로를 육체적으로 감당하며 자신감을 잃지 않고 극복해간다.

편인이 없으면 편관(殺)이 주는 막중한 업무를 불평과 불만으로 표출하여 만족함이 없이 부당함을 느끼며 갈등을 야기할 수 있다. 근이 없이 신약하면 상대의 요구를 거절하지 못하고 업무를 지나치게 많이 하게 되어 피곤함이 쌓이고 몸이 허약하게 될 수 있다. 자신감 부족으로 강박관념에 시달리며 주변 사람에게도 두려움을 느끼게 된다. 자신에 대한 타인의 평가를 지나치게 의식한다.

## ⚜ 상관격의 특성과 사회성

상관격의 근본은 대자유를 꿈꾸며, 체계화된 법과 형식을 족쇄라는 생각부터 시작하여 일탈을 갈망한다. 상관격을 갖춘 일간은 정관이라는 기존 질서에 맞서 자신의 개성에 맞게 변화를 주도하는 성향으로 가정과 사회 속에서 자신의 의견을 적극적으로 어필하고 노(NO)부터 시작하는 정서가 강하다. 정관의 안정을 추구하는 보수적인 가정이나 사회로서는 돌풍을 일으키는 변화의 한가운데 있는 돌발변수, 이단아로 주목받고 비난받을 수 있다. 아무도 따라올 수 없는 끼가 작용한다.

갑작스럽게 돌변하는 기질과 전광석화처럼 두뇌 회전이 빠르고 발상의 전환이 뛰어나다. 일간의 근(비견·겁재)이 왕해지면 자기가 속한 가정이나 사회에 적응하지 않고 개인적 재능과 특기를 다채롭게 상품화한다. 또 영업능력을 발휘하고 관의 틀이나 통제 속에서 벗어나 창업을 하거나 자유스럽고 묶이지 않는 프리랜서로 세상에 도전한다.

일간의 근이 약하고 인성으로 힘이 있으면, 자신의 특별한 재능을 관이라는 조직 속에서 벗어나지 않고 인정받는 평범한 생활을 한다. 상대를 바라보는 시각의 첫 출발점이 고쳐야 할 부분부터 보인다. 지적을 많이 하게 되고 직언을 하게 되니 상사에게는 미움을 받는 경계 대상이 되기 쉽다. 나약한 사람의 처지에서 대변해주고 인정이 많아서 힘든 일을 거절을 못 한다. 유기견들도 잘 돌봐주고 남을 위한 일에도 적극적이나 강자에 대한 반항심도 지나치게 내색한다. 직업의 종류도 다양하지만 무슨 일을 하든 출발점이 자유로움부터 생각한다.

## ◈ 건록격의 특성과 사회성

건록격의 근본은 평화로운 집안 출신이 많으며 삶의 모습 또한 여유롭고 안정된 모습으로 살아간다. 교육계에 많으며 삶에 지친 사람들을 위로하는 직종에 많다. 뛰어난 예술 감각으로 사람들을 기쁘게 하는 엔터테인먼트 분야나 연예계에서 인기를 얻으며, 말을 하고 글을 쓰는 작가나 방송기자, 교육자가 많다.

  사주 내에 인성이 있으면 정년을 보장받는 직장이나 단체에서 일한다. 재성까지 갖추어 재생관을 이루면 공공기관에 종사하며 부드럽고 친밀한 지도력으로 주변에서 따르는 사람이 많다. 천간에 인성이 투간되지 않고 식상이 투간되면 조직을 벗어나 자기 일을 운영해 나가며 부를 이룬다. 천간에 비견·겁재가 투기되어도 사업에 뜻을 두며 독립을 추구한다. 천간에 인성이나 관성이 투간되면 공적인 사명감과 책임감이 강해서 직장이나 조직에서 동료들을 리드하고 예상 가능한 행보와 안정감을 준다.

## ❄ 양인격의 특성과 사회성

양인격의 근본은 굳세고 생활력이 강하면서 자신의 행복으로 살아가는 삶이 아닌 타인에게 도움을 주며 희생도 감수하는 고단한 일을 많이 한다. 양인격이 머무는 주변은 이재를 따지며 혼란을 야기시키는 사람들과 정리해야 되는 복잡한 일들이 많이 일어난다. 이에 칼을 들어 갑옷을 걸치고 개혁을 일으키는 무사처럼 주변의 부당함과 나태함으로 무너져가는 무능력한 주변과 조직을 재정비한다. 자신이 머무는 단체나 소속을 재정비하고 체계화시켜서 일으켜 세우는 사명감으로 살아간다. 늘 벅차고 해결해야 할 일이 일어나고, 희생과 책임의 중압감이 누르는 일들을 해결하며 그 또한 만족함으로 보람을 느낀다. 근엄하고 젊잖으며 자신을 위한 삶이 아닌 타인에게 도움을 주며 희생도 감수한다. 칼과 무기와 같은 힘으로 강력한 압박을 통해서 개혁을 일으키는 무사처럼 나태와 무능을 징벌한다. 온갖 어려움을 극복하며 자신이 머무는 조직이나 단체를 체계화시키고 일으켜 세우려는 사명으로 태어났다.

사주 내에 편관이 있으면 주변을 총괄하고 치열한 삶을 살아가며 무거운 짐이 어깨를 누르는 압박감을 이겨낸다. 조직에서 결재권이 주어지며, 재생살까지 되면 공적인 일에 최고의 능력을 발휘한다.

여성이 양인격이면 녹록지 않은 삶을 살게 된다. 천간에 식신이나 상관이 투간되면 사회적 틀에 소속되기보다 자신의 조직을 결성해서 독립하게 되며 자영업자가 많다. 회사에서도 일찍 퇴사한다.

천간에 편인이 있으면 식신의 자유스러움을 억제해서 독립하지 않고 조직 소속으로 남는다.


지금까지 '제2부 명리의 응용과 사주 해석'에서는 우리가 실생활에서 사주를 해석할 때 도움이 되는 내용을 중심으로 살펴보았다.

사주를 해석할 때, 가장 먼저 살펴봐야 할 것은 음양오행(木火土金水)이다. 음양오행은 타고난 기질이나 배우지 않아도 본능적으로 발현되는 천성으로 나타난다. 특히 사주 내 천간에 있는 오행은 일간(나)의 생각과 정신력으로 나타난다.

천간에 목이 있으면, 뭐든 시작해보려는 기질로 나타난다.

천간에 화가 있으면, 급하지만 활발한 성격으로 나타난다.

천간에 토가 있으면, 주변의 상황을 수용하고 기다리려는 의연함으로 나타난다.

천간에 금이 있으면, 시작했으면 결과를 이루려 한다.

천간에 수가 있으면, 지적 자질과 생각을 많이 한다.

두 번째는 음양오행을 의인화해서 구분한 육신과 육친이다. 육신과 육친을 통해 우리는 일간의 사회성과 인간관계를 해석할 수 있다. 인성과 식상이 일간에게 주는 영향은 인성으로 배우고 익혀서 식상으로 능력을 발휘하는 일간(나)의 근본적인 자질과도 같다. 인성과 식상으로 재능을 갖춘 일간은 재성이라는 경제적 혜택과 관성이라는 사회적 명예와 직업의 틀을 갖추게 된다.

세 번째는 육신과 육신이 연결되어 발생하는 현상을 관인상생, 식상생재, 재생관, 상관견관, 재극인 등으로 해석하고 마지막으로 육신을 격으로 정하고 직업의 틀, 공적인 사명감, 사회적 역할을 잘 수행하고 적응하는지를 해석한다.

# 신살(神殺)론과
# 십이운성

# 1. 신살의 이해

신살이란 인간의 노력이나 힘으로는 벗어날 수 없거나 뜻밖의 도움을 받는 일, 또는 갑작스런 사건들에 연루되는 일들을 표현한 것으로 길신(吉神)이나 흉신(凶神)의 작용을 의미한다. 약 120가지에 이르는 신살에 대한 해석은 대부분 부정적으로 표현되어 있어서 사주를 신살에 적용하면 제대로 된 사주가 없을 정도다.

때에 따라 명리학을 처음 공부할 때 신살로만 사주를 쉽게 분석하고 해석하기도 하는데, 이는 명리학이 추구하는 내용과는 다소 차이가 있다. 신살에만 의존하게 되면 갈수록 혼란스럽고 회의감에 빠질 수 있다. 통상적으로 신살의 작용은 육신의 상생상극에는 별다른 영향을 주지 않는다. 다만, 오행이 지나치게 편중되어 있거나 한습(寒濕), 또는 조열(燥熱)한 사주의 경우에는 상황에 따라 약간의 영향을 줄 수도 있다.

| 흉신(凶神)의 종류 | | |
|---|---|---|
| 백호대살 | 양인살 | 괴강살 |
| 甲辰, 乙未, 丙戌, 丁丑, 戊辰, 壬戌, 癸丑 | 丙午, 戊午, 壬子 | 庚辰, 庚戌, 壬辰, 壬戌 |

### 백호대살(白虎大殺)

이러한 사주는 성격이 포악하고 상대에게 위해를 끼칠 수 있다. 예를 들어 재성이 백호살이면 아버지와의 인연이 약하고 여자는 관성이 백호살이면 남편이 힘든 일을 겪는다. 제왕절개로 아이를 출산하는 경우도 많다. 사람의 생명을 다루는 데 종사하면 알맞다.

### 양인살(羊刃殺)

태양 빛에 빛나는 섬뜩한 칼로 양의 목을 치듯이 냉정하면서도 성급함이 앞서고 성격이 불같다. 참지 못하는 성격으로 살아가면서 일신상의 장애가 올 수 있다. 그러나 중화(中和)가 잘 된 사주는 사람의 생명을 다루는 의학 계통이나 판검사 직업에 많다.

### 괴강살(魁罡殺)

강한 하늘의 기운을 받아서 상대를 제압하는 권위적인 성격으로 나타난다. 조직을 이끄는 통솔력이 강한 반면, 아집이나 고집이 세다. 소신이 강하고 일편단심이며 군인, 경찰 등 강직한 충성심이 필요한 직업에 잘 맞는다.

육신에 해당하는 편관이 백호대살, 양인, 괴강에 해당하는 여자의 경우 남편과 갈등이 일어날 수 있다. 만약 일간이 신약하면 질병이나 타인의 압박, 배우자의 부당함을 감당하기가 벅차고, 삶에 대한 의욕이 없으며 자신감을 잃게 된다. 남자의 경우 육신에 해당하는 재성이 백호대살, 양인, 괴강이면 부인의 몸이 허약하거나 부인과 갈등이 일어날 수 있다.

흔히 사주 분석을 할 때 백호대살, 양인, 괴강 신살(神殺) 위주의 통변을 많이 하는 경우가 있는데 실제로는 그다지 영향력을 미치지 않으니 지나치게 대입시키지 말고 참고용으로만 사용하는 것이 바람직하다.

# 2. 형의 의미와 종류

### ❖ 형(刑殺)

형(刑)이란 사회질서를 무시하고 규범을 지키지 않으며, 자신의 소신이 강해서 타인을 의식하지 않고 자기답게 생활한다. 사건·사고에 연루되고 소송에 휘말리는 행위를 잘한다.

### 寅巳申 三刑殺 - 지세지형(持勢之刑)

자신의 힘을 믿고 과욕을 부리며 밀어붙인다. 자제력이 약해서 매사에 속전속결 하려 하니 문제가 발생한다. 중간과정을 거치지 않고 결과에만 가치를 둔다. 성급하게 결정하고 반복해서 마무리하지 않고 행동 또한 다급해서 잘 다쳐 차 사고로도 이어질 수 있다.

### 丑戌未 三刑殺 - 무은지형(無恩之刑)

목적을 가지고 상대를 대하니 끝에는 인덕이 없고 마음속에 한을 품듯이 상대에게 집착하고 약점을 잡아서 공격한다. 항상 시비가 많으며 속마음을 드러내지 않고 공격할 때만을 기다린다. 생사의 결정권을 휘두를 수 있는 권력자가 되기도 한다. 진술축미(辰戌丑未)는 본능적으로 무엇이든 감추고 저장해두며 상대의 모든 상황을 잘 파악하고 있다.

### 子卯 刑殺 - 무례지형(無禮之刑)

왕지끼리는 서로 생을 하지 않으니 양보심이 없고 상대 탓만 한다. 자기 색깔이 너무 강하고 이해심이 없다. 子卯는 습기가 가득해서 강한 도화의 기운을 발생시켜 상대에게 다정하고 부드럽게 다가가며 묘한 매력을 발산시키며 이성 문제를 일으키기도 한다.

## ✤ 자형(自刑殺)

**子子, 辰辰, 午午, 酉酉**

자신의 한계를 넘어서는 분수에 넘치는 행동을 한다. 형살(刑殺)이란 한 가지 오행의 힘이 지나치게 넘친다는 의미다. 성격이 원만치 않고 한쪽으로 기울어지는 편협함으로 건강에도 영향을 미치게 된다.

**子子** : 자기 생각에만 집중하여 다른 사람의 마음을 이해하지 않으며 융화를 하지 못하게 된다. 늘 마음의 벽을 두고 거리감을 좁히지 못하게 된다. 서운함과 기대감이 교차하며 불편함을 해소하지 못하는 심리적 상태이기도 하다.

**辰辰** : 진토는 습기가 가득한 습토인데 2개 이상 있다는 것은 몸도 마음도 습하게 되므로 피부 질환, 위장장애나 남녀간 이성에게 인기도 많고 습한 기운으로 서로 집착하게 되고 심하면 스토킹도 당하게 된다.

**午午** : 화(火)기가 넘쳐서 성격이 다급해서 생각할 시간 없이 뛰쳐나가 쉽게 시작하고 확장해서 뒷감당이 안 되는 일들이 발생한다. 급한 성격으로 감정을 주체하지 못해 혈압을 올리고 혈관 계통의 장애가 일어난다.

**酉酉** : 성격이 냉정하고 실수를 용납하지 않는 완벽주의자다. 시크하고 타인에게 동조하지 않으며, 오래된 인연에게도 거리

감을 두고 스킨십이 부족하고 메마른 행동을 한다. 근육이 잘 붙지 않고 마른 체형이 많다. 관절 마디가 약해서 허리 디스크, 무릎관절, 뼈나 디스크 등의 건강에 유의해야 된다.

## ✤ 역마, 도화, 화개

| 역마살(驛馬殺) | 생지(生地)월 기준 | 인신사해(寅申巳亥) |
|---|---|---|
| 도화살(桃花殺) | 왕지(旺地)월 기준 | 자오묘유(子午卯酉) |
| 화개살(花蓋殺) | 고지(庫地)월 기준 | 진술축미(辰戌丑未) |

**역마살(驛馬殺)** : 인신사해(寅申巳亥)월은 새로운 계절을 시작하는 역동적이고 활기찬 기운이다. 생지월인 寅申巳亥 월지인 사람은 바쁘게 움직이고 새로운 여행을 좋아하며 활기차고 주변에 잘 맞추고 협조적이다. 이곳저곳에 관여할 일도 많고 많이 돕는다.

**도화살(桃花殺)** : 월지 자오묘유(子午卯酉)월은 계절의 중심으로 계절의 색깔이 가장 선명하며 분명하게 자기 색을 드러낸다. 주변의 시선을 끌어오는 독특한 매력을 보이며 자기중심적이다.

**화개살(花蓋殺)** : 월지 진술축미(辰戌丑未)월은 지나온 계절을 기억하며 내년에 사용하기 위해 모든 것을 辰戌丑未 땅에 저장하며 다음 계절을 준비한다. 환절기로서 지금 계절과 다음 계절을 이어주는 역할을 한다. 토(土)가 지나치게 많으면 성벽을 쌓듯 다음 계절로 넘어가는 데 갑절의 시간이 걸린다. 타인과 교류가 어렵고 폐쇄성을 보일 수 있다.

## 🔯 육합(六合)

**子丑　寅亥　卯戌　辰酉　巳申　午未**

육합은 인간관계에서 겪게 되는 이별, 이혼, 미움, 애증 등 감정의 문제 등을 판단하는 기준으로 삼는 방법이다. 사주 내에 육합이 있으면 나와 전혀 다른 환경이나, 생각이 아주 다른 사람과 협력하는 모습이다. 이성 역시 전혀 반대되는 조건의 상대를 만나고 대인관계는 자신이 가지지 못한 조건을 갖춘 상대를 선호한다. 이성보다 욕망을 채우고 싶어 한다.

## 🔯 파 (破)

**子酉, 丑辰, 卯午, 戌未.**

파(破)란 잘못된 부분을 정리한다는 의미다. 상대를 받아들이기보다는 조건을 붙이고 경계하는 의미가 크다.

## ✧ 원진살(元嗔殺)

**子未, 丑午, 寅酉, 卯申, 辰亥, 巳戌**

주로 감정의 문제가 해결되지 않는 인간관계를 의미한다. 상대에게 바라는 게 있는데 몰라주니 서운함이 쌓여서 미움으로 변질한다는 의미이다. 미움이 생겨도 쉽게 포기하지 못하고 미련을 두게 된다. 서운한 감정과 사랑과 관심받고 싶은 복잡한 감정에 휩싸인다. 복잡 미묘한 감정 상태로 상대를 포기하지 못하고 바라본다. 남녀의 이성 문제나 부부간의 불화 등을 살필 때 참고한다.

궁합 볼 때 많이 참고하는데, 필자는 이 정도의 몇 글자가 사주 내에 있다고 부부간에 영향을 끼친다고는 생각하지 않는다. 신경을 쓰지 않아도 된다. 다만 사주의 구조가 지나치게 한습하거나 조열하면 원만하지 않은 성격으로 인해 대인관계의 미숙함이나 건강의 불균형으로 나타날 수 있다.

---

**원진의 작용**

원진살이 작용하려면, 두 글자가 사주에 있으면서 운에서 상충이 일어나야 한다. 특히 년(年)운에서는 마음의 갈등으로 인해서 지연, 지체, 주변과의 마찰로 인해 스트레스를 겪을 수 있다. 이때 상대를 의심하고 그로 인하여 트라우마가 생기고 갈등의 늪에 빠질 수 있다.

원래 사주에 원진이 있으면 예민하지만 감성적이고 다정하며 직감이 뛰어나고 예술적이다. 부부관계나 남녀관계는 다정하지만, 상충된 원진은 원진살의 작용이 일어날 수 있다.

원진이 작용하는 조건(한습하거나 조열할 때)
예) 원국의 子未가 子午충, 丑未충 될 때
　　원국의 午丑이 子午충, 丑未충 될 때
　　원국의 寅酉가 寅申충, 卯酉충 될 때
　　원국의 卯申이 卯酉충, 寅申충 될 때
　　원국의 辰亥가 辰戌충, 巳亥충 될 때
　　원국의 巳戌이 巳亥충, 辰戌충 될 때

## ❖ 귀문관살(鬼門關殺)

지지가 습하거나 천간의 오행이 냉할 때 귀문관살의 작용이 일어난다. 까다롭고 예민하며 신경질적이고 스트레스를 많이 받는다. 머리를 쓰는 직업에 적합하고 연구직처럼 우수한 두뇌의 소유자가 많다.

> **귀문관살의 종류** - 두 글자가 붙어 있어야만 귀문관살이 성립된다.
>
> 辰亥, 子酉, 未寅, 巳戌, 午丑, 卯申

## ✿ 해(害)

서로 상대를 원망하며 고마움을 모르고 부부 사이에도 불화가 나타나며 대인관계에 장애가 있다. 인덕이 없어서 베풀어도 받지 못하니 마음속에 불만이 많다.

> **해의 종류** - 두 글자가 붙어 있어야만 성립된다.
>
> 子未, 午丑, 寅巳, 卯辰, 申亥, 酉戌

## ✿ 탕화살

약물중독이나 화상의 사고를 겪는다. 몸에 흉터가 생기면 살의 작용이 없다.

| 일지 | 寅 | 午 | 丑 |
|------|-----|-----|------|
| 탕화 | 寅巳申 | 辰午丑 | 午戌未 |

## ✿ 길신(吉神)의 종류

**천을귀인(天乙貴人) :** 성품이 유순하고 고귀한 품격을 지녔다. 위태로울 때 사주에 천을귀인이 있으면 귀인의 도움을 받아서 구제를 받게 된다. 또한 나쁜 일을 당할 때도 전화위복이 되는 것을 말한다.

일간을 기준으로 지지에 대입한다.

| 일간 | 甲戊庚 | 乙己 | 丙丁 | 辛 | 壬癸 |
|---|---|---|---|---|---|
| 지지<br>(천을귀인) | 丑未 | 子申 | 亥酉 | 寅午 | 巳卯 |

**문창귀인(文昌貴人)** : 지능과 지혜가 뛰어나고 공부를 잘한다. 학문과 관련된 높은 직위를 가질 수 있으며 힘든 일이 있어도 전화위복이 된다.

일간을 기준으로 지지에 대입한다.

| 일간 | 甲 | 乙 | 丙 | 丁 | 戊 | 己 | 庚 | 辛 | 壬 | 癸 |
|---|---|---|---|---|---|---|---|---|---|---|
| 지지 | 巳 | 午 | 申 | 酉 | 申 | 酉 | 亥 | 子 | 寅 | 卯 |

**월덕귀인(月德貴人)** : 사주에 월덕귀인이 있으면 조상들의 도움을 받게 된다. 관운이 좋으며 특히 시주에 월덕귀인이 있으면 귀한 자식을 얻거나 자식으로 인한 경사가 따른다.

일간을 기준으로 월지에 대입한다.

| 일간 | 甲 | 丙 | 庚 | 壬 |
|---|---|---|---|---|
| 지지<br>(천을귀인) | 亥卯未 | 寅午戌 | 巳酉丑 | 申子辰 |

**천덕귀인(天德貴人)** : 의식주가 풍부하고 주변의 도움을 받고 어

려움에 부닥쳤을 때 귀인의 도움을 받는다는 의미이다.

월덕과 같이 월지에 대입한다.

| 년월일시 | 丁 | 申 | 壬 | 辛 | 亥 | 甲 | 癸 | 寅 | 丙 | 乙 | 巳 | 庚 |
|---|---|---|---|---|---|---|---|---|---|---|---|---|
| 월지 | 寅 | 卯 | 辰 | 巳 | 午 | 未 | 申 | 酉 | 戌 | 亥 | 子 | 丑 |

# 3. 십이운성(十二運星)

십이운성이란 포태법 또는 장생법이라고도 불리는데 천간의 기(氣)가 땅에 미치는 순환의 원리이며 오행의 변화하는 과정을 인간사에 비유하여 생로병사 과정을 설명한 학설이다. 일반적으로 해석하기에는 지나치게 부정적인 해석을 많이 하므로 개인적으로 십이운성의 효용성을 활용하여 사주를 분석하지는 않는다.

사람이 태어나서 활동하고 늙어서 병들며 죽음을 맞이하는 과정을 절, 태, 양, 생, 욕, 대, 록, 왕, 쇠, 병, 사, 묘의 순서로 표현했다. 천간의 음양에 따라서 순환의 방법이 다르다.

양간일 때는 십이운성이 순행하고, 음간일 때는 역행한다. 십이운성을 대입하여 사주 분석을 하면 매우 부정적인 해석이 된다. 이는 시중에 많이 분포되어 있지만 전체적인 사주의 흐름에 큰 영향을 주지 않는다.

## ❧ 절(絶)

만물이 땅속에서 움직이지 않지만 기(氣)는 살아 있는 정적인 환경이며 어머니의 배 속에 있으며 아직은 아버지의 씨앗이 닿지 않은 무(無)의 상태와 같다. 순수하며 단순하고 쉽게 사람을 믿어 상처를 많이 받는다.

시작하기 전의 상태이자 동시에 모든 것이 끝난 상태이고, 또다시 다른 인연을 기다리는 상황을 의미한다. 내성적이며 사색적이고 지적인 연구형이다.

## ❧ 태(胎)

어머니의 자궁 속에서 처음 기(氣)가 잉태되는 것과 같다. 어린 생명으로 철저히 주변의 보호 아래 양육되는 것과 같아서 의타심이 많고 심신이 미약하여 활동력이 약하다.

## ❧ 양(養)

어머니의 자궁 속에서 자라나는 아기의 편안한 상태와 같다. 외부로부터 아무런 간섭 없이 안정과 보호 속에서 성장하는 과정 이외 일의 시작을 말하며 모든 일이 체계적으로 설계되는 상태다.

마음이 어질고 신중하지만 어려움을 당하면 쉽게 좌절하고 판단력이 부족하며 시작할 용기가 없고 의지가 약하다.

### ◈ 생(生) : 장생(長生)

십이운성 가운데 최고의 길성(吉星)이며, 발전성이 있다. 어머니로부터 첫 출생을 하는 것과 같이 원대한 꿈을 갖고 의욕이 왕성하다.

대인관계가 원만하고 화합을 이루고 발전하는 환경이 주어지며 사회적 성공이 빠르다.

### ◈ 욕(浴) : 목욕(沐浴)

어머니로부터 태어나서 목욕하고 새 옷을 입는 상태와 같다.

물속에 들어갔다 나와야 하는 번거로움이 있고, 모태에서의 온도와 환경이 다르므로 추위와 불편함이 따른다. 어린아이가 목욕하기 위해서 옷을 벗는 상태와 같아서 도화살이라고도 한다. 음주와 가무에 능하며 낭비가 심하고 이성 문제가 발생하기도 한다.

### ◈ 대(帶) : 관대(冠帶)

목욕이 어린아이의 천방지축을 의미하는 시기라면 관대는 사춘기와 청년기에 있는 시기와 같다.

자기주장이 강하고 간섭받는 것을 싫어한다. 개성이 뚜렷해지고 책임과 의무가 막중해져서 어떠한 고통이나 환경이라도 인내하며 참는다. 자존심이 강하고 불의와 타협하지 않는다.

### ✿ 록(錄) : 건록(建錄)

실력을 쌓으며 학교생활을 끝낸 후 사회의 구성원으로 자신의 세계를 이루어가는 과정이다.

자존심이 강하고 명예와 체면을 지킨다. 공사가 분명하고 상하 위계질서를 지키며 자신의 사회적 직위를 격상할 때이다.

### ✿ 왕(旺) : 제왕(帝旺)

세상 물정에 통달해 능수능란함으로 사람들을 쥐락펴락하며 왕성해진 힘으로 최고의 자리에 오르는 상태이다. 일생일대의 최고의 전성시대다.

공인과 정의를 우선시하고 솔선수범한다. 너무 강한 기운으로 타인의 조언을 잘 받아들이지 않고 독단으로 치우쳐 불화하기 쉽고, 남을 업신여기는 기질이 있다.

### ✿ 쇠(衰)

산전수전을 전부 겪고 기운이 쇠약해진 갱년기 또는 정년퇴직을 준비하는 시기와 같다.

능력은 있어도 독자적으로 강한 지도력을 발휘하기는 어려운 시기이다. 안정을 추구하고 안주하려는 성향이 강해진다. 살아온 경험이 풍부하고 현명하며 내실 있게 하며 모험을 피한다. 독선적이고 양보심이 없으며 아집이 강하다.


### ❀ 병(病)

나이 들어 기운이 약해지고 병이 들면서 지나온 세월을 정리하며 후회와 추억 속에 잠기고 외적인 활동보다는 사색을 즐기며 난관에 부딪히거나 어려움이 닥치면 피해 가는 조심스러움이 있다.


### ❀ 사(死)

늙고 병 들면 죽는 것과 같은 고요하고 활동력이 떨어지는 시기와 같다. 분별력이 빠르고 예리해 모든 일을 예방해 나가는 지혜로운 시기다.

세상의 이치에 순응할 줄 알며 주변과 서서히 이별하는 고통이 따르는 때이지만 이성적으로 가장 지혜로우며 처신을 잘하여 자기관리에 철저하다.

## ❖ 묘(墓) : 고(庫)

수명이 다해 죽은 상태와 같고 관에 들어가 있는 상태와 같다.

관 속에서 다시 태어나기 위해 조용히 준비하는 것과 같으며 활동을 끝마치고 편안한 잠자리에 들어가는 것과 같은 안정된 상태다. 침착하고 이성적이며 모든 작용력이 묶여 있는 상태이며 능력이 상실되어 힘이 없는 것과 같다.

| 십이운성 조견표 | | | | | | | | | | |
|---|---|---|---|---|---|---|---|---|---|---|
| 일간 / 운성 | 甲 | 乙 | 丙 | 丁 | 戊 | 己 | 庚 | 辛 | 壬 | 癸 |
| 長生 | 亥 | 午 | 寅 | 酉 | 寅 | 酉 | 巳 | 子 | 申 | 卯 |
| 沐浴 | 子 | 巳 | 卯 | 申 | 卯 | 申 | 午 | 亥 | 酉 | 寅 |
| 冠帶 | 丑 | 辰 | 辰 | 未 | 辰 | 未 | 未 | 戌 | 戌 | 丑 |
| 建祿 | 寅 | 卯 | 巳 | 午 | 巳 | 午 | 申 | 酉 | 亥 | 子 |
| 帝旺 | 卯 | 寅 | 午 | 巳 | 午 | 巳 | 酉 | 申 | 子 | 亥 |
| 衰 | 辰 | 丑 | 未 | 辰 | 未 | 辰 | 戌 | 未 | 丑 | 戌 |
| 病 | 巳 | 子 | 申 | 卯 | 申 | 卯 | 亥 | 午 | 寅 | 酉 |
| 死 | 午 | 亥 | 酉 | 寅 | 酉 | 寅 | 子 | 巳 | 卯 | 申 |
| 墓 | 未 | 戌 | 戌 | 丑 | 戌 | 丑 | 丑 | 辰 | 辰 | 未 |
| 絶 | 申 | 酉 | 亥 | 子 | 亥 | 子 | 寅 | 卯 | 巳 | 午 |
| 胎 | 酉 | 申 | 子 | 亥 | 子 | 亥 | 卯 | 寅 | 午 | 巳 |
| 養 | 戌 | 未 | 丑 | 戌 | 丑 | 戌 | 辰 | 丑 | 未 | 辰 |

## 오행의 사생왕고지(四生旺庫地)

| | | | |
|---|---|---|---|
| **四生地** | 寅 | 丙火土의 장생지 | 계절을 시작하는 생지(生地)로 쓰이는 자리이다. |
| | 申 | 壬水의 장생지 | |
| | 巳 | 庚金의 장생지 | |
| | 亥 | 甲木의 장생지 | |
| **四旺地** | 子 | 水의 왕지 | 가장 旺한 자기 계절의 순수한 기운이다. |
| | 午 | 火土의 왕지 | |
| | 卯 | 木의 왕지 | |
| | 酉 | 金의 왕지 | |
| **四庫地** | 辰 | 水의 무덤이며 창고이다. | 金, 木, 水, 火, 土 의 고지(庫地)이며 묘이기도 하다. |
| | 戌 | 火土의 무덤이며 창고이다. | |
| | 丑 | 金의 무덤이며 창고이다. | |
| | 未 | 木의 무덤이며 창고이다. | |

# 생활 명리

# 1. 궁합과 결혼의 의미

예로부터 우리나라는 결혼 전 양가에서 궁합을 미리 맞춰보는 풍습이 내려오고 있다. 그런데 현실에서는 궁합을 본 후 결혼했어도 이혼율이 높게 나타난다. 그렇다면 궁합을 보는 것은 불필요한 것일까?

각기 다른 부모의 교육이나 환경의 영향을 받고 자란 두 사람의 사주팔자 궁합법은 커다란 의미가 없다고 생각한다. 단 궁합에 상관없이 본인의 사주팔자에는 배우자의 정보가 들어 있다. 지금의 배우자는 어느 정도 나의 사주에서 정해진 인연이라 할 수 있겠다. 전생의 숙제를 풀지 못해서 다시 만난 인연과도 같은 것이다. 오랫동안 사귄 남녀가 사랑하면서도 궁합이 나쁘다는 이유로 양쪽 집안에서 근거 없이 반대하는 사례가 많다.

명리를 배우면서 궁합을 보게 되면 궁합이 좋고 나쁜 것을 따지지 말고 내가 상대의 단점을 이해할 수 있는 구조인가, 반면에 상대는 나의 단점을 받아들이고 이해해 주는 구조인가를 분석해 보는 혜안을 갖기 바란다. 이미 한쪽 문에 들어섰으면 다른 쪽 문은 닫아버리고 산다면 내가 선택한 배우자가 최고이며 최선이라고 믿어야 잘 살 수 있다.

남자의 경우 처가에 잘하는 사주 구조는 식상생재로 구성되어 있다. 식상인 장모가 부인이 되는 재를 잘 생하면 처가의 아들 역할을 한다.

# 2. 삼합(三合)대길일

삼합대길일은 결혼식 택일 중에서 가장 축복받을 수 있는 최고의 날로 알려져 있다. 1년에 약 10일 정도에 해당한다. 거의 주말에 결혼식 날을 잡아 예약이 쉽지 않다. 예전에는 삼합대길일을 따져서 결혼식 날을 잡는 풍속이 많았는데 지금처럼 바쁜 직장 사회생활을 하는 현대인들은 집안 사정이나 개인의 사정에 따라서 편안한 날 잡는 것이 좋은 방법이다.

| 삼합대길일 | |
|---|---|
| 지지 삼합 | 지지 방합 |
| 寅午戌 合 | 寅卯辰 合 |
| 申子辰 合 | 申酉戌 合 |
| 巳酉丑 合 | 巳午未 合 |
| 亥卯未 合 | 亥子丑 合 |

지지 연월일이 모여서 삼합이나 방합이 이루어지는 날이다. 예를 들어 2024년은 갑진년인데 삼합의 신자진(申子辰)이나 방합의 인묘진(寅卯辰)이 삼합대길일이다.

또 한 예로, 2025년은 을사(乙巳)년인데 삼합의 사유축(巳酉丑)이나 방합의 사오미(巳午未)가 삼합대길일이다.


# 3. 윤달의 의미


양력은 태양을 중심으로 지구의 공전 주기가 365일이며, 음력은 지구를 중심으로 달의 자전주기가 354일이다.

1년 중 양력은 365일인데, 음력은 약 354일이 되므로 양력과 음력은 1년에 약 11일 정도의 차이가 난다. 그래서 1년 중 남는 11일을 조정하기 위해서 5년에 2번의 비율로 1년을 13개월로 정해서 윤달이라 하였다.

윤달은 원래 없는 공달(빈달)이라 하여 잡신이 인간사에 관여할 수 없으므로 산소 이장, 이사, 집수리를 하여도 나쁜 작용이 없다고 한다. 예로부터 자녀의 효심을 나타내기 위해서 수의를 준비하는 풍습이 생겼다.

# 4. 아홉수에는 나쁜 일이 일어날까?

예로부터 아홉수를 넘기는 해에는 변고가 생긴다고 생각하는 사람들이 의외로 많은데 논리적이지도 않고 출처가 불분명한 낭설이다.

대개 좋은 일이 있을 때는 생각 없이 그냥 지나가는데 나쁜 일이 일어났을 때 아홉수가 겹쳐지면 사람들 머릿속에 각인된 부정적인 면이 크게 부각되는 것일 뿐이다. 특히 아홉수에는 결혼식을 잡지 않는 경우가 많은데 크게 신경 쓰지 않아도 된다.

# 5. 삼재(三災)의 의미

삼재란 살면서 겪게 되는 세 가지의 재앙을 의미한다.

天災 : 하늘에서 내리는 재앙이며 갑작스러운 사건, 사고 등을 의미한다.

地災 : 땅 위에서 갑작스럽게 일어나는 천재지변과도 같은 재앙을 의미한다.

**人災** : 살면서 겪게 되는 이별, 파혼, 사업 파탄 등의 아픔을 의미한다.

명리를 전혀 모르는 사람들도 삼재에 해당하는 해에는 3가지의 재앙과, 흉한 일들이 일어난다고 하여 삼재팔난이라 하고 고사를 지내기도 하는데 크게 의미를 둘 필요는 없다.

누구든지 12년마다 한 번씩 삼재가 들어와서 3년 동안 머물다 나가는데, 길흉화복과는 거의 관계가 없다. 가족이 4명인 사람이 각각 때가 다른데 삼재를 맞는다면 그 집안은 평생 삼재가 든다는 얘기인데, 민감하게 반응한다면 마음 편안할 날이 있을지 의문이 든다.

삼재가 들어오는 때는 지지의 三合의 띠가 관련이 있고 삼재가 들어왔다 나가는 해는 지지 방합과 관련이 있다.

## ◈ 삼재의 종류

들삼재 : 삼재가 들어오는 해

묵은삼재 : 삼재 2년째 되는 해

날삼재 : 삼재가 나가는 해

| 삼합지지 띠 | 삼재 |
|---|---|
| 申 子 辰 | 寅 卯 辰 |
| 亥 卯 未 | 巳 午 未 |
| 寅 午 戌 | 申 酉 戌 |
| 巳 酉 丑 | 亥 子 丑 |

寅(호랑이), 午(말), 戌(개) 띠 생들은 12년마다 같은 삼재해를 맞고 항상 申년에 들어와서 酉년에 묵었다가 戌년에 나간다.

申(원숭이), 子(쥐), 辰(용) 띠 생들은 12년마다 같은 삼재해를 맞고 항상 寅년에 들어와서 卯년에 묵었다가 辰년에 나간다.

亥(돼지), 卯(토끼), 未(양) 띠 생들은 12년마다 같은 삼재해를 맞고 항상 巳년에 들어와서 午년에 묵었다가 未년에 나간다.

巳(뱀), 酉(닭), 丑(소) 띠 생들은 12년마다 같은 삼재해를 맞고 항상 亥년에 들어와서 子년에 묵었다가 丑년에 나간다.

辰(용), 戌(개), 丑(소), 未(양) 띠 생들은 환갑에 삼재가 나가며 자신의 띠와 겹치게 되므로 이를 불길하게 여겨 환갑잔치를 하지 않고 여행을 가는 경우가 많았다.

# 6. 손 없는 날

손(損)이란 인간의 일에 끼어들어 훼방을 놓으며 각종 문제를 일으키는 잡신을 의미한다. 이런 잡신들이 날을 정해서 하늘로 올라가는 날을 손 없는 날이라 한다. 땅에서 가장 평화롭고 좋은 날이어서 이사하기 좋다는 풍습이 생겨났다. 바쁜 현대인들에게는 손 없는 날을 잡아서 이삿날을 잡는 게 쉽지 않다. 오늘날에는 이사 가기 제일 좋은 날은 맑고 화창한 날이라 권하고 싶다.

| 방향 | 손이 있는 날(음력) | 손이 없는 날(음력) |
|---|---|---|
| 동 | 1, 2, 11, 12, 21, 22 | |
| 서 | 3, 4, 13, 23, 24 | 9일, 10일, 19일 |
| 남 | 5, 6, 15, 16, 25, 26 | 20일, 29일, 30일 |
| 북 | 7, 8, 17, 18, 27, 28 | |

# 7. 임신과 출산

　요즘은 임신과 출산이 개인은 물론 국가의 미래와도 연결되는 아주 중요한 과제이다. 대기오염, 스트레스, 노산 등의 이유로 임신이 쉽게 되지 않는 경우가 많다. 병이 들어 아프면 먼저 의사에게 검진부터 받고 치료하는데 불임 역시 의사나 한의사의 진단과 처방을 받는 것이 당연한 절차다.

　하지만 명리학적으로 임신이 늦게 되거나 불임이 되는 경우를 추정해 본다면 계절적으로도 날씨도 따뜻하거나 시원해야 사람들이 밖으로 나가서 활동하는데 사주 원국이 지나치게 한랭하거나 조열하면 정자의 활동이 활발하지 않거나 착상이 힘들어져 임신이 잘 되지 않을 수 있다. 따라서 운에서도 한랭을 해결해주는 목화(木火)의 운이 오거나 조열함을 해결해주는 금수(金水)운이 와서 조후를 맞춰줄 때 임신의 가능성이 커진다고 본다.

　옛날에 집안 어른들이 합궁 날짜를 잡은 것은 이와 같은 이유였다. 현대에서는 인공수정 시술로 임신을 유도하는 데 조후가 맞춰지고 중화를 이루는 날짜를 정해보는 것도 좋은 방법이 될 것이다. 목(木)이 약한 사주에 금(金)기가 강해지는 날이나 화(火)가 약한데 수(水)기가 강해지는 날이든지 또 수(水)기가 약한데 토(土)가 몰려오는 날은 되도록 피하는 것이 좋다.

오행으로는 절취하는 기운이 강한 신유(辛酉)날이나 특히 신약한 사주는 일간을 극하는 편관날을 피하는 것이 좋다. 일간에게 힘을 보태주는 비견 날이나 인성날에 인공수정을 시도하는 것이 긍정적이다.

# 8. 제왕절개 수술

태아를 출생할 때 자연 분만이 아닌 제왕절개를 통해 날짜를 인위적으로 정해서 출산한다면 태아의 운명을 마음대로 정하는 것과 다름없는데, 이것에 대해서 일설에는 정해진 사주팔자인가에 대한 논란이 있는 경우가 있다.

통상적으로 제왕절개를 하면, 원하는 날에 예정대로 수술이 진행되어 출산할 확률은 약 60% 정도라는 설이 있다. 산모의 건강 상태에 따라서 의사가 수술을 권유하는 때 외에는 바람직하지 않다고 거부하는 예도 있다.

제왕절개는 택일을 정하는 사람이나 병원의 상황에 따라 각자 다른 날짜나 시간이 정해지고 병원이나 의사의 사정에 따라야 하며, 산모의 건강 상태에 따라서도 여러 가지 변수가 생길 수 있다.

따라서 제왕절개 수술도 이러한 여러 가지 사정 등에 의해서 원하는 날에 출산이 순조롭게 되는 게 아니니 제왕절개로 출생했을 경우나 자연 분만으로 출생했을 때도 사주분석은 똑같은 기준으로 판단해야 한다.

# 9. 쌍둥이 사주

한날한시에 같은 부모, 같은 조건과 환경에서 태어난 쌍둥이의 사주와 대운 등을 판단하는 방법이 통일되어 있지 않아 혼란스러워하는 일이 많다.

실제로 서로 다른 양부모에게 입양된 쌍둥이들이 성인이 된 후 만났는데 직업적 특성도 다르고 전혀 다른 환경에서 생활하고 있는 경우도 많다. 반대로 비슷한 직업을 가지고 있거나 취미생활, 먹는 음식과 배우자를 선택하는 취향 역시 똑같은 경우도 많았다.

즉, 같은 씨앗도 습도와 온도, 땅의 상태에 따라 모양과 크기가 다르게 자라듯이 환경과 부모의 교육이 인성을 형성하고 외적인 모습까지도 변화시키지만 근본적인 천성적 특성은 흡사하다.

쌍둥이의 사주를 합, 충이나 시를 다르게 하는 경우 등 많은 방법론이 있으나 명리학의 기본인 태어난 생년월일시를 기준으로 삼아서 쌍둥이 형제도 똑같은 사주팔자 기둥을 세우는 방법이 가장 합리적이라 생각된다.


# 10. 태어난 시간을 모를 때


오늘날 태아의 출산은 거의 병원에서 이루어져 산모의 출산에 참여한 간호사의 정확한 출생 시간 기록으로 생년월일시를 확실하게 알지만, 과거 특히 50세가 넘은 분들의 경우는 시계가 없던 집이 많았고 부모님들이 시간이 헛갈려서 태어난 정확한 시간을 알지 못하는 경우가 많다.

특히 농촌의 경우는 시간보다는 그 당시의 활동을 기준으로 기억하는 경우가 많다. 소여물을 주는 때나 나물 뜯으러 갈 때 등을 기준으로 시간을 기억하는 것이다. 도시의 경우도 아버지의 출근 때나, 다 같이 저녁 먹을 때라고 막연히 기억하는 경우가 많다.

이럴 때는 시간을 임의로 정하는 많은 방법이 있는데 머리의 가르마 방향, 잠자는 모습, 부모 중 누가 먼저 사망했는지 등을 다양하게 판단해서 정하기도 한다고 한다. 필자의 생각으로는 이렇게 하여 시간을 정해 사주를 보는 것은 논리적이지 않다고 판단되며 태어난 시간을 모를 때는 생년월일까지만 기록하고 대운을 대입하여 살아온 환경이나 직업, 성격 등을 참고하여 판단하는 게 더 올바르다고 생각한다.

# 11. 풍수지리(風水地理)

예로부터 우리 조상들은 죽음 이후에도 영혼은 존재하며 후 손들에게 길흉의 영향을 미친다는 사상이 강했는데, 죽은 사람 의 음택(陰宅)과 살아 있는 사람의 양택(陽宅)을 구분하고 체계화 시킨 학문이 풍수학이다.

갈수록 풍수학은 쇠퇴하고 있는데, 그 이유는 그린벨트가 개 발로 인해 훼손되고 있어 원래 산수가 가진 풍수를 정확히 알 수 없기 때문이다.

오늘날 땅이 좁은 우리나라의 실정을 고려한다면 음택을 다 루기보다는 살아 있는 사람의 양택을 다루는 것이 합리적이다. 필자는 현실적으로는 교통이 편리하고, 직장이나 학교가 가까우며 살기 편한 곳이 좋은 집터라 생각한다.

# 12. 사주명리학자

① 서자평 (송나라) - 저서 『연해자평』

　사주명리학의 기본 골격인 일간 중심의 사주 해설집을 저술


② 유백온 (명나라) - 저서 『적천수』

　사주명리학의 학술적 이론인 생극제화의 원리 해석


③ 심효첨 (청나라) - 저서 : 『자평진전』

　사주명리학의 기초를 체계화


④ 여춘태(청나라) - 저서 : 『난강망』, 『궁통보감』

　1년 24절기를 사주에 대입, 춘하추동 및 조후를 주로 다룸


⑤ 도계 박재완(1903~1992, 한국) - 저서 : 『명리요강』

　우리나라 사주명리학의 대가, 많은 실전 상담 경험

⑥ 이석영(한국) - 저서 :『사주첩경』

　박재완과 더불어 우리나라 사주명리학계의 양대산맥

# 마치는 글

---

　지금 우리는 빠르게 변화하는 디지털 문명 시대에 살고 있다. 모든 것들이 자동화되고 편해지고 있지만, 한편으로는 낯설게 급변하는 세상의 변화에 쉽사리 적응하지 못하기도 한다. 그 어느 때보다 복잡한 세상을 살고 있는 대중들에게 본질적인 자아를 객관적으로 판단하고, 더 나아가 인간관계의 묘리를 알고 대처하려는 욕구가 점점 커지고 있다. 최근 MBTI에 대한 열풍이 젊은 층을 중심으로 전 세계로 확산되고 있다. 나와 타인을 이해하고 관계 충돌을 파악하려는 욕구의 갈급함이 어느 정도인지 보여주는 지표와 같다.

　변화하는 사회에 적응을 쉽게 하지 못하며 불확실한 미래 때문에 우리가 느끼는 삶의 만족도는 갈수록 떨어지고 있다. 우리는 인생의 방향을 정해야 하는 순간에 명쾌한 선택을 쉽게 하지 못해 불안할 때가 있다. 인간관계 또한 사랑, 집착, 미움과 원망 등 감정의 소용돌이에 빠져 고통을 느끼는 순간들이 많아지고 있다. 이런 깊어지는 불안감을 해소하며 나침반과 같이 길잡이가 되어 주는 사주 명리학이 사회적인 관심사가 되고 있다. 최근 들어 명리학은 단순히 길흉화복을 벗어나 논리적인 접근으로 사주팔자를 분석하는 대세로 자리를 잡아가고 있다.

명리학은 자신이 태어난 년·월·일·시라는 출생의 자료를, 자연과 만물을 상징하는 나무(木), 태양(火), 대지(土), 결실(金), 생명(水)이라는 문자로 형상화한 학문이다. 이 문자를 통해 자신의 기질과 타인과의 관계성을 이해해보고, 사회성으로 좀 더 확장하여 진로와 적성을 분석해 보는 공부다. 최근 명리학은 생년월일시란 명확한 정보를 통계화하고 체계화하여 서양의 정신분석이나 MBTI 등의 자료보다 더욱더 구체적이고 논리적인 체계를 구축해가고 있다. 이제 우리는 생년월일시(사주팔자)에 담겨 있는 많은 메시지와 나의 정보를 통해 조금 더 자신을 알아가고, 진정한 '나'와 마주하며 미처 알지 못했던 소중한 자신을 발견하는 기회를 가질 수 있게 되었다. 또 명리학을 통해 남을 원망했던 마음을 극복하고 상대를 이해하고 포용하며 내 인생의 주체가 될 좋은 기회를 발견하기도 한다.

사주에 좋은 사주와 나쁜 사주는 없다. '타고남'과 '운'은 열심히 사는 노력을 뛰어넘지 못한다. '운명'이란 정해진 순서가 아니며 극복하고 넘어서는 과정이 아닐까 하는 게 필자의 생각이다. 물질을 끌어당기는 중력의 힘처럼 시간이 걸리더라도 노력은 모든 것을 내게 끌어당기는 강력한 힘의 원천이기도 하다. 또한 같은 사주팔자를 타고났어도 부모의 교육에 따라서 인성이 다르게 형성되고 전혀 다른 모습으로 살아가게 된다. 그런 이유로 부모의 가정교육은 사주팔자의 장단점을 더욱 발전 보완시키며 최고의 운보다 더욱 크게 작용케 할 수 있다. 지금까지 내가 알던 나와 가족관계 등을 사주명리학 관점에서 분석해 보고, 내 인생의 사용설명서처럼 현실에 적용하며, 타인을 인정하고 이해하는 기회를 가질 수 있다. 그리고 명리학 공부를 통해 삶을 살아가는 의미와 방법, 자세에 대해 더 깊은 내공을 쌓을 수도 있을 것이다. 사주팔자에 잠재된 개개인의 성향을 연구해 보고 그에 따른 적성, 진로, 성격, 건강, 재물이나 인간관계, 사회성, 가족의 의미 등을 파악하는 데 많은 도움과 위로를 받을 수가 있다. 그리고 이를 통해 자신에게 찾아오는 기회를 발견하고, 자기가 삶의 주체가 되어 명확하게 선택할 수 있는 강인한 멘탈을 갖출 수 있다. 이처럼 명리학은 내가 누구인지 대체 왜 이러는지 알 수 없이 품어왔던 퍼즐과 같은 의문과 번뇌에서 벗어나 새로운 '나'를 발견하고 설계하는 제2의 인생 공부이기도 하다.

　아직도 많은 사람들이 명리학을 접하며 점괘를 맞추듯 되고 안되고, 좋고 나쁘고 등 결론만을 추구하는 경우를 목격하고 있다. 또 오랫동안 명리를 공부했음에도 코에 걸면 코걸이, 귀에 걸면 귀걸이(이현령비현령;耳懸鈴鼻懸鈴)식 해석으로 혼란을 초래하는 경우도 많다. 그러나 사주를 대하는 이런 방식의 자세는 채우고자 했던 마음에 허무감과 회의만을 남기게 한다. 여러분들은 이 책을 통해 정확한 사주 해석 방법을 발견하길 바란다.

사주의 주인공이 흐르는 세월 따라 변하고 늙어가듯이, 타고난 사주팔자 역시 성별, 나이, 직업 등 현재 놓인 상황에 맞게 해석해야 한다. 이제 이 책을 통해 여러분은 '운이 맞고 틀리고'의 점괘처럼 맞추려 하지 말고, 내 사주가 가리키는 밑그림이 그려진 본인만의 삶의 흐름을 이해하기 바란다. 사주팔자는 8글자에 불과하지만 나이, 성별, 직업에 따라 얼마든지 해석방법이 달라질 수 있다. 따라서 눈에 보이는 단순한 해석에서 벗어나, 사주 주인공의 좋은 기운은 확장하고, 어려움은 극복할 수 있는 방법론도 함께 제시할 수 있어야 한다.

이 책에는 필자가 그동안 명리학을 접하며 배우고 익히며, 또 실전을 통해 체험한 사례들의 진수를 뽑아 체계화한 내용이 담겨 있다. 아무쪼록 이 책을 통해 아무리 삶이 고통스럽고 힘들더라도 좌절하지 말고 극복하는 지혜를 얻을 수 있기를 바란다. 필자는 이 책이 사주명리를 처음 접하는 독자들에게는 둘도 없는 나침반이라고 자부한다. 다만 구성상 음양이론, 육신의 작용, 격국 등 사주명리의 주요이론을 뒷받침하는 다양한 사례들을 담지 못해 아쉬움이 있다. 이와 관련해서는 다음 책을 통해 독자들이 쉽고 재미있게 이해할 수 있게 사주풀이와 관련 다양한 경우의 수를 담아 찾아뵙도록 하겠다.

# 사주,
## 아는 만큼
## 내가 보인다

**초판 1쇄 발행** 2024년 7월 15일
**초판 2쇄 발행** 2024년 9월 30일

**지은이** 김세원
**그린이** 이선희
**펴낸이** 홍석
**이사** 홍성우
**인문편집부장** 박월
**편집** 박주혜, 조준태
**외주 편집** 한재방
**디자인** 보통스튜디오
**마케팅** 이송희, 김민경
**제작** 홍보람
**관리** 최우리, 정원경, 조영행

**펴낸곳** 도서출판 풀빛
**등록** 1979년 3월 6일 제2021-000055호
**주소** 07547 서울특별시 강서구 양천로 583 우림블루나인 A동 21층 2110호
**전화** 02-363-5995(영업), 02-364-0844(편집)
**팩스** 070-4275-0445
**홈페이지** www.pulbit.co.kr
**전자우편** inmun@pulbit.co.kr
**ISBN** 979-11-6172-937-4 03150